L'Affaire Kasztner

Les lecteurs sont invités à prolonger la lecture de cet ouvrage par la consultation de notre site **www.andreversailleediteur.com**. De nombreuses autres informations relatives au sujet traité sont présentées sur la page dédiée au livre. Celle-ci sera régulièrement actualisée et étoffée de nouveaux documents.

Ouvrage traduit
avec le concours du Centre National du Livre

First published as *Dealing with Satan* by Jonathan Cape

Photographie de couverture : Rezső Kasztner, 1947
Couverture : © [nor]production
Mise en page : CWDesign

ISBN 978-2-87495-202-9
D/2013/11.448/3

Ladislaus Löb

L'Affaire Kasztner

TÉMOIGNAGE D'UN SURVIVANT

Le Juif qui négocia avec Eichmann

Traduit de l'anglais par Lydia Zaïd

André Versaille éditeur

Ladislaus Löb est professeur émérite d'allemand à l'Université du Sussex. Il est né en Transylvanie et a été interné durant cinq mois dans le camp de concentration de Bergen-Belsen à l'âge de onze ans. Il a grandi en Suisse, où il a travaillé comme journaliste et enseignant avant d'accepter un poste universitaire à Brighton. Il a publié de nombreux ouvrages sur la littérature allemande et anglaise. Il a traduit *Nine Suitcases* de Béla Zsolt, *Battle for Budapest* de Krisztián Ungváry et *Sex and Character* de Otto Weininger.

Pour Egon Mayer

Remerciements

Ce livre, comme beaucoup, n'aurait pu être écrit sans l'aide de nombreuses personnes. Je tiens à exprimer ma profonde reconnaissance à :

Zsuzsi Kasztner, pour avoir partagé avec moi sans compter sa connaissance intime de son père ; à ses filles, Merav, Michal et Keren, pour m'avoir si bien accueilli pendant que je travaillais sur l'histoire de leur grand-père ; et à son cousin, Yitzhak Katsir, pour avoir éclairé ma compréhension de la vie et du travail de son oncle par ses nombreux commentaires judicieux.

Egon Mayer, de New York, l'enfant qui vécut dans le ventre de sa mère à Bergen-Belsen, pour avoir renforcé ma détermination à rendre justice à Kasztner, comme il l'aurait fait dans un livre resté inachevé à sa mort, à l'âge de 59 ans ; et à sa fille Daphné ainsi qu'à sa veuve Marcia, pour leur intérêt continu dans mon projet.

Yehuda Bauer, Shlomo Aronson, Yechiam Weitz et Aryeh Barnea, universitaires israéliens, pour leur temps précieux et leurs conseils d'expert.

Thomas Rahe, Klaus Tätzler, Bernd Horstmann, Karin Theile, Stefanie Billib du Mémorial de Bergen-Belsen, pour m'avoir si volontiers fourni documentation et informations ; à Rainer Schultze de l'Université d'Essex et Winfried Wiedermann de la Fondation pour la mémoire de Basse-Saxe, pour m'avoir donné accès aux ressources du Mémorial ; à Axel Brandt et Bertram von Boxberg, qui m'ont permis de citer des interviews réalisées au Mémorial.

Yad Vashem, à la Fondation pour la Shoah, au musée du Mémorial de la communauté juive magyarophone, au Yivo – l'Institut pour la recherche juive –, au Centre d'histoire orale de l'Université du Connecticut et à l'Imperial War Museum, qui ont mis à ma disposition d'importantes archives.

Mes camarades survivants Shoshana Hasson, Peretz et Nonika Revesz, Tamar Abraham, Judit Makai, Ariela Mayer, Naomi Herskovitz, Lea Fürst, Margit Fendrich et Miryam Sommerfeld, qui ont accepté de me rencontrer en Israël et d'échanger avec moi leurs souvenirs de la vie dans le camp de concentration.

Mon beau-frère David Kohn à Haïfa, pour ses nombreuses et sages suggestions.

Victor et Miki Harnik à Haïfa, qui se sont mis en quatre pour m'apporter tout le soutien pratique et moral dont j'avais besoin.

Gaylen Ross à New York, pour avoir répondu si généreusement à toutes mes questions tandis qu'elle tournait son propre documentaire sur Kasztner.

Will Sulkin, Ellah Allfrey et Alison Hennessey de la maison d'édition Random House, pour avoir accompagné ce livre de bout en bout, de la proposition initiale à sa publication, et à Vanessa Mitchell pour sa relecture minutieuse et attentive du manuscrit.

Lydia Zaïd, Arnaud Barey et Sébastien Monceau, pour leurs diverses contributions décisives, sans lesquelles il n'y aurait pas eu d'édition en français de ce livre.

Sheila, mon épouse d'une patience infinie, pour avoir persévéré dans ses critiques de mon manuscrit malgré mes protestations.

Je les remercie tous chaleureusement pour leur aide et les prie de m'excuser si je n'ai pas réussi à en faire le meilleur usage.

Personnages clés

Le Vaada et ses partenaires

Barlas, Chaim, représentant de l'Agence juive.
Biss, Endre, membre du Vaada.
Brand, Hansi, membre du Vaada.
Brand, Joël, membre du Vaada.
Dobkin, Eliahu, membre de l'Agence juive.
Fischer, József, chef du groupe de Bergen-Belsen.
Fleischmann, Gizi, militant sioniste.
Goldstein, Peretz, parachutiste.
Kasztner, Rezső, vice-président du Vaada.
Komoly, Otto, président du Vaada.
Krausz, Moshe, chef du Bureau pour la Palestine à Budapest.
Mayer, Saly, représentant du Joint Distribution Committee en Suisse.
McClelland, Roswell, représentant du War Refugee Board américain.
Offenbach, Shulem, membre du Vaada.
Palgi, Joël, parachutiste.
Schweiger, Moshe, membre du Vaada.
Sharett, Moshe, membre de l'Agence juive.
Springmann, Samu, membre du Vaada.
Szenes, Hanna, parachutiste.
Weissmandel, Michael Dov, rabbin.

Allemands

Becher, Kurt, *SS Obersturmbannführer* (lieutenant-colonel).
Eichmann, Adolf, *SS Obersturmbannführer* (lieutenant-colonel).
Grüson, Max, *SS Hauptsturmführer* (capitaine).
Himmler, Heinrich, *Reichsführer-SS* (commandant en chef).

Hunsche, Otto, *Hauptsturmführer* (capitaine).
Kaltenbrunner, Ernst, *SS Oberführer* (chef du service de sécurité).
Kettlitz, Herbert, *SS Sturmbannführer* (major).
Klages, Otto, *SS Obersturmbannführer* (lieutenant-colonel).
Krell, Erich, *SS Hauptsturmführer* (capitaine).
Krumey, Hermann, *SS Obersturmbannführer* (lieutenant-colonel).
Müller, Heinrich, *SS Gruppenführer* (général de division).
Veesenmayer, Edmund, *SS Brigadeführer* (brigadier-général, ambassadeur en Hongrie).
Wisliceny, Dieter, *SS Hauptsturmführer* (capitaine).

Hongrois

Horthy, Miklós, régent.
Szálasi, Ferenc, chef des Croix fléchées.
Sztójay, Döme, Premier ministre.

Israéliens

Agranat, Shimon, juge à la Cour suprême.
Gruenwald, Malkiel, accusé.
Halévi, Benjamin, juge du tribunal de district.
Silberg, Moshe, juge à la Cour suprême.
Tamir, Shmuel, avocat.

Avant-propos

Deux mois et un jour après mon onzième anniversaire, les portes du camp de concentration de Bergen-Belsen se fermaient derrière moi. C'était le 9 juillet 1944. Cinq mois plus tard, alors que la Seconde Guerre mondiale devait durer une demi-année encore, je franchissais la frontière de la Suisse neutre. Tandis que les Alliés se rapprochaient de l'Allemagne nazie et que le camp que je venais de quitter se transformait en enfer, je contemplais, hébété mais sain et sauf, le lac de Genève avec ses paisibles montagnes enneigées en toile de fond. Je n'étais pas seul, mais l'un des 1 670 hommes, femmes et enfants juifs de Hongrie libérés de Bergen-Belsen grâce à un marché exceptionnel conclu entre un autre Juif hongrois, Rezső Kasztner, et Adolf Eichmann, le maître d'œuvre de la Shoah. En réalité, Kasztner en sauva beaucoup plus. Pourtant, dix ans plus tard, il fut accusé de collaboration avec les SS. En Israël, pays moderne et démocratique du XXe siècle, un juge estima que Kasztner avait « vendu son âme au diable ». Lorsqu'enfin la Cour suprême israélienne annula la sentence, Kasztner n'était plus. Le Juif qui avait sauvé de la Shoah bien plus de Juifs que n'importe quel autre, était tombé sous les balles d'un groupuscule de Juifs extrémistes dans une rue de Tel-Aviv.

Les répercussions de ce procès dépassèrent de loin la sphère privée. La problématique s'enracinait au plus profond de la politique israélienne, et la violente polémique suscitée par cette affaire secoua le jeune État jusque dans ses fondements. Le procès marqua le début du glissement progressif du pays vers la droite – tendance qui détermine encore le cours des événements au Proche-Orient.

Kasztner lui-même demeure une figure controversée : un traître, pour les uns ; un héros, pour les autres. Ce livre est fondé sur la conviction que ce second point de vue est plus proche de la vérité. Il dépeint l'histoire d'un homme ingénieux qui a eu le courage de se dresser contre les génocidaires nazis et ainsi épargner des milliers de vies avant d'être assassiné pour sa peine. L'ouvrage raconte comment 1 670 personnes ont survécu dans le camp de Bergen-Belsen jusqu'à ce que Kasztner ne les en fasse sortir de justesse avant que l'enfer ne se déchaîne. Enfin, il relate l'histoire d'un enfant qui, grâce à lui, a eu la chance de vivre et de grandir après la Shoah.

Ce livre est le premier à rassembler ces trois histoires dans une chronique détaillée et exhaustive qui s'articule autour de trois thèmes principaux : les négociations de Kasztner avec les SS en Hongrie, en Allemagne et en Suisse; la vie quotidienne du « groupe Kasztner » à Bergen-Belsen et, enfin, le procès et l'assassinat de Kasztner en Israël. Alors que la plupart des publications existantes traitent en priorité des négociations de Kasztner ou de son procès et de son assassinat, j'ai choisi d'accorder une place tout aussi importante à ce que nous avons vécu à Bergen-Belsen lorsque nous attendions son secours.

Les événements ne sont plus totalement inconnus. Ils ont été décrits, d'un point de vue ou d'un autre, en détail ou non, dans un certain nombre de livres, de chapitres d'ouvrages ou d'articles, pour la plupart rédigés par des universitaires israéliens. Ils ont aussi été commentés dans beaucoup de journaux ou sur des sites web, tantôt avec sérieux et honnêteté, tantôt avec partialité, mauvaise foi et ressentiment. J'ai essayé de me distancier des positions extrêmes des chercheurs comme des journalistes. Même si j'espère que les historiens, les juristes ou les politologues trouveront mes arguments convaincants, mon but premier est de faire un récit précis et objectif qui soit accessible à tous. J'ai résisté à la tentation d'enjoliver les choses, de transformer la fiction en faits, d'inventer des situations et dialogues qui n'apparaissent dans aucune de mes sources originales. En restant au plus près de la réalité, j'ai voulu avant tout dire la vérité sur Rezsö Kasztner.

À onze ans, j'étais bien sûr trop jeune pour comprendre tout ce qui nous arrivait à Bergen-Belsen, mais j'étais suffisamment âgé pour remarquer beaucoup de choses et en garder des souvenirs à présent parcellaires. Pour combler les vides et ajouter une perspective plus mature à mes impressions juvéniles, j'ai eu plusieurs entretiens avec d'autres survivants et j'ai tiré parti d'une foule de souvenirs, de mémoires et d'interviews inédits, conservés dans des archives en Israël, aux États-Unis et en Allemagne.

Pour retracer le déroulement des négociations, je me suis avant tout basé sur un document rédigé juste après la guerre par Kasztner lui-même. Ce texte a été publié en Allemagne sous le titre *Der Kasztner Bericht*[1].

---

[1] Kasztner, Rezső, *Der Kasztner-Bericht über Eichmanns Menschenhandel in Ungarn* [Le rapport Kasztner sur le commerce d'êtres humains conduit par Eichmann en Hongrie], Munich, Kindler, 1961.

L'auteur cherche de toute évidence à présenter son cas sous un jour très favorable ; néanmoins, pris avec précaution, cet ouvrage constitue un compte rendu indispensable de son travail avec – ou plutôt contre – la SS.

Quelques mots encore sur la structure de l'ouvrage. Le premier chapitre revient sur mes souvenirs d'enfance dans une petite ville antisémite de Transylvanie. Le deuxième resitue ces souvenirs particuliers dans le contexte plus large du génocide en Hongrie. Les suivants font l'aller-retour entre deux histoires parallèles. Ma vie dans le ghetto de Kolozsvár précède la partie consacrée à la genèse du « Comité de secours et de sauvetage » co-fondé par Kasztner et aux prolégomènes des négociations avec Eichmann, qui aboutiront à notre départ de Budapest pour Bergen-Belsen. Ensuite, les diverses rencontres entre Kasztner et la SS alternent avec la description de scènes de notre vie quotidienne en captivité jusqu'à notre départ pour la Suisse. Le récit se déplace enfin à Genève et Nuremberg, où Kasztner vécut la majeure partie des deux premières années d'après-guerre, avant de se refermer sur son funeste procès et son assassinat en Israël.

Kasztner a dû affronter des situations horribles et d'épouvantables dilemmes. Il n'avait ni le temps ni le caractère pour se plonger dans de longues réflexions sur les implications éthiques de ses actes. Il comprit que des vies étaient en jeu, et il agit aussi vite et résolument qu'il le put pour les sauver. Sans ignorer les terribles problèmes moraux posés par ses contacts avec certains des hommes les plus maléfiques jamais connus, je crois que ce qu'il a fait était juste. J'espère que mon témoignage lui offrira la reconnaissance due à son extraordinaire exploit.

Chapitre 1

Un enfant juif parmi les antisémites

Une petite ville en Transylvanie

J'avais à peu près six ans lorsque je fus confronté pour la première fois à l'antisémitisme. Un voyou, âgé de vingt ans peut-être, flânait dans la rue principale de notre petite ville du Nord de la Transylvanie, braillant une chanson obscène sur l'air de la *Hatikvah* – l'hymne sioniste devenu celui de l'État d'Israël. Je ne compris pas toutes les paroles, mais je me souviens du refrain : « Foutus Juifs, sales Juifs, allez en Palestine. » Je me rappelle aussi m'être demandé si le chanteur était fou et si on allait l'arrêter. Personne ne le fit.

C'était en 1939. Le Nord de la Transylvanie, autrefois partie de l'Empire austro-hongrois, avait été rattaché à la Roumanie en vertu du traité de Trianon de 1920, censé stabiliser la région après la Première Guerre mondiale. Cela ne convenait pas à certains et, en 1940, durant la première année de la Seconde Guerre mondiale, Hitler contraignit les Roumains à rendre la région à son allié hongrois en reconnaissance de services rendus. Le drapeau rouge, jaune et bleu qui flottait sur les bâtiments publics et les maisons fut prestement remplacé par la bannière rouge, blanche et verte hongroise, et l'armée magyare entra dans le pays comme si elle avait remporté une victoire éclatante. Le 19 mars 1944, les Allemands occupèrent la Hongrie, et les deux États, qui n'en restèrent pas moins alliés, perdirent ensemble la Seconde Guerre mondiale. En 1945, ce fut au tour de l'Union soviétique de se montrer généreuse avec des terres qui ne lui appartenaient pas, et le Nord de la Transylvanie redevint roumain.

Entre 1920 et 1940, la majorité des habitants étaient des Hongrois qui supportaient difficilement la souveraineté roumaine. De même, à partir de 1940, la minorité roumaine était hostile au régime hongrois. De nos jours, les Roumains y sont majoritaires et les deux communautés ont apparemment instauré une sorte de coexistence pacifique. Peut-être cela durera-t-il ? Je ne peux cependant m'empêcher de penser que la seule fois où j'ai vu Hongrois et Roumains oublier de se détester, c'était pour mieux haïr les Juifs. Les conditions de vie des Juifs en Transylvanie roumaine avaient été pénibles mais supportables ; avec l'annexion hongroise, elles se dégradèrent. L'occupation allemande de la Hongrie, y compris de la Transylvanie, aboutit au désastre final, lorsque les deux alliés unirent leurs forces pour parachever la phase ultime de la Shoah. Les quelques Juifs survivants qui retournèrent dans la région furent loin d'être accueillis à bras ouverts…

Je suis né le 8 mai 1933 dans la capitale de la Transylvanie – Kolozsvár en hongrois, Cluj en roumain. J'étais l'unique enfant de Izsó Löb et Jolán Löb, née Rosenberg. Nous vivions dans une petite ville, ou plutôt un gros bourg appelé Margitta (ou Marghita), à quelque 150 km au nord-ouest de ce que je continuerai à appeler Kolozsvár[2]. Avant mars 1944, Margitta comptait 8 600 habitants, dont 2 600 Juifs. À la mi-mai 1944, il en restait 6 000 et plus aucun Juif. Après la Shoah, sur ces 2 600, seuls quelque 400 étaient toujours en vie, mais très peu se réinstallèrent dans un environnement qui s'était révélé aussi inamical.

Depuis la Seconde Guerre mondiale, Margitta s'est industrialisée. Des barres en béton construites à la va-vite, dans le plus pur style communiste, ont remplacé en partie l'architecture originelle du village. Dans les années trente et quarante, c'était un bourg agricole, entouré de champs de blé, de vergers, de prés et de vignes. Les rues étaient en terre battue, sans éclairage la nuit, poussiéreuses par temps sec et si boueues en cas de pluie que souvent les charrettes à bœufs ou tirées par des chevaux s'y embourbaient. On appelait la rue où nous habitions « Sáros utca », la rue boueuse. Bordée d'acacias et de mûriers, elle conduisait aux vignobles et au cimetière juif, situé sur le flanc de la colline voisine. Ma mère y fut enterrée à l'âge de 36 ans ; j'en avais neuf.

Chaque matin et chaque soir, en chemin vers les pâturages ou de retour à l'étable, les vaches traversaient le village. J'étais fasciné de voir à quel point leurs pis avaient gonflé durant la journée. Beaucoup avaient la tuberculose, la maladie qui tua ma mère. Rien ne dit cependant qu'elle ait été contaminée par ces animaux, car sa couturière, apparemment atteinte elle aussi, avait l'habitude d'étendre les vêtements de ses clients sur son lit.

Pendant quelque temps, mon père posséda une licence pour vendre le sel en gros et au détail. L'État avait le monopole du commerce du sel ; ce

[2] Le livre *Margitta*, disponible sur le site de Yizkor Books, m'a aidé à compléter mes souvenirs.

type de permis était accordé aux vétérans de la Première Guerre mondiale, décorés pour blessures. Un gros bloc de sel était placé devant l'entrée de son magasin, sis dans la rue principale ; en passant, les vaches y donnaient un coup de langue avant de poursuivre leur route.

La plupart des habitations étaient de plain-pied, avec parfois des nids de cigogne sur leurs cheminées et, dans l'arrière-cour, des poulaillers, des porcheries, des étables, des puits et tout l'attirail de la vie rurale. Nous louions le rez-de-chaussée de l'une des rares villas à deux étages ; les propriétaires demeuraient dans une cabane au fond du jardin. Nous appartenions à la classe moyenne, relativement aisée, mais nous devions quand même tirer l'eau du puits, et les toilettes étaient à l'extérieur. Nous avions de l'électricité (quoique de manière irrégulière), mais ni téléphone ni radio. Tous les midis, frappant sur un tambour, un crieur déambulait dans les rues et lisait les nouvelles devant les villageois rassemblés. Si un avion survolait le village, tous les enfants – et pas mal d'adultes – se précipitaient dehors et tendaient le cou pour le voir. Je me rappelle mon excitation lorsqu'un petit avion à hélice vola si bas que je pus apercevoir, derrière ses lunettes protectrices, le visage du pilote sous son casque de cuir. Les voitures étaient plus rares que les charrettes et elles démarraient à la manivelle. Il y avait bien des liaisons en train et en bus vers les autres villes, mais elles étaient peu fréquentes. Dans les bus, les enfants de moins d'un mètre, mesurés par la règle dessinée près de la portière, voyageaient à moitié prix. Lorsque les trains ralentissaient en raison de travaux sur la voie, les passagers sautaient dans les champs et remontaient, chargés de pommes de terre et d'oignons, avant que la locomotive ne reprenne de la vitesse. Bientôt, il y aurait des trains scellés et surveillés par des gendarmes armés d'où les gens ne pourraient s'échapper.

Quoiqu'installés dans toute la ville, les Juifs vivaient surtout dans et autour de la rue principale, que l'on appelait aussi rue Petri, car elle menait au village du même nom. La demi-heure de marche jusqu'à Petri, à travers les champs de blé bordés de coquelicots et de bleuets, est l'une des premières expéditions dont je me souvienne. Alors que le marché et le parc à bestiaux étaient à l'autre bout du village, la plupart des commerces et des bureaux se trouvaient rue Petri, ainsi que les locaux des institutions juives. Il y avait une Grande Synagogue, impressionnante, construite en 1860 et agrandie en 1910, où se réunissait la communauté juive traditionnelle ; et une plus petite pour la congrégation hassidique. Au-delà de leur fonction officielle, les synagogues étaient l'endroit idéal pour échanger les dernières nouvelles et parler affaires, tout en crachant allègrement sur le sol en bois.

Il y avait un *mikvé* où les croyants prenaient leur bain rituel hebdomadaire, une boulangerie *matza* qui fournissait le pain azyme pour *Pessa'h* et un *heder* où les enfants juifs orthodoxes recevaient une éducation religieuse. Lorsque les Juifs furent déportés, la Grande Synagogue devint un entrepôt et la synagogue hassidique, une étable.

Il y avait aussi trois églises chrétiennes. Une catholique et une protestante qui dataient du XVIIIe siècle ; peintes dans une ocre chaude, elles étaient surmontées d'un clocher à bulbe, typique de la région. Bâtie au XIXe, l'église orthodoxe orientale était couronnée de multiples dômes argentés. Quand je me rendis à Margitta après la guerre, les trois églises chrétiennes étaient toujours là et avaient manifestement été entretenues avec soin… mais plus aucune trace de la Grande Synagogue, de la synagogue hassidique ni du bain rituel. Lorsque j'interrogeai les passants sur ce qu'ils étaient devenus, personne ne semblait savoir. Finalement, je découvris que la Grande Synagogue avait été détruite en 1977. Non que cela ait eu une quelconque importance, il ne restait de toute manière plus personne pour y prier ou échanger des nouvelles.

Les quelque 2 600 Juifs de Margitta représentaient toutes les composantes de la communauté juive de Hongrie. Il y avait des socialistes, des communistes et des sionistes de toutes tendances – de l'extrême droite à l'extrême gauche. Il y avait des hassidim avec papillotes, caftan noir et chapeau de fourrure à large bord, dont les femmes, suivant la tradition, avaient le crâne rasé sous leur perruque. Mais la plupart étaient des modérés, des néologues[3] assez instruits qui, tout en s'identifiant à la société et à la culture hongroises traditionnelles, se considéraient comme juifs et respectaient avec plus ou moins d'assiduité les fêtes religieuses les plus importantes. La majorité des professions libérales et des hommes d'affaires appartenaient à ce groupe. Ce sont eux que mes parents fréquentaient le plus et leurs enfants étaient mes amis. Nous avions peu de contact avec les gentils. En dépit de notre assimilation, nous étions différents des Hongrois, qui nous rejetaient. Pour nous, ils représentaient une présence vaguement hostile, à éviter autant que possible. Dans une certaine mesure, j'étais le stéréotype du jeune garçon juif protégé de la classe moyenne dont la bonne éducation, la politesse et la sensibilité ne facilitaient pas vraiment les relations avec les rudes enfants de paysans hongrois. Toutefois, cela ne m'empêchait pas de participer aux matches de football improvisés dans la rue.

---

[3] (NdT) Judaïsme néologue : branche hongroise du judaïsme réformé ou libéral, né en Allemagne au XVIIIe siècle.

Le samedi, la plupart des commerces étaient fermés et les rues fourmillaient de Juifs se rendant à la synagogue. Vers midi, les ménagères juives affluaient de partout, ramenant à la maison la marmite en terre cuite où le *cholent* traditionnel – de la poitrine d'oie fumée aux haricots – avait mijoté depuis le vendredi dans le four de la boulangerie juive, contournant la loi qui interdit tout travail un jour de shabbat, y compris actionner un interrupteur ou gratter une allumette. La promenade du samedi après-midi était une autre activité typique. Les jeunes hommes et les jeunes filles, tirés à quatre épingles, convergeaient vers le centre de la ville. Ils remontaient et descendaient la rue principale par petits groupes, de même sexe, en apparence tout à leurs conversations, mais, en réalité, s'observant les uns les autres du coin de l'œil. Pour ma part, ce petit jeu m'ennuyait et j'essayais en général de retrouver mes copains pour faire quelque chose de plus intéressant.

Comme l'on peut s'y attendre, les Juifs jouaient un rôle majeur dans la vie commerciale et professionnelle de Margitta, quoiqu'il n'y eût aucun fonctionnaire juif. Trois des six avocats, les deux pharmaciens et les quatre médecins que comptait la ville étaient juifs. Le Dr Emil Goldberger était l'une des personnalités les plus populaires. Il était à la fois son propre réceptionniste, secrétaire et laborantin, et on le voyait, à toute heure, se rendre en calèche au chevet de ses patients, oubliant souvent de faire payer les plus pauvres pour ces visites à domicile. Souvenir moins plaisant, j'ai encore le goût de l'huile de foie de morue qu'il avait l'habitude de me prescrire comme tonifiant. Parmi les commerçants et hommes d'affaires juifs, on dénombrait un propriétaire foncier, deux vignerons, quatre grossistes, deux banquiers, deux marchands de tabac, un épicier, un coiffeur, un mercier et un marchand de vin. Il y avait aussi des rabbins, des enseignants, des circonciseurs, employés par les communautés religieuses ; plusieurs menuisiers, tailleurs et cordonniers à leur compte, ou encore des ouvriers, des hommes à tout faire, et quelques autres aux activités et revenus plus incertains. József Wollner était l'un des hommes les plus riches : il possédait une petite usine de chaussures. La plupart des bâtiments situés autour du passage qui reliait la rue Petri et la rue Körtvélyes lui appartenaient. Je ne me souviens plus du nom officiel de cette venelle, pour autant qu'elle en ait eu un. Tout le monde l'appelait « Wollner sikátor », la ruelle Wollner. Le « Kóser », tenu par József Klein et ses trois fils, Ferenc, Miklós et László, était une institution juive de premier plan. Cet hôtel, bar, café, restaurant casher était le lieu de rencontre favori de la ville, y compris pour les gentils, qui appréciaient son excellente nourriture juive et son ambiance agréable.

Bref, Margitta était un *shtetl* comme beaucoup d'autres en Hongrie jusqu'à la Seconde Guerre mondiale. Comme ailleurs, il devait beaucoup de sa prospérité et de sa culture aux Juifs et, comme ailleurs, il les envoya à la mort quand l'occasion se présenta.

Ma famille

J'avais quatre ans quand ma mère attrapa la tuberculose. La streptomycine était encore inconnue et nous n'avions ni l'argent ni la possibilité de l'envoyer dans un sanatorium en Suisse où l'on aurait peut-être pu la guérir. Elle passa les cinq dernières années de sa vie alitée et mourut quand j'avais neuf ans. Durant tout ce temps, il m'était interdit de trop l'approcher par peur de la contagion. Quand je voulais lui parler, je devais rester à l'entrée de sa chambre et il n'était pas question d'avoir le moindre contact physique. J'imagine combien cela a dû être douloureux pour nous deux, mais je ne parviens pas à me rappeler mes sentiments d'alors. Je dois être passé maître dans l'art du refoulement. Ironie du sort, on découvrit plus tard que mes poumons présentaient bel et bien des traces de la maladie. En réalité, j'avais attrapé la tuberculose et j'en guéris sans que personne ne s'aperçoive jamais que j'avais plus qu'un gros rhume ou une mauvaise grippe. J'ignore si cela survint lorsque j'étais à Bergen-Belsen ou à un autre moment. En tout cas, être privé des bras de ma mère fut une souffrance bien inutile.

Lorsque la vie de ma mère toucha à sa fin, on m'envoya chez mon grand-père et ma tante à Kolozsvár. Mon père et ma grand-mère prenaient soin de ma mère à Margitta. Un matin, une inquiétude jamais ressentie auparavant m'envahit. Dans l'après-midi, un télégramme arriva, et ma tante me dit de me préparer à partir car l'état de ma mère s'était aggravé. Le seul train disponible cette nuit-là s'arrêtait à quelques gares de Margitta. Tout était fermé, hormis une salle d'attente froide et poussiéreuse qu'une ampoule nue semblait davantage assombrir qu'éclairer. Je m'allongeai sur l'un des bancs, mais j'étais trop nerveux pour m'endormir. C'est alors que ma tante m'apprit que ma mère était en fait morte le matin même. Je passai les heures suivantes entre pleurs et somnolence. Au lever du jour, un charretier entreprenant vit une occasion de gagner un peu d'argent avant l'arrivée de notre train. Enveloppés dans de grossières couvertures, nous parcourûmes la dernière étape de notre voyage sur un traîneau tiré par des chevaux. On était en janvier 1942.

À notre arrivée au milieu de la matinée, mon père, pas rasé, les yeux rouges, le revers de sa veste déchiré, selon le rite du deuil juif, nous attendait dans notre appartement glacé. « Nous voilà seuls à présent », me dit-il et lorsqu'il m'embrassa, je sentis ses poils humides et rugueux sur mon visage. Il se remit à pleurer en se remémorant les dernières paroles de ma mère : « Moi, je vais bien maintenant, mais des temps très durs s'annoncent pour vous. » Un peu plus tard elle cria : « Je ne vois plus rien » et expira. La tuberculose lui épargna ces « temps très durs », mais, qui sait si, sans la maladie, elle ne leur aurait pas survécu, à l'instar de son mari et de son fils. Trop vite nous eûmes des raisons de nous rappeler sa prophétie – ou tout simplement sa vision lucide de l'avenir ?

Ma mère fut enterrée dès notre arrivée, comme le veut la tradition juive et, pour la première fois – avant bien d'autres –, je récitai le *Kaddish* au pied de sa tombe. J'ai oublié ce que firent les autres après la cérémonie, mais moi, je passai le reste de la journée seul, à faire de la luge sur la colline à côté du cimetière.

D'après ce qu'on m'a dit, durant des années, je refusai de parler de ma mère. En réalité, je n'aurais su que dire, car je ne l'avais jamais vraiment connue à force d'avoir été contraint de m'arrêter au seuil de sa chambre. Ses deux airs de musique préférés, *E lucevan le stelle* de la *Tosca* et *La chanson de Solveig* de *Peer Gynt*, font partie des rares choses dont je me souvienne. Peut-être était-ce une femme mélancolique, mais mon père vantait souvent son calme et sa présence d'esprit.

Un jour, elle fut prise d'une quinte de toux particulièrement violente. L'un des deux médecins venus à son chevet glissa à l'autre : « Cela pourrait être l'*exitus.* » Lorsqu'elle reprit son souffle, elle lui dit : « Alors, docteur, ce n'était pas l'*exitus*, n'est-ce pas ? » J'imagine qu'il n'a plus jamais osé émettre un tel pronostic devant un patient, que ce soit en latin ou en hongrois. Une autre fois, ma mère fut réveillée par un intrus, entré par la fenêtre qu'elle gardait ouverte par tous les temps – pratique recommandée pour le traitement de la tuberculose. Elle avait toujours un siphon à proximité de son lit et, dans le plus pur style burlesque, elle aspergea l'importun d'un jet d'eau de Seltz en pleine figure. Il marmonna quelques mots qui n'avaient rien de latin, et s'enfuit par la fenêtre plus vite qu'il n'y était entré. Mais le sang-froid était impuissant face au bacille de Koch.

À partir du moment où ma mère garda le lit, le ménage fut fait par des femmes de paysans, mais sa jeune sœur, ma petite tante Sári, venait souvent chez nous et devint pour moi comme une sœur aînée ou une seconde mère. Je me souviens qu'elle m'emmenait à la rivière pour m'apprendre à nager et au cinéma miteux du village. J'y ai vu Tarzan, Laurel et Hardy, Bette Davis et Errol Flynn dans *The Private Lives of Elizabeth and Essex*[4] (traduit en hongrois sous le titre « Amour et échafaud »), ainsi qu'un film à grand spectacle sur la guerre civile espagnole à la gloire de valeureux phalangistes défendant l'Alcazar de Tolède face à de lâches républicains. Je dois aussi à Popeye mon goût immodéré pour les épinards. Tout en regardant les films, on grignotait des graines de tournesol, et j'étais très fier de pouvoir les ouvrir avec ma bouche et de recracher leur cosse sans utiliser les mains. À l'époque, j'ignorais que ma jeune tante était membre de la Jeunesse communiste et avait été arrêtée et torturée à plusieurs reprises par la police roumaine et par la police hongroise, sans jamais divulguer le moindre secret. Plus tard, elle refusera de saisir sa chance de survivre à la Shoah, par fidélité envers ses parents.

Mon père avait trente-sept ans à ma naissance. Il avait quitté l'école secondaire à la fin de la quatrième et, à dix-neuf ans, peu après le déclenchement de la Première Guerre mondiale, il s'était enrôlé comme volontaire dans l'armée austro-hongroise. Certains de ses amis l'avaient convaincu qu'il avait de fortes chances d'être légèrement blessé et de revenir très vite, le bras en écharpe, à Vienne ou Budapest, où les filles s'arracheraient un soldat aussi téméraire. En réalité, il fut touché au genou par une balle dum-dum russe – interdite par les conventions internationales – et passa plusieurs jours couché dans un marais avant d'être ramassé et emmené dans un hôpital militaire de Vienne. Au lieu de se pavaner sur le Ring viennois le bras en écharpe et entouré d'un essaim de jeunes filles, il perdit sa rotule et marcha avec une jambe raide et une canne le reste de sa vie. Trente ans plus tard, cette balle se révélera un atout majeur.

Après s'être remis d'être devenu un héros de guerre, mon père se lança dans l'import-export. Pour autant que j'aie jamais su ce qu'il achetait et vendait, je ne m'en souviens plus aujourd'hui ; en revanche, je me rappelle qu'il voyageait beaucoup – parfois avec un prince roumain, corrompu jusqu'à la moelle, qu'il employait pour se faire ouvrir des portes en principe fermées aux Juifs. Subornation et corruption faisaient partie intégrante des économies est-européennes, et mon père savait comment en profiter. Mais il savait aussi comment faire bon usage de l'honnêteté. Un jour, rentrant de Hongrie en Roumanie, ou le contraire, il transportait une valise remplie

[4] *La Vie privée d'Elizabeth d'Angleterre*, film réalisé par Michael Curtiz en 1939.

de soie dont il espérait tirer le meilleur profit, en particulier s'il parvenait à éviter les droits de douane. Il plaça sa valise dans le porte-bagages et attendit, l'air de rien et passeport en main. Comme prévu, le douanier se présenta et lui demanda ce que contenait la valise. De son air le plus innocent, mon père répondit : « Elle est remplie de soie. » Le douanier éclata de rire et poursuivit son chemin vers le compartiment suivant. Comme nous le verrons, en une autre occasion, toujours dans un train et en présence d'un fonctionnaire, sa sagacité et sa présence d'esprit lui sauvèrent la vie – et la mienne. Durant la majeure partie du XXe siècle en Hongrie, un Juif devait posséder ces qualités au plus haut point pour survivre et, petit à petit, le stress avait raison même des constitutions les plus solides. Longtemps avant sa mort, à 85 ans, la santé physique et émotionnelle de mon père était en lambeaux.

Mon grand-père paternel mourut jeune, laissant derrière lui mon père, son frère cadet, Lázár, et ses quatre sœurs. Trois d'entre elles – mes tantes Bella, Szidi et Janka – se marièrent et eurent plusieurs enfants ; la quatrième – Szeréna –, d'après ce qu'on dit, « n'avait pas toute sa tête ». Le frère de mon père, lui aussi, disparut prématurément. Il avait trois filles et un fils. Longtemps mon père prit soin d'eux, ainsi que de sa mère. L'une des filles – Boris, diminutif de Borbála ou Barbara – eut la chance d'aller vivre à Bucarest et d'échapper à la Shoah qui épargna la Roumanie. Les deux autres filles – Helén et Goldi – survécurent à Auschwitz et Bergen-Belsen, et le fils – Sanyi –, aux travaux forcés. En plus de ma mère et de ma tante Sári, mes grands-parents maternels, Sándor et Ida Rosenberg, eurent deux fils – Mityu et Lajcsi – qui émigrèrent en France avant la guerre. Ils finirent par se brouiller entre eux et on les perdit de vue. Tout le reste de ma famille, qui vivait à Kolozsvár ou à proximité, périt à Auschwitz. Essayer d'en évaluer le nombre exact ne servirait à rien.

Aucun membre de ma famille élargie ne poursuivit ses études au-delà de quinze ans, mais tous parlaient hongrois, roumain et yiddish. Ils étaient travailleurs, instruits et bons en calcul. Certains étaient artisans ; d'autres vendaient tout ce qu'ils pouvaient dénicher et qui était susceptible de trouver acquéreur. Les femmes s'occupaient du ménage et des enfants ; parfois, elles aidaient leurs époux dans leurs affaires. En général, ils ne réfléchissaient pas beaucoup à leur judéité : elle allait de soi. Ils avaient tendance à manger casher, à éviter de travailler le jour du shabbat, et à se rendre à la synagogue pour les fêtes importantes, mais, pour autant que je sache, ils respectaient davantage les pratiques religieuses en tant que traditions familières et rassurantes que par dévotion profonde. Mon père et ma mère étaient moins pratiquants, mais nous aussi, nous étions pleinement conscients de notre identité juive. Quand bien même l'aurions-nous oubliée, d'autres étaient là pour nous la rappeler.

Mon éducation juive ressemblait à celle de la plupart des enfants assimilés. Alors que les orthodoxes recevaient un enseignement approfondi de la Torah, du Talmud et de tous les commentaires, je n'appris qu'à lire à haute voix les prières et les passages bibliques en hébreu sans avoir la moindre idée du sens des mots. Mon jeune professeur était un étudiant de la *yeshiva* locale, qui voulait être rabbin. Quand je lisais correctement, des bonbons atterrissaient sur la table comme tombés du ciel. Je ne sais plus si je croyais vraiment qu'ils descendaient d'une manne céleste ou si j'avais compris qu'ils provenaient de la même source que ces rognures d'ongle que mon professeur râpait avec un canif, tandis que je me débattais avec les lettres hébraïques. Lorsque ma mère mourut, je fus capable de réciter le *Kaddish* à la synagogue sans la moindre difficulté trois fois par jour durant un an. Je n'en comprenais toujours pas les mots qui, de toute façon, étaient en araméen plutôt qu'en hébreu, mais d'une certaine manière cela n'avait guère d'importance.

J'ai eu deux parents célèbres, quoique l'on se serait volontiers passé de leur notoriété. En 1924, à Chicago, deux jeunes hommes riches, brillants et désœuvrés assassinèrent un adolescent pour le plaisir de commettre un crime parfait. Ils ne réussirent pas vraiment leur coup, puisqu'ils furent arrêtés et devinrent les accusés de l'un des plus fameux procès de leur temps. La victime de quatorze ans s'appelait Bobby Franks. Ses meurtriers étaient Nathan Leopold et Richard Loeb, âgés respectivement de 19 et 18 ans. Ils furent condamnés à perpétuité. Leopold fut libéré en 1958, tandis que Loeb fut assassiné en prison en 1936. Ce cas inspira de nombreux romans, pièces de théâtre et films, dont *La Corde* d'Alfred Hitchcock. Un des oncles de mon père avait émigré aux États-Unis au début du XXe siècle. Il ne renoua jamais contact avec la famille, mais certains voyageurs rapportèrent qu'il était devenu un riche homme d'affaires à Chicago. Il y a de fortes chances, dans ce cas, que Richard Loeb ait été un cousin américain au second degré.

Bien plus tard, un autre cousin au second degré acquit une notoriété dans des circonstances encore plus tristes. Il s'appelait Emil Grünzweig. C'était le fils de ma cousine Goldi, rescapée d'Auschwitz, et de son mari Smile, qui avait survécu aux travaux forcés. Ils étaient retournés en Transylvanie après la Shoah, avant d'émigrer quelques années après en Israël avec leurs deux enfants, Emil et Lulu. En 1983, Emil, enseignant et ancien parachutiste de 35 ans, était devenu l'un des dirigeants du mouvement israélien « La Paix maintenant ». Le 10 février, lors d'une manifestation à Jérusalem contre la guerre au Liban et le massacre de réfugiés palestiniens dans les camps de Sabra et Chatila, un militant d'extrême droite jeta une grenade sur les manifestants. Six personnes furent blessées et l'une d'elles perdit la vie : c'était Emil, mort pour avoir tenté de faire la paix. Le prix Emil Grünzweig pour les droits de l'homme, décerné chaque année en Israël par une association pour les droits civils, honore sa mémoire.

Mais je viens de faire un bond de presque un demi-siècle. Revenons à mon enfance et aux circonstances qui m'ont amené à croiser la route de Rezső Kasztner. Dans une certaine mesure, l'histoire de tout enfant juif hongrois au milieu du XXe siècle recoupe celle de l'antisémitisme. Les paragraphes qui suivent relatent ce que cela a signifié pour un jeune garçon en particulier.

Rencontres avec l'antisémitisme

J'ai infiniment moins souffert du nazisme que la plupart des Juifs d'Europe. Comparée à celle de millions d'autres, mon expérience de la Shoah, au sens propre comme au figuré, fut un jeu d'enfant. Je ne saurais dire pourquoi ce fut si facile pour moi. Peut-être ai-je simplement eu de la chance ? Ou peut-être ne fut-ce pas aussi facile que dans mon souvenir et ai-je refoulé plus de souffrance et de peur que je ne l'imagine ? Quoi qu'il en soit, il ne fait aucun doute que dans le ghetto, le wagon à bestiaux et le camp de concentration, je me suis senti protégé par mon père, aussi illusoire que cette idée ait pu être. Après coup, mon père et moi n'avons jamais véritablement parlé de ce que nous avions vécu. Cette réticence mutuelle m'a empêché de comprendre beaucoup de choses et peut-être privé de catharsis. Tout aussi puérils et fragmentaires qu'ils soient, mes souvenirs contribueront, je l'espère, à faire comprendre l'antisémitisme rampant qui sévissait dans la Hongrie fasciste, avant d'atteindre son monstrueux apogée dans la dernière phase de la Shoah planifiée par l'Allemagne.

Les troupes hongroises pénétrèrent dans Margitta le 6 septembre 1940. Elles furent saluées sur la place principale par les vétérans de la Première Guerre. Parmi eux, une centaine de Juifs arborant leurs médailles accueillirent les Hongrois à bras ouverts. Avant d'autoriser la poursuite de la cérémonie, le chef des troupes magyares, un certain colonel Szőnyi, ordonna aux vétérans juifs de quitter les lieux. On entendit l'un de nos voisins s'écrier : « Grâce à Dieu, vous voilà ! Nous ne savions plus que faire de ces Juifs ! » Le lendemain, les arrestations de prétendus communistes ou collaborateurs des Roumains commencèrent. La majorité des personnes appréhendées étaient juives et la plupart des chefs d'accusation étaient faux. Ce genre de harcèlement perdura jusqu'à ce qu'il ne reste plus aucun Juif à Margitta.

En septembre 1939, à l'âge de six ans, je suis entré à l'école primaire locale sous administration roumaine. Avant la fin de l'année scolaire, Margitta était hongroise. Pendant quelque temps, les enfants juifs furent dans les mêmes classes que les gentils. Pour mes parents, comme pour beaucoup de Juifs, l'éducation était très importante, et je savais lire et écrire bien avant de commencer l'école. C'est pourquoi j'avais toujours de très bonnes notes. Que mon institutrice ait été une femme douce qui traitait tous les enfants avec une parfaite équité y a peut-être contribué. À un certain moment au cours des quatre ans que je passai dans cette école, les enfants juifs furent regroupés dans des classes séparées, avec un nouvel enseignant. C'était un homme féroce avec des yeux noirs perçants, une moustache noire broussailleuse, comme les affectionnaient les sergents instructeurs, des bottes noires montant jusqu'au genou et un insigne aux couleurs hongroises, rouge, blanc et vert, au revers de sa boutonnière. Il ne manquait pas une occasion de nous taxer de sales gosses de Juifs et de nous dire ce qu'il pensait de notre race immonde. Il avait aussi l'habitude de pointer sur la carte accrochée au mur de la classe la partie de la Transylvanie nouvellement récupérée, en la désignant comme un renflement en saillie à l'est de la Hongrie centrale, délimitée sur trois côtés par le territoire roumain. La Roumanie, martelait-il, n'était qu'une énorme gueule prête à avaler la Hongrie. Avec lui, mes notes touchèrent le fond. Peut-être me flanquait-il une telle trouille que mon travail en fut soudainement affecté. Moi, j'y vois plutôt une stratégie délibérée, de sa part ou de celle des autorités. Il se peut aussi qu'il n'appréciât pas de devoir donner cours à de « sales Juifs ». Si c'était le cas, son calvaire fut de courte durée. Très vite il ne resta plus aucun « sale Juif » à qui enseigner.

Antisémitisme et nationalisme vont souvent de pair, mélange fâcheux pour ceux qui en font les frais. Régulièrement, sans doute en l'honneur d'une guerre quelconque à laquelle la Hongrie avait pris part avant de la perdre, chaque famille était obligée de sortir le drapeau hongrois. Devant chez nous, cette bannière pendait juste à la bonne hauteur pour qu'un petit garçon s'amuse à sauter pour essayer de l'attraper. Je ne sais si j'y parvins, mais apparemment quelqu'un dut rapporter cette scène, car deux gendarmes armés firent soudain irruption dans la chambre de ma mère en criant : « Où est le Juif Löb ? » Elle l'ignorait, mais ils finirent par mettre la main sur mon père. Ils l'emmenèrent au tribunal où il fut condamné à une lourde amende au motif que son fils « avait insulté la nation hongroise ».

Une autre fois, ce fut au tour de ma mère d'être désignée coupable. Elle avait toujours été une personne extrêmement soigneuse, attentive à la propreté et à l'hygiène. Soucieuse de ma santé, elle veillait à désinfecter régulièrement toutes ses affaires personnelles et à brûler ses mouchoirs. Néanmoins quelqu'un – peut-être la personne qui avait signalé l'épisode du drapeau – informa les autorités que la « Juive Löb », avec son « intelligence diabolique », disséminait délibérément des germes dans tout le voisinage. Une fois de plus, mon père, en tant que chef de famille, fut condamné à une forte amende, parce que sa femme avait essayé « d'empoisonner la nation hongroise ».

Alors que nous habitions le rez-de-chaussée d'une villa de la « rue Boueuse », un fonctionnaire s'installa avec sa famille au premier étage. Souvent ma mère était très fatiguée en début d'après-midi et, aussi difficile à croire que cela puisse paraître, loin de demander à ses enfants de se tenir tranquilles, il les incitait à faire le plus de bruit possible au-dessus de la tête de ma mère, même s'il n'était pas nécessaire de les encourager. Quand vint la déportation, il nous fallut abandonner tous nos meubles et affaires personnelles. Après la guerre, l'une de mes cousines revint à Margitta pour les récupérer. Elle y retrouva le fonctionnaire et sa famille qui habitaient toujours au premier étage, entourés de nos biens, prétendant d'abord que tout leur appartenait. Lorsqu'elle menaça d'appeler la police, ils finirent par reconnaître la vérité, mais affirmèrent qu'ils avaient considéré qu'il était de leur « devoir humanitaire » de « protéger » nos biens en attendant notre retour.

En 1943, lorsque j'avais dix ans, je partis vivre chez mes grands-parents à Kolozsvár, car mon père devait s'absenter souvent pour affaires – celles que le gouvernement antisémite lui permettait encore de poursuivre. Kolozsvár était une grande ville avec de bons commerces et restaurants, plusieurs théâtres et cinémas, beaucoup d'églises, quelques synagogues, une cathédrale, une université et de nombreuses écoles secondaires. Il n'y avait ni boue ni poussière dans les rues qu'aucune vache ne traversait, contrairement à Margitta. J'y traînais seul des heures entières m'imaginant en intrépide explorateur. Malheureusement mes expéditions se terminaient souvent de manière abrupte, lorsque des bandes de voyous, trouvant que j'avais l'air juif, me jetaient des insultes à la tête qui auraient été suivies de pierres si je ne m'étais enfui le plus vite possible vers des quartiers moins violents.

À Kolozsvár, je fréquentai le gymnasium juif local. L'ironie veut que ce soient les Hongrois qui autorisèrent la réouverture de l'école juive en 1940, treize ans après sa fermeture par les Roumains. Ils auraient tout aussi bien pu s'épargner cette peine. À l'été 1944, il n'y avait plus de gymnasium, ni d'enfants ou d'enseignants juifs à Kolozsvár. Ils avaient disparu à Auschwitz et dans les chambres à gaz. Comme à Margitta, la florissante communauté juive fut détruite en quelques semaines. Lorsque les Allemands arrivèrent le 19 mars 1944, la ville comptait 115 000 habitants, dont 16 700 Juifs. Après la Shoah, moins de 1 000 Juifs étaient encore en vie. Dans un certain sens, je perdis deux villes natales.

Avant l'occupation allemande de la Hongrie, mes rencontres avec l'antisémitisme en tant que jeune enfant en Transylvanie ne furent ni très spectaculaires ni très douloureuses, mais elles me renvoyaient sans cesse à un monde hostile que j'essayais d'oublier aussi vite que possible, ce qui était loin d'être facile quand les échos des injures antisémites me revenaient en permanence. C'est étonnant la quantité de venin que pouvait contenir le simple mot de « zsidó » (Juif) dans la bouche de nos compatriotes hongrois et, jusqu'à aujourd'hui, quand je l'entends, je dois faire un effort pour ne pas l'associer au qualificatif « büdös » (puant) qui en général l'accompagnait. « Juif puant » est l'expression qui nous attendait dès que nous quittions le seuil de notre maison. « Juif puant » est l'expression qui nous transformait aux yeux des gentils en sous-hommes répugnants. « Juif puant » est l'expression qui ôtait tout scrupule à nos ennemis pour nous humilier, nous voler et finalement nous assassiner…

Mon expérience de l'antisémitisme avant le 19 mars 1944 ne m'avait pas préparé à la Shoah. Rien ne l'aurait pu. Mais, comme je l'ai dit, j'ai moins souffert que la grande majorité des Juifs européens et j'ai survécu pour en raconter l'histoire. Comme beaucoup d'autres, je le dois à Rezső Kasztner. Pour témoigner de ce dont il nous a sauvé et des difficultés incroyables qu'il a dû surmonter pour le faire, je commencerai par décrire les grandes lignes de la version hongroise de la Shoah.

Chapitre 2

La Shoah en Hongrie

L'âge d'or

Des millions de pages ont été écrites sur la Shoah et il n'est nul besoin que je rappelle ces événements tragiques, même de manière succincte. Son calendrier accidentel mais décisif donne à la Shoah en Hongrie son caractère particulier : les assassins arriveront tard et ils seront pressés.

En cinq ans de conflit mondial, les nazis ont détruit toutes les communautés juives de l'Europe occupée. Grâce aux liens particuliers qui unissent la Hongrie à l'Allemagne hitlérienne, les Juifs hongrois sont toujours en vie, mais, durant les derniers mois d'un Troisième Reich à l'agonie, ils deviennent les victimes de l'opération la plus rapide et la plus brutale de la Shoah. L'ironie veut que ces événements soient survenus quelques décennies à peine après la période la plus heureuse de notre histoire.

« L'âge d'or » de la communauté juive de Hongrie, pour reprendre l'expression de Randolph Braham, l'éminent historien de la Shoah hongroise, s'est étendu de 1867 à 1918[5]. En 1867, la double monarchie austro-hongroise nouvellement installée accorde aux Juifs la jouissance totale des droits civiques. Son effondrement, à la fin de la Première Guerre mondiale, annonce la période la plus sombre dans l'histoire des Juifs de Hongrie.

À l'époque de la double monarchie, la Hongrie est un pays semi-féodal dirigé par un gouvernement conservateur avec à sa tête l'empereur d'Autriche, également roi de Hongrie. Une aristocratie foncière trône au sommet

---

[5] Randolph Braham, *The Politics of Genocide : The Holocaust in Hungary* (1994), p. 1. Œuvre monumentale sur la Shoah en Hongrie qui fait autorité. Cf. les études plus courtes sur les mêmes événements dans Braham (1997) et (1998). Dans l'édition mise à jour du livre de Raul Hilberg, *The Destruction of the European Jews* [La Destruction des Juifs d'Europe], 2003, le destin des Juifs hongrois est examiné dans le volume II, p. 853-919. On trouvera dans Gerlach et Aly, p. 7-114, une contribution allemande importante. Szita, p. 19-55, présente une vision hongroise.

de la société et une classe de paysans pauvres forme sa base. Si elles ont besoin de travailler, les élites rejoignent l'armée ou entrent dans la fonction publique. Les autres, au bas de l'échelle sociale, vivotent tant bien que mal, nourrissant ressentiment et envie pour les classes aisées. Entre les deux se creuse un vide que le pays doit combler, s'il entend survivre au monde moderne.

Ce sera le rôle de l'industrie, de la finance, du droit, de l'éducation, des sciences, des médias, des arts, autant de secteurs d'activités désormais indispensables à un État européen de la seconde moitié du XIXe siècle. En Hongrie, peut-être plus qu'ailleurs, les classes supérieures méprisent ces professions, tandis que les classes populaires s'en méfient. Elles sont donc ouvertes à toute autre personne compétente ou intéressée.

Beaucoup de Juifs sont l'un et l'autre, ce qui se traduit par l'avènement d'une classe moyenne juive prospère surreprésentée dans ces métiers prééminents. Ils contribuent largement à la modernisation économique, mais aussi au progrès social et culturel du pays.

Ces Juifs de la classe moyenne se considèrent comme des membres à part entière de la société hongroise et des citoyens loyaux. Certains sont très patriotes comme le prouvera bientôt leur engagement enthousiaste dans l'armée durant la Première Guerre mondiale. En retour, ils jouissent de l'égalité et de la justice, sont à l'abri de toute persécution et peuvent même, jusqu'à un certain point, accéder à l'aristocratie – du moins pendant quelques décennies.

Ceci vaut en tout cas pour les différentes composantes de la population juive éduquée, assimilée, et pour les néologues urbanisés, libéraux sur le plan religieux et ayant adopté les coutumes hongroises. Ils constituent la majorité de la communauté juive de Hongrie. Néanmoins il y a aussi, en particulier dans les villages, des Juifs orthodoxes, des *Ostjuden* d'Europe orientale, sans instruction, parlant le yiddish : boutiquiers, commerçants, colporteurs, professeurs de religion, *Luftmenschen* (songe-creux) et *Schnorrer* (profiteurs) en tous genres, qui peinent à gagner leur vie et suivent à la lettre les préceptes religieux, parfois jusqu'au fanatisme, en marge de la société hongroise. Les tensions entre ces deux segments de la communauté juive ne faciliteront pas les choses pour nous quand viendra le désastre.

Je pourrais dire que nous – ou plutôt mes grands-parents et arrière-grands-parents – n'avons jamais connu de jours plus heureux. Pourtant, même durant ces temps bénis, un antisémitisme endémique existe dans le pays. Les classes supérieures éprouvent toujours quelques réserves à considérer les Juifs comme leurs égaux, tandis que les classes populaires les soupçonnent de travailler main dans la main avec le pouvoir. Certains cercles antisémites concentrent leur haine sur les Juifs orthodoxes « orientaux » pauvres, tandis que d'autres voient en tout Juif une cible facile pour leur ressentiment personnel, religieux, racial, économique et politique. Il est courant de rendre « les Juifs » responsables de tous les maux, publics ou privés, et toute frustration latente peut aisément se muer en agressivité.

Le déclin

Après avoir perdu toutes les guerres de son histoire, la Hongrie se rallie aux Allemands et aux Autrichiens durant la Première Guerre mondiale, et subit une nouvelle défaite. En vertu du traité de Trianon de 1920, elle doit céder deux tiers de son territoire aux pays voisins et un tiers de ses habitants deviennent une minorité dans ce qui a été leur patrie. Un an auparavant, le communiste Béla Kun avait institué un régime de type soviétique, rapidement balayé par un mouvement contre-révolutionnaire nationaliste, fasciste et antisémite. En 1920, l'amiral Miklós Horthy, le chef contre-révolutionnaire, est proclamé régent de Hongrie. Il restera en fonction jusqu'en 1944.

Au cours des années 1920 et 1930, la scène politique hongroise, sous les gouvernements de droite successifs, est agitée par deux problèmes distincts – le « révisionnisme » et la « question juive » –, sans cesse amalgamés par des hérauts sans scrupules et par les masses désorientées. Le révisionnisme traduit l'aspiration à reconquérir les territoires perdus. En l'absence d'une réelle opposition à gauche, les forces politiques actives sont concentrées à droite, et toutes embrassent cette cause. Pour ce qui est de la « question juive », il s'agit d'une formule toute faite, destinée à éviter de s'attaquer sans *a priori* aux problèmes économiques et sociaux, en en rejetant la responsabilité sur l'éternel bouc émissaire : le Juif. La pernicieuse alliance du chauvinisme et de l'antisémitisme se révélera bientôt fatale pour les Juifs et, en dernière instance, peu profitable aux Hongrois eux-mêmes.

Entre 1938 et 1941, la Hongrie récupère une grande partie de ses régions perdues en 1920. Mais il y a un prix à payer. La restitution des territoires est un cadeau de Hitler qui y a contraint les États voisins sous la menace. En échange, il attend un soutien de plus en plus actif à l'effort de guerre nazi de la part de la Hongrie, qui l'accepte, ce qui scellera le destin du pays, obligé finalement, en 1941, de s'engager dans le conflit aux côtés de l'Axe. Hitler, bien entendu, attend également une coopération à son projet majeur : l'extermination des Juifs. Il ne devra pas insister beaucoup. Une partie des hauts dirigeants et du peuple hongrois ne seront le plus souvent que trop heureux d'aider les nazis, voire de les surpasser, dans la persécution des Juifs.

Deux décennies après la fin de la Première Guerre mondiale, l'hystérie antisémite, attisée par une agitation incessante, atteint une intensité exceptionnelle. Trois décrets majeurs, copiés sur les lois de Nuremberg de 1935, sont adoptés coup sur coup. Déjà détestables en eux-mêmes, ils préparent en outre le terrain pour le pire des scénarios qui ne tarde pas à arriver.

La première loi anti-juive est votée en 1938. Soutenue par les Églises chrétiennes, elle limite à 20 % le quota de Juifs autorisés à travailler dans les entreprises financières, commerciales, industrielles et culturelles. Les dirigeants de la communauté juive acceptent la mesure de plus ou moins bonne grâce, pensant à tort qu'elle coupera l'herbe sous le pied des forces antisémites.

La seconde loi anti-juive est adoptée en 1939, toujours avec l'appui des Églises. Cette fois, en revanche, les leaders juifs s'y opposent, mais en vain. En vertu de cette loi est déclaré juif tout individu membre de la communauté religieuse juive avant ou au moment de l'entrée en vigueur du texte. Elle réduit les droits civiques et politiques des Juifs, les exclut de toute fonction gouvernementale et fixe à 6 % leur quota dans la plupart des professions et sociétés commerciales. Elle interdit aux Juifs de diriger ou de publier des journaux, et de produire des pièces de théâtre ou réaliser des films. Le nombre de Juifs autorisés à travailler dans une entreprise privée est drastiquement réduit. Environ 250 000 Juifs perdent leur salaire et seront souvent obligés d'user d'expédients pour gagner leur vie.

La troisième loi anti-juive passe en 1941. Sous des apparences anodines, elle sera lourde de conséquences. Elle élargit la définition du Juif à toute personne ayant au moins deux grands-parents juifs, et interdit le mariage et les relations sexuelles extraconjugales entre Juifs et non-Juifs. Elle aura pour effet de gonfler les rangs des victimes, notamment avec les 100 000 convertis, jusque-là en grande partie protégés par les Églises chrétiennes.

Chaque nouvelle offensive législative anti-juive s'accompagne de charges haineuses et d'accusations montées de toutes pièces. Les Juifs sont des capitalistes qui complotent pour miner l'économie hongroise. Les Juifs sont des communistes qui conspirent pour renverser l'État hongrois. Les Juifs sont des cosmopolites sans racines qui cherchent à détruire la culture hongroise authentique. Les Juifs sont la cinquième colonne au service de l'ennemi. Cibles d'une propagande féroce qui nourrit l'hystérie collective, les Juifs sont harcelés par les autorités et agressés, verbalement et parfois physiquement, par la foule. Quasiment sans opposition, la presse et les politiciens de droite, soutenus haut et fort par une foule composée de toutes les classes, réclament des mesures toujours plus dures envers eux. La logique de départ – pour autant qu'il y en ait jamais eu dans cette violence aveugle – consiste à spolier les Juifs de leurs biens, puis à les forcer à quitter le pays. Bientôt, elle se résumera à les voler et les exterminer.

L'année où est promulguée la première loi anti-juive voit aussi la création d'une nouvelle institution spécifiquement hongroise : le Service du travail obligatoire. Beaucoup de Juifs entre 21 et 60 ans sont mobilisés, mais, au lieu de rejoindre les rangs des « splendides soldats de Miklós Horthy », pour reprendre les paroles d'une marche populaire de l'époque, ils deviennent des esclaves. Portant des vêtements civils et des brassards jaunes, ils sont assignés à des tâches pénibles, sales ou dangereuses à l'intérieur du pays ou, plus tard, après l'entrée en guerre de la Hongrie, sur le front de l'Est. Accablés de travail, sous-alimentés, brûlés par le soleil en été et gelés en hiver, privés d'équipements sanitaires et médicaux de base, ils subissent en outre les sévices de gardes et d'officiers sadiques. Entre 1939 et 1944, ces mauvais traitements coûtent la vie à quelque 40 000 hommes sur les 100 000 appelés.

En août 1941, environ 16 000 Juifs autrichiens, slovaques et polonais, réfugiés en Hongrie, sont emmenés à Kamenets-Podolski en Ukraine par des soldats hongrois et allemands, et mitraillés avec 7 000 Juifs ukrainiens. En janvier 1942, à Délvidék (Voïvodine), la partie de la Yougoslavie occupée par la Hongrie, 3 300 hommes, femmes et enfants sont également passés par les armes ou jetés dans les rivières glacées par des brigades paramilitaires hongroises au nom de la lutte contre les partisans : 700 d'entre eux sont juifs.

À partir de l'été 1942, après la tristement célèbre conférence de Wannsee, l'Allemagne accroît sa pression sur la Hongrie pour qu'elle déporte et extermine ses Juifs. Au même moment, plusieurs politiciens hongrois d'extrême droite se plaignent auprès des Allemands du manque de zèle du gouvernement à agir dans ce sens. Horthy n'est pas un antisémite fanatique, mais un opportuniste qui marche sur la corde raide, essayant de concilier les exigences allemandes et hongroises de prendre des mesures anti-juives plus radicales et sa crainte d'un ostracisme international et des représailles alliées. Constant dans sa politique en zigzag, il change plusieurs fois de suite de Premier ministre et de gouvernement. Certains sont plus « pro-nazis » et antisémites que d'autres, mais aucun ne peut être accusé d'aimer les Juifs.

Alors que les armées allemande et hongroise sont en perte de vitesse, Horthy et son entourage, en particulier le Premier ministre Miklós Kállay, commencent à envisager de laisser tomber leur principal partenaire et de conclure une paix séparée avec les Alliés. Dans le même temps, la situation des Juifs s'améliore quelque peu. Ces changements n'échappent pas à Hitler qui n'a l'intention d'abandonner ni sa mainmise territoriale sur la Hongrie ni son obsessionnel projet d'exterminer tous les Juifs d'Europe. Il lance deux invitations à Horthy, que celui-ci ne peut refuser.

La première rencontre a lieu les 17 et 18 avril 1943 au château de Klessheim en Autriche. Horthy y est reçu par Hitler et Ribbentrop, son ministre des Affaires étrangères. Hitler réclame le remplacement de Kállay et des mesures d'urgence contre les Juifs. Lorsque Horthy explique que tout a été fait à leur encontre, hormis les tuer, Ribbentrop réplique qu'il faut précisément les tuer ou les déporter. Hitler approuve. Pour une fois, Horthy tiendra tête. Kállay ne sera pas destitué et les Juifs ne seront ni tués ni déportés. Pas pour l'instant du moins.

La seconde entrevue, toujours à Klessheim, se déroule le 18 mars 1944. Hitler ordonne à Horthy de choisir entre deux options : soit il nomme un nouveau gouvernement cautionné par l'Allemagne, soit l'armée allemande occupe la Hongrie. Horthy opte pour la première solution, mais il aurait tout aussi bien pu retenir la seconde ou rejeter les deux que cela n'aurait rien changé. En réalité, Hitler l'a piégé. Le train censé le ramener en Hongrie est retardé exprès et, avant que le convoi n'atteigne Budapest, les troupes allemandes pénètrent en Hongrie sans rencontrer la moindre résistance. On est le 19 mars 1944, l'une des dates les plus sombres de l'histoire de la communauté juive hongroise.

Toujours lors de cette rencontre, la question du sort des Juifs occupe une place centrale. Même s'il n'y aura aucun accord formel, on admet en général que Horthy a accepté la demande de Hitler d'envoyer 100 000 Juifs hongrois travailler dans le Reich. Les nazis et leurs complices hongrois utiliseront par la suite ce consentement comme prétexte à la déportation massive de 450 000 Juifs hongrois.

Le 22 mars, trois jours après l'entrée des troupes allemandes dans le pays, Horthy annonce la formation d'un nouveau gouvernement fantoche pro-nazi. Les personnalités de ce cabinet les plus néfastes pour les Juifs sont Döme Sztójay, le Premier ministre et ministre des Affaires étrangères,

László Endre, ministre des Affaires politiques (en charge des Juifs), László Baky, ministre de tutelle de la gendarmerie, et László Ferenczy, chef de la gendarmerie, chargé de superviser les arrestations et les déportations de Juifs dans les différents camps de concentration. Ce quartet, composé de quelques-uns des antisémites les plus assoiffés de sang que l'on puisse trouver au sein d'une population elle-même farouchement antisémite, est le principal responsable de la collaboration hongroise au génocide nazi. Tous seront condamnés à mort et exécutés après la guerre.

LE DÉSASTRE

À partir du 19 mars 1944, la situation des Juifs devient rapidement désastreuse. Randolph Braham résume parfaitement le déroulement des événements au cours des mois suivants : « Dans nul autre pays, le programme de la Solution finale – l'instauration d'un Conseil juif central et de conseils locaux, l'isolement, l'expropriation, la ghettoïsation, le regroupement, l'embarquement dans les trains et la déportation des Juifs – n'a été conduit de manière aussi barbare et rapide qu'en Hongrie. »[6] Un mot manque à la liste pour qu'elle soit complète : l'extermination.

L'arrivée d'Eichmann et de son équipe, chargés, comme ailleurs, de débarrasser la Hongrie de ses Juifs, suit directement l'invasion des troupes allemandes.

La destruction de cinq à six millions de Juifs est placée sous la responsabilité du RSHA (le *Reichssicherheitshauptamt*, l'« Office central de la sécurité du Reich »), dirigé par le *Reichsführer-SS* Heinrich Himmler. Son subordonné immédiat est le *Oberführer-SS* Ernst Kaltenbrunner, chef du SD (le *Sicherheitsdienst*, le « service de la sécurité ») pourvu de fonctions de renseignements, et de la Sipo (la *Sicherheitspolizei*, la « police de sûreté »), qui comprend la Kripo (la *Kriminalpolizei*, la « police criminelle ») et la Gestapo (la *Geheime Staatspolizei*, la « police secrète »). Le *Gruppenführer-SS* (major-général) Heinrich Müller est à la tête de la Gestapo. En Hongrie, le *Obergruppenführer-SS* (lieutenant-général) et général de la *Waffen SS* Otto Winkelmann commande toutes les unités de sécurité. À Budapest, le *Obersturmbannführer-SS* (lieutenant-colonel) Otto Klages dirige le SD. Edmund Veesenmayer, ambassadeur plénipotentiaire allemand en Hongrie, est le diplomate le plus haut placé. Les plus hauts grades

[6] Braham, 1997, p. 39-40.

SS – *Reichsführer* et *Oberführer* – n'ont pas d'équivalents dans les armées alliées.

Au sein du RSHA, le département IVB4, dirigé par l'*Obersturmbannführer-SS* Adolf Eichmann, le maître d'œuvre de la Shoah, est responsable des affaires juives. Le personnel affecté à la destruction des Juifs provient du SD, de la Sipo et de la *SS Feldgendarmerie*. La Sipo comprend notamment les *Sondereinsatzkommandos*, unités opérationnelles spéciales, appelées aussi les *Judenkommandos*, qui exécutent ou supervisent les pires atrocités commises contre les Juifs. Eichmann a un accès direct à Kaltenbrunner et aux deux Heinrich – Himmler et Müller – qu'il utilise quand cela sert son grand dessein. Son équipe rapprochée comprend l'*Obersturmbannführer* Hermann Krumey, l'*Hauptsturmführer* (le capitaine) Otto Hunsche, l'*Hauptsturmführer* Siegfried Seidl, l'*Hauptsturmführer* Dieter Wisliceny, l'*Obersturmbannführer* Theodor Dannecker, l'*Hauptsturmführer* Franz Novak et quelques autres.

Si l'organisation semble assez désordonnée, c'est parce qu'elle l'est effectivement. Loin d'être une structure monolithique, le Troisième Reich est un ensemble chaotique d'organes de commandement rivaux, dont les missions interfèrent ou se télescopent, et dont les dirigeants jouent des coudes, fomentent des vengeances personnelles et luttent sans merci pour le pouvoir, l'influence ou le profit.

Le *Judenkommando* d'Eichmann compte moins de 200 personnes. Il est clair qu'une aussi petite structure aurait été incapable de déporter en quelques semaines près d'un demi-million de femmes, d'hommes et d'enfants sans le soutien inconditionnel des Hongrois. Endre, Baky et Ferenczy mettent la police, la gendarmerie et la fonction publique à la disposition d'Eichmann, et une large proportion de la population hongroise s'empresse de leur prêter main-forte. En réalité, aussitôt que l'invasion allemande ouvre les vannes, les Hongrois se montrent souvent des persécuteurs plus zélés que leurs envahisseurs bienvenus. Pour se venger d'insultes avérées ou prétendues proférées par les Juifs à leur encontre, ils participent aux humiliations, mauvais traitements, spoliations et déportations de leurs voisins juifs, soi-disant pour débarrasser la patrie du poison juif ou tout simplement pour prendre plaisir aux sévices sadiques infligés à des victimes juives sans défense. C'est dans ce climat que les fonctionnaires, policiers et soldats hongrois, sur les conseils avisés des Allemands, mènent à bien les déportations avec une facilité et une rapidité jamais vues jusque-là.

Moins d'une semaine après l'invasion, trois à quatre cents hommes du *Judenkommado* et d'autres unités allemandes, secondés efficacement par les autorités hongroises et des informateurs, arrêtent dix mille personnes dans tout le pays : politiciens, fonctionnaires, officiers, intellectuels, artistes et scientifiques, tous considérés comme des ennemis potentiels des nazis. Ces opérations cherchent d'abord à créer un climat d'inquiétude et de peur, conditions préalables à la domination absolue. Trois mille Juifs figurent parmi les individus appréhendés, dont des membres éminents de la communauté, mais aussi des gens capturés au hasard dans les rues. Ils sont répartis dans les différents camps de détention du pays.

Dans les semaines qui suivent, le gouvernement édicte une batterie de lois destinées à isoler, exproprier et finalement annihiler les Juifs, dont la plus notable est celle qui oblige tout Juif de plus de six ans à porter une étoile jaune à partir du 5 avril. L'étoile, de dix centimètres de haut et de large, doit être cousue sur le côté gauche de la poitrine de tout vêtement d'extérieur et portée partout en dehors de chez soi. Un certain nombre de Juifs, dont les vétérans de la Première Guerre mondiale, en sont dispensés. Cette disposition me sauvera la vie. Psychologiquement, l'étoile exacerbe notre sentiment croissant d'impuissance et d'infériorité, mais elle a un effet plus concret : elle nous désigne comme Juifs où que l'on aille. Ceux qui sont repérés sans la porter sont arrêtés, battus et, pour finir, déportés. Ceux qui la portent sont ostracisés, moqués, battus et, pour finir, déportés. L'étoile est en quelque sorte notre ticket d'entrée à Auschwitz.

Bien d'autres mesures encore rendent notre vie très difficile. Les Hongrois et les Allemands, parfois en collaboration, parfois en concurrence, nous dérobent systématiquement tous nos biens. Les quelques avocats, journalistes, médecins, pharmaciens et artistes juifs toujours en activité perdent leur emploi. Tous les Juifs sont expropriés de leurs ateliers, magasins et entreprises qui sont donnés aux gentils. Les articles ménagers, meubles, radios, téléphones, voitures, œuvres d'art et tout autre objet possédés par des Juifs qui tapent dans l'œil d'un pillard sont confisqués. Il nous est interdit de quitter nos appartements la nuit et même la majeure partie de la journée, de voyager sans un permis spécial, rare et cher, de nous promener dans les parcs, de nous rendre aux bains publics, à la piscine, d'entrer dans un café ou un restaurant, d'aller au théâtre ou au cinéma. La quantité de beurre, d'œufs, de riz, de sucre, de graisse, de lait et de viande que nous sommes autorisés à acheter est limitée. Toutes les organisations juives, hormis les Conseils juifs instaurés par les Allemands, sont prohibées. Les livres d'auteurs juifs sont retirés des bibliothèques et des librairies, et brûlés en public. Les comptes bancaires des Juifs sont gelés et les Juifs ne peuvent posséder que très peu d'argent liquide. Lorsque les bombardements aériens au-dessus de Budapest s'intensifient, les autorités juives reçoivent l'ordre d'expulser des milliers de Juifs de chez eux pour y mettre des Hongrois ayant perdu leur logement. Le désir de certains officiers nazis de s'installer dans les élégantes villas d'anciens Juifs riches entraînera d'autres expulsions.

Pour les déportations, le pays, sauf Budapest, est divisé en cinq zones, rendues, tour à tour, *judenrein* (« nettoyées » des Juifs). La première, au nord-est, correspond en gros aux Carpates ; la seconde, à l'est, à la Transylvanie ; la troisième, au nord de Budapest ; la quatrième et la cinquième, au sud de la capitale, à l'est et à l'ouest du Danube. Les Juifs sont raflés, puis rassemblés dans des ghettos par des gendarmes hongrois enthousiastes, sous la conduite experte du *Judenkommando* d'Eichmann. Leurs maisons abandonnées sont pillées ou occupées par des chrétiens. Les ghettos sont parfois des quartiers fermés de la ville, mais le plus souvent il s'agit de briqueteries désaffectées ou d'autres bâtiments industriels, où les prisonniers, sous des abris précaires, voire sans abri du tout, sont détenus avec un minimum de nourriture à leur disposition et sans équipements sanitaires. Des inspecteurs de police spécialement formés les fouillent – et souvent les torturent – à la recherche d'éventuels objets de valeur dissimulés parmi leurs maigres biens ou cachés à l'extérieur : en plus des aveux et des confiscations, il y a des morts et des suicides.

Au bout de quelques semaines passées dans le ghetto, les gendarmes entraînent les prisonniers vers une voie de garage proche où, sous les coups et les injures, ils les poussent à bord de wagons à bestiaux qui les attendent. Soixante-dix hommes, femmes et enfants au moins sont entassés dans chaque voiture. À l'intérieur se trouvent deux seaux : l'un contenant de l'eau ; l'autre devant servir de toilettes. Aucun n'est assez grand. Les portes sont scellées de l'extérieur. Privés de nourriture, suffoquant dans l'intense chaleur estivale, serrés les uns contre les autres, ils voyagent jusqu'à la frontière slovaque où des gardes hongrois les remettent aux soldats SS allemands. Le trajet jusqu'à Auschwitz dure plusieurs jours. Beaucoup meurent en chemin. Les autres doivent passer par la « sélection ». Ils sont alignés face à un médecin allemand qui, d'un geste de la main, expédie à droite ceux qu'il juge assez robustes pour exécuter les travaux forcés et, à gauche, les autres – les vieux, les enfants et les malades. Ces derniers sont immédiatement envoyés dans les chambres à gaz. Les premiers sont répartis dans les divers camps de concentration situés en Allemagne ou dans les pays occupés par les nazis, où seuls les plus forts ou les plus chanceux survivront. Tout cela est bien connu grâce aux témoignages de milliers de survivants. Des millions d'autres mourront sans pouvoir témoigner.

La ghettoïsation - mot horrible pour désigner une chose horrible – commence le 16 avril en zone I, et dès le 3 juin, les Juifs des cinq zones sont enfermés dans des ghettos. Les déportations débutent le 15 mai en zone I et se terminent le 8 juillet avec la zone V. En moins de deux mois, cent cinquante trains environ quittent les provinces hongroises pour Auschwitz avec 450 000 Juifs à leur bord. Quelque 330 000 sont gazés à leur arrivée. En comptant ceux qui seront tués à Budapest, ceux qui mourront dans les travaux forcés et ceux qui tomberont durant les « marches de la mort », plus de 500 000 Juifs hongrois périront sous l'occupation allemande. Il y aura environ 255 000 survivants, dont une moitié à Budapest et l'autre dans les camps de concentration libérés par les Alliés.

Les Juifs de Budapest auraient dû être rassemblés dans des ghettos en juillet et déportés en août. Mais ils connaissent un moment de répit, lorsque le 7 juillet, à la suite d'intenses pressions diplomatiques, Horthy ordonne de suspendre les déportations. Quelque deux cent mille Juifs de la capitale sont transférés dans 2 600 « maisons de Juifs », dont la façade est surmontée d'une grande étoile jaune. Ils sont entassés à trois personnes par pièce en moyenne. Des dizaines de milliers d'autres préfèrent se cacher, au risque d'être arrêtés, torturés et tués. Beaucoup aussi doivent la vie aux efforts acharnés de diplomates, en particulier le Suédois Raoul Wallenberg et son homologue suisse, Carl Lutz, qui leur délivrent des « passeports de protection » et les hébergent dans des maisons couvertes par l'immunité diplomatique.

L'interdiction des déportations ordonnée en juillet par Horthy est suivie, le 25 août, d'une directive similaire de Himmler, mais le sursis sera de courte durée. Devant l'avancée de l'armée soviétique en Hongrie, Horthy décide finalement de désengager son pays de la guerre. Le 15 octobre, dans un communiqué radiophonique, il proclame un cessez-le-feu unilatéral. Les Allemands le forcent immédiatement à démissionner et nomment comme Premier ministre et chef de l'État, Ferenc Szálasi, le leader du parti ultra-fasciste et antisémite radical Nyilas (les Croix fléchées). Cet événement annonce la dernière phase du génocide en Hongrie.

En une semaine, le nouveau régime, à la grande joie d'Eichmann, décide d'envoyer de larges contingents d'hommes et de femmes juifs en Autriche, pour travailler à la construction de fortifications destinées à freiner la progression russe. Alors que l'hiver approche, 80 000 Juifs, encadrés par des gendarmes qui les insultent, les maltraitent et tuent tous ceux qui sont incapables de continuer ou simplement dont la tête ne leur revient pas, sont contraints de parcourir à pied les 220 kilomètres qui les séparent de la frontière sans nourriture, boisson, abri ni vêtements chauds. Ces « marches de la mort » font plusieurs milliers de victimes.

En novembre, on ordonne à tous les Juifs sans sauf-conduits de déménager dans le ghetto, où les conditions sont encore pires que dans leur logement précédent. Depuis le coup d'État de Szálasi, les bandes d'assassins des Croix fléchées saccagent et pillent ce qui reste des biens juifs, débusquent ceux qui se cachent, les délogent des « maisons protégées » et en assassinent des milliers. Plus l'Armée rouge se rapproche de Budapest, plus leur barbarie sanguinaire se déchaîne. Entraîner des Juifs jusqu'aux rives du Danube, les abattre et les jeter dans les eaux glacées est un de leurs passe-temps favoris. Près de la moitié de la population juive de Budapest, 100 000 hommes, femmes et enfants meurent sous ce régime de terreur, alors qu'ils avaient échappé aux déportations de masse.

Mentionnons encore un camp d'internement de triste mémoire appelé Kistarcsa, situé en province non loin de Budapest, qui sera le point de départ de la première et de la dernière déportation. Le 28 avril, deux semaines avant le début « officiel » des déportations – le 15 mai –, 1 800 détenus sont envoyés à Auschwitz. Le 12 juillet, cinq jours après que Horthy a imposé l'arrêt des déportations, Eichmann remplit encore un train pour Auschwitz avec 1 500 Juifs. Alerté par les dirigeants communautaires juifs, Horthy exige le retour du convoi. Le 19, Eichmann convoque les responsables de la communauté juive et les retient dans son bureau le temps nécessaire pour que ses acolytes réexpédient le groupe par un autre convoi. Lorsque les leaders juifs réussissent à entrer de nouveau en contact avec Horthy, le train a déjà quitté le territoire hongrois…

Les Conseils juifs

L'utilisation des Conseils juifs sera l'une des tactiques les plus insidieuses employées par Eichmann tout au long de la Shoah. En Hongrie, il agira incroyablement vite. Le 19 mars 1944, quelques heures à peine après l'occupation, deux de ses officiers supérieurs, Wisliceny et Krumey, se rendent dans les bureaux de la Communauté juive au 12 rue Síp et convoquent les dirigeants de toutes les organisations juives à une réunion le lendemain. Environ cinq cents représentants s'y rendent; beaucoup emmènent une valise, car ils s'attendent à être arrêtés sur-le-champ et déportés. De son air le plus sincère, Wisliceny leur affirme qu'ils n'ont aucune raison de s'alarmer et qu'ils pourront poursuivre leurs activités habituelles en toute sérénité sous la tutelle des SS. Krumey, tout aussi poliment, leur garantit qu'il n'y aura ni arrestation, ni violation des droits individuels ou de propriété, ni déportation. Il réclame que soit constitué, dès le lendemain, un organe d'administration officiel pour tous les Juifs de Hongrie, le *Judenrat* (Conseil juif). Enfin, Wisliceny les avertit des sanctions sévères qu'encourt tout Juif qui tenterait de vider ses comptes bancaires, mais signale qu'une éventuelle arrestation d'un Juif ne serait en aucun cas liée à sa judéité mais uniquement à une suspicion de délit.

Ce mélange de menaces et de fausses promesses est typique de cette technique propre aux nazis, cynique mais efficace, consistant à jouer sur les peurs et les espoirs des Juifs pour en faire les instruments consentants de leur propre destruction. Comme ordonné, le Conseil central des Juifs hongrois est rapidement mis sur pied. Il se compose de représentants des courants orthodoxe, néologue et sioniste. Il est dirigé par le Dr Samu Stern, un riche banquier lié à la classe dirigeante hongroise, président de la Communauté juive de Pest et de l'Organisation nationale des juifs néologues. En résumé, les missions du Conseil se limitent à transmettre les directives allemandes et à s'assurer que les Juifs s'y conforment. Pour commencer, il doit établir deux listes : l'une, de toutes les institutions juives ; l'autre, de tous les biens immobiliers juifs situés à Budapest.

La première rencontre entre une délégation du Conseil et Eichmann a lieu à Buda le 31 mars à l'hôtel Majestic, son quartier général. Sans un mot sur l'imminence des déportations, Eichmann affecte un air sérieux et conciliant. Lorsque Stern se plaint de la virulence des mesures antijuives édictées jour après jour, Eichmann assure que les Juifs n'ont rien à craindre des Allemands, qu'ils continueront à être traités avec équité et correction, ajoutant que toute autre attitude à leur égard sera punie. Il affirme que les contraintes administratives et économiques qu'ils subissent ne dureront que jusqu'à la fin de la guerre. Il ment, bien entendu.

À l'issue de cet entretien, le Conseil central demande aux dirigeants des communautés juives de province de respecter toutes les directives en provenance de la capitale. Il exhorte également la population juive à faire preuve de discipline et à obéir aux ordres. Des Conseils juifs sont installés dans plusieurs grandes villes et tous sont invités à soutenir la politique du Conseil central.

Honnêtes et formalistes comme ils sont, les Conseils tentent de protéger leurs coreligionnaires ; ils déposent des appels, adressent des requêtes et contactent des Hongrois haut placés, mais en vain. Les Hongrois refusent de les aider, les Allemands donnent des ordres et les Conseils obéissent. Ils ne peuvent pas faire grand-chose d'autre mais le fait est qu'à leur corps défendant, ils contribueront au bon déroulement de la Shoah. Ils publient dans leurs bulletins les ordres d'Eichmann ; ils fabriquent et distribuent les étoiles jaunes ; ils sélectionnent les logements juifs à confisquer ; ils remettent aux Allemands l'argent et les objets de valeur des Juifs et dressent les listes des personnes à enfermer dans les ghettos et à déporter vers les chambres à gaz. Les nazis leur accordent quelques privilèges, notamment l'exemption du port de l'étoile et une certaine liberté de mouvement. Certains en tirent un avantage personnel, mais la plupart font tout ce qu'ils peuvent pour alléger les souffrances de leurs membres. Malheureusement, ils ne pourront empêcher la catastrophe ultime et, forcés d'assister l'ennemi dans la destruction de leur propre peuple, ils finissent en général par partager leur destin.

Il n'y a pas d'explication simple au fait que les Conseils obéissent si facilement aux ordres allemands. L'une des raisons est qu'ils ont tout simplement peur de ce que les Allemands leur feront s'ils n'obéissent pas. Une autre est qu'ils espèrent, en étant conciliants, les persuader d'interrompre l'extermination ou du moins d'épargner autant de vies que possible jusqu'à la chute du Troisième Reich. Peut-être aussi ne peuvent-ils – ou ne veulent-ils – pas croire que ce qui est arrivé aux Juifs dans d'autres pays puisse se produire dans un État civilisé comme la Hongrie. Ils se considèrent comme des Hongrois assimilés et des patriotes, attachés à l'ordre établi et fiers de leur contribution au développement de la nation. Ils s'attendent naïvement à ce que Horthy et les élites hongroises apprécient leur loyauté et les protègent des nazis. Telle est la perception des Conseils, partagée par la plupart de ceux qu'ils représentent. Malheureusement, les Hongrois voient cela d'un autre œil.

Le pire reproche adressé aux Conseils juifs sera d'avoir délibérément omis d'avertir leurs communautés de l'imminence de la Shoah. Ils auraient suscité un faux sentiment de sécurité parmi la population juive, en passant sous silence la véritable destination des trains, en leur faisant croire qu'on les déplaçait pour aller travailler à l'intérieur du pays et en leur assurant que tout se passerait bien s'ils obéissaient aux Allemands. Ces mystifications auraient empêché les Juifs de résister ou de fuir.

La question cruciale est de savoir ce que les Conseils juifs savaient effectivement sur Auschwitz. Dans les premières années de la Shoah, des réfugiés arrivés en Hongrie rapportent les massacres qui ont lieu en Europe orientale, mais aucune information précise n'est disponible. Cependant, au printemps 1944, la réalité des camps de la mort s'est répandue en Hongrie comme ailleurs.

Deux jeunes Juifs slovaques, Rudolf Vrba (né Walter Rosenberg) et Alfred Wetzler, rédigent un témoignage crucial sur les camps de la mort : le *Protocole d'Auschwitz.* Emprisonnés à Auschwitz en 1942, Vrba et Wetzler s'en échappent le 7 avril 1944 et se cachent en Slovaquie. En moins de deux semaines, ils écrivent un compte rendu précis sur l'extermination de masse qui s'y est déroulée de juillet 1942 à avril 1944 et sur les préparatifs en cours depuis janvier 1944 pour l'arrivée des Juifs de Hongrie. Le rapport est traduit en hongrois et transmis à quelques dirigeants communautaires, dignitaires religieux et hommes politiques supposés bienveillants. Un exemplaire parvient en Suisse où il fera l'objet d'une large couverture médiatique au mois de juillet, et aux États-Unis, où il sera publié par le War Refugee Board en novembre. Pourtant, au plus fort des déportations depuis la province, les leaders communautaires continueront à s'abuser eux-mêmes et à tromper leurs coreligionnaires, rationalisant l'irrationnel, fermant les yeux sur l'évidence la plus criante et espérant en dépit du bon sens que par l'apaisement et la soumission ils pourront survivre à la tempête.

Ils auront tort, mais, même s'ils avaient fait tout ce qu'ils pouvaient pour avertir leur peuple, il n'y aurait pas eu de résistance ou d'évasion à grande échelle. La communauté juive était déchirée par de profonds conflits idéologiques internes. Les néologues, qui se considéraient comme des Occidentaux éclairés, attribuaient la responsabilité de la Shoah au refus des orthodoxes est-européens de s'intégrer dans leur pays d'accueil. De leur côté, les orthodoxes voyaient dans la Shoah un châtiment divin contre la laïcisation des magyarophiles et des sionistes, ou le prix de la rédemption messianique à venir. Il n'existait aucune organisation centrale capable d'arbitrer ces conflits. L'interdiction de se déplacer et les difficultés à communiquer avaient réduit à néant les possibilités, déjà faibles au départ, d'une action concertée. Les hommes valides avaient été enrôlés pour les travaux forcés. Il n'y avait aucune chance de se procurer des armes. Divisés entre eux, démoralisés par l'incessante propagande antisémite, paralysés par la répression économique et sociale, pourchassés et maltraités par les Hongrois, trompés et terrorisés par les Allemands, les Juifs de Hongrie n'avaient aucun moyen de se battre et nulle part où se cacher ni fuir.

Il y aura quelques exceptions. Des membres des organisations de jeunesse sionistes mèneront d'audacieuses opérations de secours et tenteront de lancer des avertissements sur l'imminence des déportations. Avec peu de succès. Otto Komoly, le président de l'Association sioniste, sauvera des centaines d'enfants avec l'aide de la Croix-Rouge. Le chef du Bureau de l'Agence juive pour la Palestine à Budapest, Moshe Krausz, obtiendra de diplomates étrangers des dizaines de milliers de sauf-conduits.

L'entreprise la plus spectaculaire sera celle de Rezső Kasztner et d'un comité sioniste informel appelé le Vaada. Tandis que les Conseils juifs essaient d'éviter le pire en donnant satisfaction à Eichmann et ses acolytes, ce petit groupe utilise tous les stratagèmes, astuces et combines possibles pour sauver des vies. Comme les Conseils, Kasztner sera accusé après la guerre de collaboration avec l'ennemi, bien qu'il n'ait délibérément rien fait de tel, pas plus qu'il n'en a tiré de quelconques avantages personnels. En fin de compte, les Conseils comme Kasztner seront les victimes tragiques des nazis, mais, contrairement aux Conseils, Kasztner leur a fait face à sa manière et, du moins dans une certaine mesure, a atteint ses objectifs. Confronté à l'un des groupes de criminels les plus violents à avoir jamais exercé le pouvoir, il refusera de céder au désespoir. Avec un mélange unique de détermination, d'audace et de *chutzpah*, il sauvera de la Shoah plus de vies juives que n'importe quel autre Juif.

Chapitre 3

Le ghetto de Kolozsvár

À la briqueterie

À l'instar de ma quatrième primaire à Margitta qui fut interrompue par la récupération de la Transylvanie, ma première secondaire au gymnasium de Kolozsvár le sera par l'occupation allemande de la Hongrie. J'ai aussi peu de souvenirs des six mois passés au gymnasium que de ce sinistre 19 mars 1944. En revanche, je revois parfaitement ma grand-mère occupée à découper avec soin dans un tissu jaune des étoiles à six branches de 10 cm sur 10 exactement et les coudre solidement sur nos vestes et manteaux. Le décret sur le port obligatoire de l'étoile paraît le 29 mars et, dès le 5 avril, tous les Juifs de Kolozsvár – et de toute la Hongrie – l'arborent. J'aimerais pouvoir dire que je portais la mienne avec fierté et crânerie, mais, en réalité, je me sentais stigmatisé, menacé et mal à l'aise dès que je franchissais le seuil de la maison. C'était, bien entendu, le but recherché. Parfois je n'y pensais plus, mais une remarque d'un passant ou mon rcflct dans une vitrine de magasin suffisait à me rappeler brusquement que j'étais un « sale Juif ».

Le 2 mai, des affiches sur les murs avertissent tous les Juifs de la ville de se préparer à être transférés dans le ghetto. Le 3, des annonces similaires paraissent dans les journaux. La ghettoïsation s'opère rue par rue et nous devons attendre à la maison que les gendarmes viennent nous embarquer. La quantité de bagages autorisée est strictement limitée. Le 8, j'aurais dû célébrer mon anniversaire, mais personne n'a l'esprit à la fête. Mon cadeau cependant vaut toutes les réjouissances du monde : ma première montre ! La marque « Doxa » est imprimée sur le cadran et, la nuit, les chiffres fluorescents brillent d'une lueur verte. Je ne cesse d'importuner les gens en leur donnant l'heure à tout bout de champ, jusqu'à ce que l'on me fasse taire en menaçant de confisquer mon précieux présent.

Quelques jours plus tard, mes grands-parents, ma tante, mon père – qui nous a rejoints à Kolozsvár – et moi, nous nous retrouvons dans la rue avec nos paquets, entourés de gendarmes hongrois armés, et épiés par nos voisins, dissimulés derrière leurs rideaux en dentelle ou postés ostensiblement sur le trottoir d'en face. L'entrée de notre maison est scellée et un avis apposé sur la porte indique : « propriété de la nation hongroise ». Un camion finit par arriver et les gendarmes, avec force cris et injures, nous intiment l'ordre de grimper à l'arrière. Mes vieux grands-parents et mon père, avec sa jambe raide, n'y parviennent pas tout seuls et sont hissés à bord brutalement par un des gendarmes. Un autre gendarme aperçoit ma montre, me l'arrache du poignet et la glisse dans sa poche.

Cette montre n'est pas le seul trésor que je perdrai ce jour-là. Je perdis aussi le petit chien en tissu que ma tante Sári m'avait fabriqué avec des bouts de chiffons et deux boutons noirs pour les yeux. Avec les années, il était devenu informe et usé, mais je l'adorais et l'emmenais partout. La nuit, il dormait sur mon oreiller et la lumière restait allumée car il avait peur du noir. Au moment où je m'apprête à grimper dans le camion, le gendarme qui m'a volé ma « Doxa » m'attrape par le bras et m'ôte le chien des mains. Puis il me repousse brutalement, avant de poursuivre son chemin en sifflotant à la recherche sans doute d'autres trophées à dérober à des enfants de 11 ans.

Enfin, estimant avoir entassé assez de Juifs dans le camion, les forces de l'ordre font signe au conducteur, se tournent vers le groupe suivant et nous laissent sous la surveillance d'un individu au teint cireux, d'une vingtaine d'années. Le jeune homme ne porte pas d'uniforme mais des vêtements civils étrangement élégants, beaucoup trop grands pour lui. Perché sur le hayon arrière, le visage déformé par la haine, il ne cesse de nous crier des obscénités tout au long du trajet. Il adore par-dessus tout répéter que nous sommes de sales Juifs et que nous récoltons enfin ce que nous méritons. Je me suis souvent demandé par la suite s'il avait fini, lui aussi, par récolter ce qu'il méritait. Il était tzigane.

En quinze jours, quelque 18 000 Juifs de Kolozsvár et des villes et villages avoisinants sont enfermés dans le ghetto[7]. Comme beaucoup d'autres, ce ghetto est une briqueterie désaffectée, appelée Irisz, située dans les faubourgs de la ville. Entouré de barbelés et de palissades, il est gardé par des gendarmes paramilitaires ou de simples policiers. Les briqueteries étaient des lieux quasi faits sur mesure pour héberger les Juifs en attente

[7] Pour une description détaillée du ghetto de Kolozsvár, cf. Löwy, p. 185-192.

de déportation. Les longs toits, soutenus par des poteaux en bois, destinés à protéger les briques de la pluie, bien qu'ouverts à tous les vents, offrent un semblant de refuge aux Juifs qui, bientôt n'auront plus besoin d'aucune sorte d'abri.

C'est l'été et nous n'avons pas à nous inquiéter du froid, mais pour créer une illusion d'intimité, nous assemblons des draps ou des couvertures en guise de murs ; ceux qui en ont suffisamment les utilisent aussi pour recouvrir le sol poussiéreux sur lequel nous dormons. Les rations alimentaires fournies de manière irrégulière par les autorités se composent essentiellement de fèves, que nous cuisons dans des bassines en métal, dérobées dans des foyers juifs et amenées sur place. Nous complétons en général ces repas avec les quelques provisions que nous avons apportées ou avec les denrées achetées à des paysannes, alignées de l'autre côté de la clôture pour faire leur petit commerce. Une quinzaine de robinets sont censés fournir de l'eau à 18 000 personnes pour boire, cuisiner et se laver. Il n'y a pas de toilettes. Des hommes prennent l'initiative de creuser des latrines : deux par sexe. Vingt personnes peuvent les utiliser en même temps et elles n'offrent aucune intimité, ajoutant l'humiliation à l'inconfort et l'embarras. Les essaims de grosses mouches noires, qui se posent partout, y compris sur nous, n'arrangent rien, pas plus que ma peur permanente de tomber dans la fosse.

Sans doute ai-je ressenti le stress physique et psychologique des adultes. Confrontés à la faim, à la soif, à la saleté, aux maladies contagieuses, affligés par les morts et les suicides toujours plus nombreux, sous la menace de gardiens brutaux, ils sont traumatisés d'avoir été arrachés du jour au lendemain à une existence policée pour être ravalés au rang de sous-hommes. Pourtant, pour un enfant de onze ans, la vie dans le ghetto est aussi une aventure excitante. Vivre à l'air libre entre des murs de draps et de couvertures, loin de la routine quotidienne et de la discipline scolaire, nous donne presque l'impression de passer des vacances perpétuelles au camping. Une étroite voie de chemin de fer rouillée, destinée au transport des briques, traverse le site, et nous nous amusons des heures entières à jouer aux auto-tamponneuses avec les wagonnets, sans que l'on nous interrompe au meilleur moment pour prendre un bain ou aller nous coucher. Ma montre et mon chien de chiffon me manquent, mais la vie pourrait être pire. En d'autres termes, je réussis avec brio à faire abstraction d'une réalité beaucoup trop terrifiante pour être regardée en face.

Pourtant, même moi, je savais vaguement qu'il se passait des choses horribles dans l'un des bâtiments. J'ai appris plus tard que c'était « l'hôtel de la monnaie », où des femmes et des hommes étaient torturés pour avouer où ils avaient caché leurs objets de valeur. Au bout d'un moment, je remarquai aussi que de temps à autre des gens étaient emmenés quelque part et n'en revenaient jamais. Je sais aujourd'hui qu'entre le 25 mai et le 10 juin, six convois transportèrent à Auschwitz les 18 000 prisonniers du ghetto, à quelques centaines d'exceptions près[8]. Je me souviens aussi confusément qu'un après-midi, alors que je me trouvais seul dans notre chambre de fortune, une patrouille de gendarmes armés fit irruption à la recherche de gens à déporter. Je me suis caché dans un fossé et j'ai retenu ma respiration à en perdre connaissance ; puis, j'ai fermé les yeux pour que les hommes ne me voient pas. J'ignore pourquoi mes grands-parents et ma tante m'avaient laissé seul ce jour-là, mais mon père, lui, avait filé en douce en ville pour une affaire importante.

La fuite

Le 2 juin dans la matinée, des avions britanniques et américains, partis d'une base italienne, bombardent Kolozsvár, la seule fois de toute la guerre. Le ghetto ne fait pas partie de la zone ciblée et, en entendant les explosions au loin, nous nous sentons pour une fois davantage en sécurité que les gentils. Selon un rapport que j'ai lu depuis lors[9], la ville fut durement touchée. Le raid dura environ 40 minutes : 1 200 bombes furent larguées, tuant 460 personnes et en blessant presque 1 000 autres. La gare fut endommagée ainsi que les entrepôts alimentaires de l'armée, les aciéries, la fabrique d'allumettes et l'usine de chaussures Dermata. Celle-ci était proche du ghetto et je vois encore les colonnes de fumées qui montaient au-dessus des bâtiments en feu. Dans la confusion qui suivit le bombardement, mon père et moi avons réussi à nous échapper. Cela me parut très simple à l'époque, mais mon père avait fait des préparatifs minutieux, comme il me l'expliqua plus tard. Je pourrais presque dire que notre évasion commença dans une tranchée de la Première Guerre mondiale.

Après qu'on lui eut rafistolé le genou qu'une balle dum-dum russe avait explosé en mille morceaux, mon père reçut un certificat d'invalidité avec un taux d'incapacité de 50 %. Il était pourtant loin d'avoir perdu la moitié de son énergie et de sa vitalité. En vertu des lois raciales, un vétéran juif, handicapé à 75 % après avoir été blessé à la der des ders n'était pas

[8] Löwy, p. 325.
[9] « Hatvan éve. Légitámadás Kolozsvár ellen ».

compté comme Juif. Il était exempté du port de l'étoile jaune, des restrictions à la circulation, de la ghettoïsation et de la déportation. Ces dispositions valaient également pour sa femme et ses enfants. Mon père décide donc de gratter le « 50 » inscrit sur le certificat pour le remplacer par « 75 ». Naturellement, il sait qu'il n'y a aucune chance pour que cela passe inaperçu, mais il connaît aussi le degré de corruption existant en Transylvanie. Contrairement aux gendarmes qui saisissent tout ce qu'ils convoitent par la force, les policiers et les fonctionnaires ne dédaignent pas les pots-de-vin. L'après-midi où je m'étais caché des gendarmes, mon père était en train de soudoyer un policier pour qu'il le laisse sortir du ghetto. Il se rendit en ville à pied et, suivant son instinct ou guidé par le « bouche-à-oreille », trouva rapidement un fonctionnaire qui, contre un autre pot-de-vin, lui procura une copie officielle du certificat. Désormais les 75 % ont l'air aussi casher que si Moïse lui-même les avait écrits.

De retour dans le ghetto, mon père attend le moment opportun. Dans le chaos qui succède au raid, il arrache les étoiles de nos vestes, me prend par la main et nous marchons nonchalamment jusqu'à l'entrée. Grâce à un autre bakchich, le policier de garde ouvre les portes et nous nous retrouvons sur la route qui mène tout droit à la ville. Nous sommes libres, du moins pour l'instant. Je dois ajouter que mon père a tenté de persuader ma tante Sári de nous accompagner. En se faisant passer pour son épouse, elle aurait pu bénéficier de la même immunité précaire que lui et moi. Mais ses parents n'ayant pas de certificat d'invalidité, vrai ou faux, susceptible de les faire libérer du ghetto, elle refusa de les abandonner. Elle agira de même une ou deux semaines plus tard, comme je l'apprendrai après la guerre. En arrivant à Auschwitz, où ceux qui paraissent assez robustes pour le travail forcé sont séparés des vieux, des enfants et des malades, ma tante refusera à nouveau de quitter ses parents et sera gazée immédiatement avec eux.

Traçant notre route sur fond de ruines fumantes, mon père et moi nous pressons de rejoindre la gare et réussissons à attraper le train pour Budapest, sur le point de partir en dépit des dommages causés par les bombes aux bâtiments et aux voies. Le train fourmille de policiers en civil à la recherche de Juifs en fuite. Ils demandent à voir les papiers de tout le monde et examinent avec minutie les cartes d'identité de ceux qui leur semblent avoir l'« air juif ». S'ils estiment qu'une confirmation supplémentaire est nécessaire, ils entraînent les hommes jusqu'aux toilettes pour voir s'ils sont circoncis. Des dizaines de Juifs effrayés, pris avec des documents contrefaits, sont obligés de descendre du train et sont envoyés dans le ghetto le plus proche. L'un des policiers s'arrête devant nous. Lorsqu'il voit le certificat de mon père, il lui demande, le regard soupçonneux : « C'est une copie. Où est l'original ? » Comme je l'ai déjà dit, mon père ne manquait pas de présence d'esprit. Alors que je suis pétrifié par la peur, il soulève la jambe de son pantalon, exhibe les bosses et les cicatrices à l'endroit où sa rotule a disparu, et rétorque : « Voilà l'original. » Le policier hoche la tête et poursuit sa tournée.

Je ne me rappelle pas le reste du voyage. Je me souviens seulement m'être retrouvé dans un hôpital de Budapest où un médecin chrétien a admis mon père comme « patient » et moi comme son « compagnon ». Nous y sommes restés quelques jours, mais il y avait trop d'espions et d'informateurs dans les parages, et nous avons dû partir avant que l'on nous démasque. J'ai souvent pensé à ce docteur et au risque inouï qu'il prit pour cacher deux Juifs qui lui étaient parfaitement inconnus. J'aimerais connaître son nom pour le remercier personnellement et dire au monde entier quel homme courageux et bon il fut parmi des milliers de lâches, d'opportunistes et d'assassins.

Le certificat d'invalidité étant une copie suspecte et non un document original, il est peu probable qu'il puisse nous protéger très longtemps. Aurait-il été authentique qu'il n'aurait en rien garanti notre survie dans la Hongrie fasciste. Après le coup d'État de Szálasi le 15 octobre, les bandes de Croix fléchées ne tiennent souvent aucun compte des sauf-conduits et assassinent les Juifs quand bon leur semble, mais mon père a une vision assez claire de la situation pour comprendre, dès le mois de juin, qu'il doit trouver un meilleur moyen pour nous garder en vie.

En quittant l'hôpital, nous avons deux solutions. La première nous est proposée par notre cousin au second degré, Ernő Löb, qui avait étudié l'architecture à Budapest avant que l'université ne soit interdite aux Juifs. Membre d'un groupe de jeunes sionistes radicaux, il est en train d'aménager une planque dans la ville avec ses amis. L'un des bâtiments de l'université était autrefois relié à l'immeuble voisin, et afin d'harmoniser les façades de la rue, on lui avait ajouté un faux étage d'un mètre et demi de haut. Cet espace était condamné mais, non sans rappeler la cachette d'Anne Frank à Amsterdam, il était accessible par une porte aménagée dans l'une des toilettes et camouflée par le carrelage. Les jeunes gens avaient graissé la patte du concierge pour qu'il les laisse effectuer ces travaux. À l'intérieur de l'abri, ils avaient mis des matelas à même le sol et déposé un stock de boîtes de conserve, de l'eau en bouteille et une radio. Mon cousin nous offre une place et, un moment, mon père sera tenté de s'y installer. Mais pour finir, il choisit l'autre option, tout comme mon cousin d'ailleurs. Alors que la chasse aux Juifs s'intensifie, les amis d'Ernő se réfugient dans cet abri. Après la guerre, nous apprendrons que l'immeuble fut touché par une bombe alliée, et que tous les gens qui y étaient cachés périrent.

La seconde solution consiste à rejoindre le « groupe de Kasztner ». Avec son faux certificat, mon père peut se déplacer plus ou moins librement et sans étoile dans Budapest. Toujours énergique et désormais aiguillonné par la peur, il fait le tour des différentes organisations juives, avec moi à ses basques, en quête d'informations, essayant de séparer le vrai du faux parmi toutes les rumeurs qui circulent et cherchant des conseils et de l'aide. Déjà dans le ghetto de Kolozsvár, le bruit court qu'on va nous envoyer dans une ville de Hongrie occidentale au nom rassurant de « Kenyérmező » (« la prairie du pain ») pour travailler dans des conditions décentes. Le Conseil juif répand cette histoire – inventée de toutes pièces par les autorités hongroises, comme nous le savons maintenant. En réalité, il n'existe aucune ville de ce nom suffisamment grande pour accueillir ne serait-ce qu'une partie des habitants du ghetto de Kolozsvár, et encore moins de tous les ghettos de Hongrie. Je pense que mon père le comprend très vite. À Budapest, les familles de ceux qui avaient déjà été déportés de province se mettent soudain à recevoir des cartes postales d'un endroit idyllique appelé « Waldsee » (le lac de la forêt). Les expéditeurs racontent qu'ils sont arrivés sains et saufs à destination et sont bien traités. En vérité, comme nous le découvrirons après la guerre, les SS les ont forcés à écrire ces cartes avant de les gazer. Le mot « Waldsee » revient souvent dans les conversations, quand mon père discute des rumeurs avec d'autres Juifs inquiets. Ils cherchent pour la plupart à se rassurer les uns les autres – et surtout eux-mêmes – et se persuadent qu'il n'y a pas de quoi s'alarmer, si nous devons être envoyés dans des endroits aux noms aussi charmants.

Ce n'est pas le cas de mon père. Les yeux et les oreilles toujours aux aguets, il apprend qu'il existe un comité de sauvetage des Juifs dirigé par Rezső Kasztner, qui a amené à Budapest 380 Juifs de Kolozsvár au terme d'une sorte d'échange. J'ignore s'il a effectivement rencontré Kasztner, mais il a certainement déniché les bons contacts, puisque nous trouvons refuge dans la synagogue de la rue Aréna avec des centaines d'autres qui avaient placé leurs espoirs dans Kasztner. Néanmoins, cela ne suffit pas à satisfaire l'instinct de survie de mon père. Comme il l'a fait dans le ghetto de Kolozsvár pour chercher le faux certificat, il me laisse seul à la synagogue pour partir une fois encore à la recherche de secours. Mais cette fois je n'aurai à me cacher d'aucun gendarme.

Il revient muni d'un bout de papier nous autorisant à nous installer dans le camp de la rue Kolumbusz, où sont détenus les 380 Juifs de Kolozsvár. Je sais qu'il n'y eut pas d'échange d'argent, car mon père n'en avait pas. Il se peut qu'il ait enjôlé ou harcelé l'un des dirigeants du groupe, un autre lointain cousin du nom de Jenő László, pour le convaincre de nous autoriser à les rejoindre. Quoi qu'il en soit, soucieux de ne pas avoir l'air de Juifs sans leur étoile jaune, mais redoutant d'être arrêtés à tout moment, nous nous hâtons de traverser la ville jusqu'au camp de Kolumbusz, dans un des faubourgs, au sud de la ville. Le garde SS, après un rapide coup d'œil au papier de mon père, ouvre les portes et nous fait signe de passer. L'infime espoir de sauver notre vie nous a poussés à troquer volontairement notre liberté incertaine pour une captivité, certaine elle, aux mains de nos pires ennemis. C'est un pari désespéré que d'aucuns, dont mon père, sont prêts à prendre. Ceux qui l'ont imité ont survécu, tandis que beaucoup d'autres qui ne l'ont pas fait sont morts. Mais à l'époque personne n'aurait pu le prévoir.

Je me souviens d'un grand gymnase, d'une villa plus petite et d'un certain nombre de cabanes en bois disséminées dans un jardin ombragé. Cet endroit aurait pu être idyllique, s'il n'avait été rempli de gens tendus et angoissés. Je sais aujourd'hui que nous étions à l'Institut Wechselman pour sourds et muets, reconverti en camp temporaire pour les prisonniers juifs « privilégiés ». Les cabanes avaient été construites en quelques jours par l'architecte László Devecseri qui, lui-même, s'était installé dans le camp avec sa famille. Les gens qui grouillent autour de moi sont arrivés de Kolozsvár quelques jours avant nous. En dépit de leur soulagement d'avoir échappé au ghetto, ils sont encore sous le choc des récentes épreuves et pleins d'appréhension pour l'avenir. Ils ignorent où ils iront ensuite, mais ils sont impatients de partir. En même temps, ils sont effrayés de quitter un monde hostile mais familier. Bien sûr, je ne suis pas conscient de tout ça, mais je partage la fébrilité générale.

C'est à la rue Kolumbusz que je vivrai mon pire raid aérien. Les avions alliés arrivent dans la nuit et, en l'absence d'un autre abri, nous devons rester dans nos cabanes de fortune. J'entends d'abord le hurlement des sirènes toutes proches, puis, juste après, le bourdonnement des lourds bombardiers. Nous sommes assis dans le noir absolu, tandis que les bombes pleuvent, inexorablement annoncées par un long sifflement, suivi d'un moment de profond silence, pour s'achever en une assourdissante déflagration. À l'approche des avions, les sifflements s'intensifient, les silences deviennent plus menaçants, et des explosions de plus en plus puissantes secouent le sol comme lors d'un tremblement de terre. De nos jours, tous les spectateurs de films de guerre connaissent cette combinaison de sons, mais ce n'était pas mon cas et je n'étais pas dans un film. Je tremble et gémis de peur, et mon père ne peut rien faire pour m'aider. Enfin, le bombardement s'achève et nous sommes indemnes, mais, aujourd'hui encore, mon estomac se contracte un instant lorsque les sirènes d'une usine retentissent pour signaler un changement d'équipe.

Le 30 juin 1944, mon père et moi, avec le groupe de la rue Kolumbusz, partons pour Bergen-Belsen, dont aucun d'entre nous n'a jamais entendu parler ni ne sait que c'est notre destination.

Chapitre 4

Les premiers pas

Au secours des réfugiés

Le nom de Rezső Kasztner est associé à l'un des épisodes les plus stupéfiants de la Shoah en Hongrie. Bien que Kasztner n'ait pas agi seul, il est la figure de proue d'un petit groupe de sionistes qui s'est lancé dans une entreprise improbable pour arrêter l'extermination des Juifs en soudoyant et dupant les SS. En réalité, les deux camps tenteront de s'abuser l'un l'autre : les Juifs essayeront de sauver des vies ; les Allemands se livreront à des extorsions et des meurtres de masse. Jouant à un impitoyable jeu du chat et de la souris, les SS encaisseront de l'argent, promettront des concessions, tandis que les trains de la mort ne cesseront de partir pour Auschwitz. Malgré cela, au regard des énormes obstacles auxquels ils seront confrontés, les sionistes enregistreront de remarquables succès [10].

Les débuts seront relativement modestes. À partir du printemps 1942, de plus en plus de Juifs de Pologne, de Slovaquie et de Yougoslavie, pays occupées par l'Allemagne, affluent vers la Hongrie. Après avoir perdu leur emploi, leur maison et leur famille, ne pensant qu'à se sauver, ils débarquent sans rien, sinon les vêtements qu'ils portent. Ils craignent à tout moment d'être arrêtés par la police ou dénoncés par des passants et renvoyés dans leur pays, où les Allemands ou leurs collaborateurs sont prêts à les jeter dans un camp de concentration ou à les exécuter sur place. En

[10] On obtiendra un tableau complet des événements en mettant en perspective l'ouvrage de Kasztner, *Der Bericht*, les souvenirs et témoignages d'autres acteurs, tels Joël Brand, Hansi Brand et Endre Biss, et de survivants, ainsi que les recherches historiques de Yehuda Bauer, Randolph Braham, Shlomo Aronson et Szabolcs Szita notamment. Pour les opérations effectuées par le groupe au cours de cette période, cf. Kasztner, *Bericht*, p. 31-87 ; Weissberg, p. 15-82 ; les témoignages de Hansi Brand, et de Joël Brand ; Biss, p. 1-3, 24-39 ; Braham, 1994, p. 1069-1078 ; Bauer, 1994, p. 151-163 ; Aronson, p. 88-96, 170-180 ; Szita, p. 1-17 ; 57-63.

novembre 1943, ils sont entre douze et seize mille. À leur arrivée, il faut les nourrir, les habiller, les héberger, les cacher et leur fournir de faux papiers, avant qu'ils puissent se reconstruire une nouvelle existence en Hongrie – quoique temporaire – ou poursuivre leur fuite vers la Palestine, *via* la Roumanie et la Turquie.

Dès lors que les dirigeants officiels de la communauté juive hongroise, respectueux des lois, ne peuvent plus répondre aux besoins de ce flot de réfugiés désespérés, un groupe informel de sionistes dissidents prend les choses en main. En janvier 1943, ils se constituent officiellement en un « comité de sauvetage et de secours », « Vaadat Ezra ve' Hazalah » en hébreu, ou tout simplement « Vaada ». Le Dr Otto Komoly, un ingénieur civil très respecté, ancien officier de la Première Guerre mondiale et président de l'Association sioniste hongroise, prend la présidence de l'organisation. Le Dr Rezső (également connu sous les noms de Rudolf ou Israël) Kasztner en est le vice-président exécutif. On trouve parmi ses autres membres : Joël et Hansi Brand, Moshe Schweiger, Samu Springmann, Shulem Offenbach, Tzvi Szilágyi, Endre Biss, ainsi que des représentants des réfugiés polonais et slovaques et des différentes branches du mouvement de jeunes *chalutz* (pionnier).

Le Vaada noue, en secret, des contacts avec de nombreuses organisations étrangères clandestines. Deux de ses membres – Samu Springmann et Joël Brand – ont des relations particulièrement utiles à l'étranger. Pour faire circuler l'information et l'argent entre la Hongrie et d'autres pays, Springmann, célèbre bijoutier de Budapest, dispose d'un important réseau de messagers – courriers diplomatiques du ministre des Affaires étrangères hongrois et des États neutres, membres des services secrets hongrois et allemands, agents doubles, contrebandiers, récompensés en général par de substantiels dessous-de-table. Il est notamment en contact avec les représentants de l'Agence juive à Istanbul dans la Turquie neutre et, par là, avec l'Agence juive en Palestine.

L'Agence juive, fondée en 1929 pour faciliter l'immigration vers la Palestine mandataire, deviendra le premier gouvernement de l'État d'Israël, dominé par le Mapaï (parti travailliste). Parmi ses dirigeants, on comptait David Ben Gourion et Moshe Shertok qui prendraient les fonctions respectivement de Premier ministre et de ministre des Affaires étrangères d'Israël (entre-temps, Shertok avait pris le nom de Sharett). À Istanbul, le bureau de l'Agence est conduit par Chaïm Barlas, chargé de soutenir les opérations d'aide et de sauvetage des Juifs dans les pays occupés par l'Allemagne. Springmann s'enfuira en Palestine peu avant l'occupation allemande ; sa plus grande contribution à la cause des Juifs de Hongrie aura été d'établir des liens avec Istanbul.

Brand est un bon à rien doublé d'un play-boy qui, à ses heures, a flirté avec le communisme et trempé dans le marché noir. Alors que sa femme Hansi (née Hartmann) gère une petite entreprise de tricot, il passe le plus clair de son temps à boire et jouer dans les cafés et boîtes de nuit de Budapest. Ayant fait ses études en Allemagne, il en parle couramment la langue et, depuis les débuts du conflit, on le voit souvent en compagnie d'officiers du Reich. Il est particulièrement proche de Josef Winninger, un agent de l'*Abwehr*, l'unité de contre-espionnage de la *Wehrmacht*. Il fréquente également Bandi (András) Grosz, un personnage louche, agent multiple, qui travaille pour les Polonais, les Japonais et les Américains aussi bien que pour l'*Abwehr*, la Gestapo et les SS, et effectue quelques missions pour Springmann. Ses autres contacts dans le monde trouble de l'espionnage incluent plusieurs officiers hongrois. Son mode de vie douteux s'avérera un atout pour sauver des Juifs.

Au cours de l'été 1941, l'une des sœurs de Hansi et son époux sont expulsés de Budapest, avec des milliers d'autres Juifs considérés comme étrangers et sont envoyés en Ukraine alors occupée par la Hongrie. Avant qu'ils ne puissent être victimes des tristement célèbres massacres de Kamenets-Podolski, Brand rencontre József Krem, un agent du contre-espionnage hongrois qui, en échange d'un pot-de-vin substantiel, leur fait repasser la frontière clandestinement dans le coffre de sa voiture. D'autres sauvetages de ce type suivront, et le Vaada, en plus de s'occuper des réfugiés clandestins sur le territoire hongrois, va s'investir dans les opérations dont le nom de code est « *tiyul* » – « excursion » en hébreu –, destinées à aider des illégaux à franchir les frontières.

Outre l'Agence juive à Istanbul, le Vaada a deux contacts importants en Suisse neutre. Nathan Schwalb, le représentant de Hechalutz, l'organisation des jeunes pionniers sionistes, et Saly Mayer, un riche industriel à la retraite, ancien président de la Fédération suisse des communautés juives et délégué de l'American Jewish Joint Distribution Committee (appelé plus simplement « le Joint »), une association caritative qui offre un soutien financier aux Juifs en difficulté ou en danger à l'étranger. Mayer jouera un rôle clé dans l'entreprise de Kasztner.

C'est par la Turquie et la Suisse que transitent la plupart des fonds dont le Vaada a besoin pour accomplir ses missions en faveur des réfugiés. Le comité passera par ces deux mêmes pays pour tenter d'alerter le reste du monde sur le déroulement de la Shoah sur la base des informations qui parviennent en Hongrie. Toutefois, les réponses seront lentes et insuffisantes. En novembre 1943, Kasztner et Springmann rencontrent, autour d'un verre de schnaps dans un des hôtels luxueux de Budapest, un homme d'affaires allemand qui leur a été présenté par un certain Rudi Sedlaczek, dentiste viennois et agent de l'*Abwehr*. Le visiteur possède des usines en Pologne et en Tchécoslovaquie qui produisent du matériel destiné à l'effort de guerre nazi, mais constituent surtout un havre de sécurité pour les Juifs qu'elles emploient et qui ne sont plus soumis au travail forcé qu'en apparence. Son voyage a pour objet de mettre en place des itinéraires d'évasion et d'instaurer une coopération financière avec le Vaada. Mais cette rencontre est surtout importante parce que, pour la première fois, des dirigeants de la communauté juive hongroise reçoivent des informations détaillées et précises sur ce qui se passe dans les camps d'extermination. « Fracasser les crânes d'enfants à coups de bottes n'est pas conforme aux usages militaires », dit-il à ses interlocuteurs horrifiés, avant d'expliquer qu'à Auschwitz, les Juifs sont « gazés et brûlés » selon un « procédé scientifique »[11]. Ce récit confirme les pires soupçons de Kasztner et Springmann, mais la description de la nouvelle politique de Himmler, qui prévoit d'épargner la vie des Juifs aptes au travail forcé, leur offre une faible lueur d'espoir. Ils y voient aussitôt un sursis susceptible d'être mis à profit pour des opérations de secours. Les contacts entre le Vaada et le visiteur se poursuivront quelque temps, mais ne déboucheront sur aucune action commune. Ce visiteur s'appelle Oskar Schindler.

De temps en temps, le Vaada travaille avec d'autres organisations, mais il n'y aura jamais de collaboration continue. Au départ, en tant que dirigeant d'un vaste mouvement influent, le président de la communauté orthodoxe, Fülöp Freudiger, fournit au Comité de secours des aides de toutes sortes. Son assistance prendra fin en août 1944, lorsque, au terme d'un marché particulier conclu avec les SS, il fuira en Roumanie avec une cinquantaine d'amis et de parents. À l'occasion, le Vaada joint ses forces à celles de Moshe Krausz, membre du puissant parti religieux Mizrahi, à la tête du Bureau pour la Palestine de Budapest. Mais rivalité et haine personnelle entre Krausz et Kasztner nuiront à leur combat commun et contribueront fortement aux ennuis de Kasztner après la guerre. Enfin, le courant dominant de la communauté juive de Hongrie, représenté par le Conseil juif, qui désapprouve les positions politiques et sociales des sionistes, ne conçoit pas de travailler avec le Vaada. Aussi ce dernier doit-il faire face seul aux

---

[11] Cité dans Gerlach et Aly, p. 7-8.

agressions allemandes. Toutefois, à l'intérieur du Vaada, il y a aussi des tensions aiguës, tant psychologiques qu'idéologiques – ce qui n'est guère surprenant quand on sait qu'il réunit en son sein de fortes personnalités aux mentalités et origines très disparates. Les profondes divergences qui traversent la communauté juive compliqueront singulièrement la lutte contre l'ennemi commun.

Au début 1944, la division du travail au sein du Vaada est assez claire. Brand est principalement chargé de l'aide aux réfugiés ; Springmann s'occupe des réseaux de communication et des finances, et Kasztner, des relations avec l'étranger. La riche baronne Edith Weiss, quant à elle, sans être membre du Vaada, lui fait don de grosses sommes d'argent.

Depuis la rencontre avec Schindler en novembre 1943, sinon plus tôt, le Vaada pressent qu'il est peut-être possible d'échanger la vie de Juifs contre rançon ; cela se confirmera peu de temps après l'occupation allemande. Il prend alors la décision de soudoyer les Allemands. En temps normal, en période de paix, des citoyens honnêtes et droits ne recourent pas à la corruption ni ne versent de pots-de-vin, mais l'époque est loin d'être normale ou pacifique. Face à la Shoah, le Comité ne peut s'offrir le luxe de réfléchir longuement aux implications morales d'une négociation avec les nazis. Il doit agir vite. Il faut sauver des vies, et l'une des solutions, aussi répugnante soit-elle, est de traiter avec les assassins. En réalité, c'est même la seule option possible, dès lors que l'appel à l'aide de Komoly s'est heurté à l'indifférence, l'impuissance, voire l'hostilité des dignitaires hongrois. L'ironie a voulu que les Allemands soient devenus le dernier et seul espoir des Juifs.

Manœuvre d'ouverture

Les nazis ne perdent pas de temps. Dès l'occupation de la Hongrie par les troupes allemandes, l'équipe d'Eichmann commence à organiser la destruction de la dernière communauté juive survivante à leur portée. En réponse à l'imminence de la menace, les membres du Vaada sont maintenant confrontés à la tâche quasi impossible de sauver les Juifs hongrois.

Une telle tentative a eu un précédent. À Bratislava, la capitale de la Slovaquie, le rabbin Michael Dov Weissmandel et la militante sioniste Gizi Fleischmann ont essayé de parvenir à un arrangement avec l'adjoint d'Eichmann, Dieter Wisliceny. À l'été 1942, les nazis ont suspendu la déportation de 25 000 Juifs de Slovaquie. Ils l'ont fait à la demande pressante du gouvernement slovaque qui avait besoin des Juifs pour maintenir l'économie à flots. Toutefois, selon Weissmandel et Fleischmann, ce répit était dû aux 20 000 dollars (l'équivalent aujourd'hui de 230 000 $) qu'ils avaient payés à Wisliceny. Ils entrevoyaient alors la possibilité de monter une opération de sauvetage de plus grande ampleur et élaborèrent un ambitieux « Plan-Europe » dont le Vaada, à Budapest, fut informé *via* des réseaux de communication secrets.

Le 19 mars 1944, alors que les troupes allemandes s'approchent de Budapest, l'agent de l'*Abwehr*, Josef Winninger, place Joël Brand en détention préventive et emporte l'argent liquide du Vaada, sa correspondance avec Istanbul, la Suisse et Bratislava, ainsi que les témoignages des réfugiés sur les atrocités commises par les Allemands. Jusque-là, le tout était caché dans l'appartement de Kasztner. On ignore les motivations de Winninger : soit il veut réellement empêcher Brand d'être capturé par d'autres unités allemandes, soit il souhaite s'approprier ce précieux matériel. Le même jour, pour fuir les vagues d'arrestations, Komoly et Kasztner se cachent avec leurs familles dans un appartement situé au 15, rue Semsey Andor, qui appartient à Endre Biss. Ils y sont rejoints quelques jours plus tard par Joël et Hansi Brand. Biss, juif de naissance, a été élevé dans la foi catholique et a enregistré son appartement – qui a servi à héberger des réfugiés juifs polonais – comme étant le siège d'une organisation luthérienne.

À Bratislava, Wisliceny s'informe auprès de Weissmandel et de Fleischmann sur la possibilité de trouver des interlocuteurs en Hongrie avec lesquels négocier. On l'oriente vers Freudiger, le chef de la communauté orthodoxe, et Nissan Kahan, le représentant des sionistes, à Budapest. Rien ne sort de ces rencontres. Weissmandel signale aussi à Kasztner qu'il est possible de traiter avec Wisliceny, ce qui s'avérera plus fructueux. Kasztner et Brand demandent alors à Winninger et Johann Schmidt, les agents de l'*Abwehr*, de sonder Wisliceny pour voir si le *Judenkommando* est « prêt à négocier un accord financier avec le Comité de secours juif clandestin en échange d'un allègement des mesures anti-juives », comme le raconte Kasztner dans son livre *Bericht*[12]. Les deux membres du Vaada en seront réduits à marchander avec les génocidaires la vie de leurs victimes, comme s'ils vendaient ou achetaient des marchandises. Pour les SS, il est vrai, c'était exactement ce que nous étions – non des êtres humains, mais tout au plus des marchandises potentiellement lucratives.

---

12 Kasztner, *Bericht*, p. 71.

Le 5 avril (ou peut-être un peu plus tôt), Kasztner et Brand sont reçus par Wisliceny dans l'appartement personnel de Winninger. Ils lui demandent sans ambages à quelles conditions, pour autant qu'il y en ait, le *Judenkommando* serait prêt à « a) épargner la vie des Juifs hongrois ; b) arrêter de les rassembler dans des ghettos ; c) s'abstenir de les déporter ; d) permettre aux Juifs hongrois munis de visas étrangers et de permis d'entrée d'émigrer »[13]. Mentant avec aplomb, Wisliceny leur répond que les Allemands n'imposeront ni ghettoïsation ni déportation, mais qu'ils insistent sur la nécessité de supprimer l'influence juive dans tous les domaines. Il sera « possible de négocier le maintien d'un substrat juif ». En fait, il sait pertinemment que les autorités hongroises, en collusion avec le *Judenkommando*, ont déjà donné l'ordre à la police et à la gendarmerie nationales de répertorier les Juifs, pour les regrouper dans les ghettos et les déporter. Wisliceny explique ensuite que « les plus hautes autorités » allemandes ne sont pas intéressées par « une émigration de faible envergure » ; en revanche, si Kasztner et Brand préparent un plan impliquant le départ d'au moins 100 000 Juifs, il essaiera de le rendre « comestible » à Berlin[14]. De leur côté, Kasztner et Brand savent que l'Agence juive dispose de 30 000 permis d'immigration en Palestine et espèrent persuader les Allemands qu'ils sont valables pour des familles entières, soit quelque 150 000 personnes en tout.

En échange de consentir à l'émigration de 100 000 Juifs, Wisliceny, au nom du *Judenkommando*, exige 2 millions de dollars (somme à multiplier par vingt pour obtenir sa valeur actuelle), dont 10 % à payer en pengös hongrois dans la semaine comme preuve de leur « bonne volonté » et de leur capacité à honorer le marché. Schmidt et Winninger, présents eux aussi, réclament dix % de commission pour la *Wehrmacht* et 1 % chacun pour leurs services. Le taux de change retenu est celui du marché noir, soit 6,5 millions de pengös pour 200 000 dollars de l'époque. Wisliceny signale enfin que les 2 millions de dollars ne constituent qu'une avance sur paiements futurs.

Pour permettre aux dirigeants du Vaada de poursuivre les négociations en dépit des lois raciales, le SS leur fournit des « sauf-conduits ». Ils sont exemptés de l'obligation de porter l'étoile jaune, autorisés à utiliser voitures et téléphones, et n'ont pas à respecter le couvre-feu imposé aux Juifs. Ils peuvent circuler partout librement. Ces privilèges ne sont pas toujours

---

13 *Ibid.*, p. 72.
14 *Ibid.*, p. 73.

respectés par les troupes allemandes ou les bandes hongroises, mais, dans l'ensemble, ils permettent à Kasztner et à ses partenaires de poursuivre leurs activités secrètes sans subir la menace constante d'être arrêtés et déportés.

Pour répondre aux exigences de Wisliceny, Samu Stern, le président de la communauté juive libérale de Budapest et le chef laïque effectif de la communauté juive hongroise, convoque dans son bureau une série de Juifs riches. Il parvient à collecter environ cinq millions de pengös, auxquels il ajoute un million et demi en provenance du fonds de secours du Vaada. Mais il ne réussit pas à respecter la date limite fixée par Wisliceny, ce qui suscite la colère des Allemands.

Le 9 avril, Kasztner et Brand se présentent au domicile de Winninger pour délivrer les trois premiers millions de pengös, soit un peu moins de 100 000 dollars. Entre-temps, Wisliceny a été remplacé par deux officiers plus haut gradés : Hermann Krumey et Otto Hunsche. Kasztner commence à suspecter la SS de voir dans ce marché une transaction officielle importante plutôt qu'une simple extorsion de fonds privée. Il est difficile de dire à quel point, pour autant qu'ils en aient l'intention, les SS comptent se conformer à l'accord, mais il est évident qu'ils jouent un double jeu. Alors même que Krumey et Hunsche reçoivent l'argent des Juifs à Budapest, Wisliceny supervise à Munkács, une ville du Nord, les préparatifs mis en place par les autorités hongroises pour rafler les Juifs de Ruthénie subcarpathique. La ghettoïsation, que Wisliceny avait exclue catégoriquement, débute en fait le 16 avril dans cette partie du pays.

Le 21, Kasztner et Brand apportent deux millions et demi de pengös supplémentaires ; un million reste à valoir. Krumey menace de rompre les négociations et Hunsche, en particulier, bouillonne de rage. Finalement, ils accordent un délai et Krumey promet qu'un certain nombre de Juifs seront autorisés à émigrer à condition qu'il y ait des preuves qu'un pays neutre ou les États-Unis sont prêts à les accepter. Kasztner et Brand présentent un télégramme envoyé d'Istanbul par Chaim Barlas, prévenant qu'un bateau attend, dans le port roumain de Constanta sur la mer Noire, six cents personnes munies d'un « certificat » d'entrée en Palestine, délivré par les Britanniques. Les Allemands insistent pour que tout départ groupé ait l'apparence d'une déportation aux yeux des autorités hongroises et que l'entreprise entière, sous peine de mort, reste un « secret du Reich »[15].

---

15 *Ibid.*, p. 77.

Normalement, les certificats d'émigration étaient envoyés à Moshe Kraus au Bureau pour la Palestine qui les redistribuait, mais Kasztner n'entend pas laisser son rival s'occuper d'un dossier aussi crucial. Il confie à Otto Komoly et Ernő Szilágyi le soin de dresser une liste des bénéficiaires potentiels. Celle-ci comprendra trois fois plus de noms que prévu et devra être corrigée à plusieurs reprises. Kasztner lui-même décidera de jouer les arbitres dans de nombreux cas.

La moitié des six cents détenteurs d'un certificat doivent être amenés de province par des SS et retenus dans un « camp privilégié » de Budapest. Le 2 mai, Krumey demande qu'on lui communique une liste de trois cents individus. Il décide en même temps d'autoriser l'émigration de cent personnes de plus contre le paiement de dix millions de pengös supplémentaires, soit trois millions et demi de dollars, en précisant que rassembler cette somme doit être un « jeu d'enfants » pour les Juifs[16]. Le 3 mai, Kasztner se rend à Kolozsvár pour sélectionner trois cents hommes, femmes et enfants avec l'aide des dirigeants juifs locaux. Face aux vives protestations, une liste provisoire incluant de petits contingents d'autres villes de province est préparée.

Le même jour, la ghettoïsation des Juifs commence à Kolozsvár. C'est ainsi que cette première étape des négociations de Kasztner coïncide plus ou moins avec mon enfermement dans le ghetto de Kolozsvár, ma fuite à Budapest et mon admission au camp de Kolumbusz.

Il se trouve que Kasztner est conduit à Kolozsvár par Rudi Sedlaczek, l'agent de l'*Abwehr* qui a amené Schindler à ses différents rendez-vous à Budapest. Kasztner est profondément bouleversé par ce qu'il découvre en chemin :

> « Partout, nous croisions de petits groupes de Juifs qui voyageaient sur des charrettes à bœufs ou tirées par des chevaux, remplies à ras bord de leurs misérables effets. La plupart marchaient à pied. Jeunes et vieux, hommes et femmes, fatigués, épuisés, se traînaient. Leurs visages étaient pâles comme lors d'un jour de Kippour, leurs yeux, tristes et malheureux. Des gendarmes les suivaient, baïonnette au canon. On les amenait dans les ghettos des villes : le point de rassemblement et le dernier arrêt avant la déportation. »[17]

Durant son séjour à Kolozsvár, Kasztner envisage les perspectives avec les dirigeants de la communauté juive locale. Jetant un regard rétrospectif sur les événements, il prétend les avoir avertis que les prochaines étapes

[16] *Ibid.*, p. 83.
[17] *Ibid.*, p. 84.

après la ghettoïsation seraient la déportation et l'extermination. Les détails de cette conversation ne sont pas connus, mais il est clair que les dirigeants n'ont pas transmis le message au reste de la communauté. Dix ans plus tard, cette omission jouera un rôle décisif dans la tragédie de Kasztner.

C'est aussi durant son séjour à Kolozsvár que Kasztner rencontre Wisliceny qui, toujours aussi menteur, se plaint d'avoir été écarté des négociations par Eichmann et affecté à l'organisation de la ghettoïsation, car ce dernier considère que les Juifs « l'ont en trop haute estime »[18]. Quand Kasztner lui demande de but en blanc si la déportation massive des Juifs de Hongrie est imminente, Wisliceny tergiverse. De retour à Budapest, il avertit Kasztner que tous les Juifs seront déportés. C'est le 8 mai – le jour de mon onzième anniversaire. Les déportations débuteront pour de bon une semaine plus tard.

Entre-temps, Eichmann a fait une proposition incroyable à Joël Brand.

---

[18] *Ibid.*, p. 85.

Chapitre 5

Des camions contre des vies

La mission Brand

Tôt le matin du 25 avril, Joël Brand est convoqué par Eichmann. À 9 h, un sergent SS, au volant d'une Mercedes noire, vient le prendre au Café de l'Opéra et le conduit au quartier général d'Eichmann, à l'hôtel Majestic. Le récit qui suit s'appuie sur les souvenirs de Brand, tels que rapportés par Alex Weissberg. Sans être toujours exact, le compte rendu de Weissberg est en général confirmé par celui de Kasztner lui-même, ainsi que par d'autres documents[19].

Aujourd'hui, les photos de l'*Obersturmbannführer* Adolf Eichmann nous offrent l'image d'un jeune officier cruel en uniforme SS ou celle d'un prisonnier âgé et chauve assistant à son procès à Jérusalem. Brand le décrit comme un homme d'une quarantaine d'années, mince, de taille moyenne, aux cheveux clairs, aux lèvres fines et au nez effilé. Exception faite de ses « yeux bleu d'acier, durs et pénétrants » qui « semblaient vous transpercer », il aurait pu être « un employé de bureau ». Il parle comme une mitraillette, lâchant une « rafale de mots avant de marquer une pause »[20]. Lors de ce rendez-vous, après quelques échanges d'usage, Eichmann présente sa proposition infâme de « marchandises contre du sang » :

> « Je suppose que vous savez qui je suis. J'étais en charge des "opérations" en Allemagne, en Pologne et en Tchécoslovaquie. Maintenant, c'est au tour de la Hongrie… J'ai fait une enquête sur vous, sur vos amis du Joint et du

---

[19] D'abord publiés en Allemagne, les souvenirs de Brand ont été écrits par Alex Weissberg. Mes citations, extraites de l'édition anglaise, ont parfois été revues à partir du livre en allemand. Pour plus de détails sur la mission de Brand, voir Weissberg, p. 83-185 ; Brand, Joël, 1961 ; Brand, Hansi, 1961 ; Kasztner, *Bericht*, p. 87-96 ; Biss, p. 39-43 ; Braham, 1994, p. 1078-1088 ; Bauer, 1994, p. 152-195 ; Aronson, p. 227-261 ; Szita, p. 76-87 ; Cesarani, 2005, p. 173-181.

[20] Weissberg, p. 85-86.

Sochnut et… je suis prêt à vous vendre un million de Juifs… Des marchandises contre du sang – du sang contre des marchandises. Vous pouvez les choisir dans n'importe quel pays où il reste encore des Juifs… Que voulez-vous sauver ? Des hommes capables d'engendrer des enfants ? Des femmes capables de les porter ? Des vieux ? Des enfants ? Asseyons-nous et discutons. »[21]

Estomaqué, Brand répond qu'il est incapable de fournir quelque marchandise que ce soit, puisque toutes les usines et entreprises juives ont été fermées. Il demande à Eichmann s'il est prêt à accepter de l'argent et combien. Mais Eichmann insiste :

« Je pars à Berlin après-demain et je discuterai de l'affaire avec nos dirigeants. Entre-temps, vous devez décider quelles marchandises vous pouvez nous offrir… Allez à l'étranger, contactez vos amis et les représentants des puissances alliées. Puis, revenez me voir avec une proposition concrète. »[22]

Brand suggère de se rendre à Istanbul où les émissaires de l'Agence juive pour la Palestine sont les mieux placés pour servir de courroie de transmission entre les Juifs sous domination allemande et les Alliés. Eichmann acquiesce, non sans lui rappeler d'un air sinistre que sa mère, sa femme et ses enfants devront rester dans le pays comme otages pour s'assurer de son retour.

Le 8 mai Eichmann convoque à nouveau Brand. Désormais, il a reçu « l'autorisation au plus haut niveau » de poursuivre les négociations.

« Ce que j'aimerais recevoir, ce sont des camions militaires. Vous voulez un million de Juifs ?… Je vais vous faire une offre honnête. Vous me livrez un camion militaire pour cent Juifs… Ce qui représente un total de dix mille camions… Ils doivent être tout neufs et équipés pour l'hiver. »[23]

Tout en précisant que ces camions sont nécessaires pour « le front de l'Est exclusivement » et ne seront « jamais utilisés à l'Ouest », il explique :

« Si, à votre retour d'Istanbul, vous m'annoncez que l'offre a été acceptée, je démantèlerai Auschwitz et acheminerai à la frontière 10 % du million de Juifs que je vous ai promis. Vous pourrez les emmener et me livrer les mille camions ultérieurement. Nous suivrons ensuite la même procédure : livraison puis paiement. Mille camions pour cent mille Juifs. »[24]

---

21 *Idem.*
22 *Ibid.*, p. 86-87.
23 *Ibid.*, p. 95.
24 *Ibid.*, p. 95-96.

La discussion se poursuit. Eichmann et Brand tombent d'accord sur une rançon de dix mille camions, 200 tonnes de thé, 800 tonnes de café, deux millions de caisses de savon, une quantité indéterminée de tungstène, et d'autres marchandises encore, nécessaires à l'effort de guerre allemand[25].

Le 14 mai, Eichmann invite Brand pour un nouvel entretien. Cette fois, Otto Klages est présent et, à la surprise de Brand, il lui remet 50 000 dollars, 270 000 francs suisses, ainsi qu'un certain nombre de lettres, expédiées de Suisse et destinées au Vaada, que les Allemands ont interceptées. Ce geste est censé montrer qu'ils sont des « partenaires en affaires » fiables.

Leur dernière entrevue a lieu le 15 mai. Eichmann informe Brand que les déportations de Hongrie viennent de commencer : chaque jour, 12 000 Juifs seront emmenés. Il ajoute qu'ils seront envoyés en Autriche ou en Slovaquie plutôt qu'à Auschwitz, jusqu'au retour de Brand. « Si vous revenez dans une semaine, ou deux au plus tard, avec une décision positive, alors je ferai sauter Auschwitz et les gens que je déporte en ce moment seront conduits à la frontière espagnole. Si vous ne revenez pas ou pas à temps, ils seront tous envoyés Auschwitz. »[26]

Lorsque Brand rapporte sa conversation à ses collègues du Vaada, la perspective soudaine de sauver un million de Juifs les stupéfie. Mais rapidement leur scepticisme reprend le dessus. Il leur est impossible de croire que les nazis puissent faire une telle offre pour de bon et encore moins que les Alliés y consentent. Il y a malgré tout une opportunité à saisir. D'un côté, à Istanbul, Brand pourra alerter le monde sur la Shoah et persuader les Alliés d'agir pour secourir les Juifs encore vivants aux mains des Allemands. De l'autre, en faisant traîner les négociations – par le bluff, les tergiversations et la tromperie, leurs seules armes contre la puissance écrasante de voleurs et d'assassins d'État –, ils pourront préserver la vie d'un grand nombre de Juifs jusqu'à l'effondrement tout proche du Troisième Reich.

Quant à Eichmann, il est peu probable qu'il imagine que le marché puisse aboutir et sans doute ne le souhaite-t-il même pas. Il n'est peut-être pas opposé à l'idée de s'emparer d'une rançon substantielle, de préférence sans honorer sa part du contrat. Toutefois, pour comprendre les véritables raisons qui se cachent derrière cette offre, ou du moins en trouver les hypothèses les plus plausibles, il faut chercher plus loin.

Il est certain qu'Eichmann a agi avec l'accord, voire, dans une certaine mesure, sur ordre de son supérieur, Heinrich Himmler. Mais qu'attendait vraiment Himmler de ce marché ? On peut supposer qu'à la dernière

---

[25] Kasztner, *Bericht*, p. 93.
[26] Weissberg, p. 107-108.

minute, conscient que la guerre était quasiment perdue, il ait décidé d'endosser le rôle du sauveur des Juifs toujours en vie, dans l'espoir d'obtenir un traitement de faveur après la guerre : sa décision de suspendre les déportations et les exterminations va d'ailleurs dans ce sens. Il se peut tout autant qu'il ait voulu – et dans les faits ait réussi à – tromper ses victimes pour qu'elles coopèrent à leur propre destruction : en suscitant de faux espoirs de sauvetage, il donnait l'impression que toute résistance aux déportations était vaine. Deux autres hypothèses prennent en compte les éventuelles implications d'une telle offre sur le cours de la guerre elle-même. La première concerne la propagande : Himmler cherchait à obtenir un refus pour remporter une victoire psychologique retentissante, en rejetant la responsabilité de l'extermination des Juifs d'Europe sur les Alliés et les organisations juives du monde libre. La deuxième a une portée plus grande encore : de forts indices laissent penser que Himmler a essayé d'enfoncer un coin entre les Alliés occidentaux et l'Union soviétique, dans le but de conclure une paix séparée avec les Britanniques et les États-Unis et de concentrer les forces allemandes à l'Est pour vaincre l'Armée rouge. Dans ce contexte, comme on le prétend parfois, la mission de Brand n'aurait servi qu'à en couvrir une autre, beaucoup plus importante, conduite par Bandi Grosz, qui devait, lui aussi, aller à Istanbul pour établir des contacts entre des officiers supérieurs des services secrets allemands et leurs homologues britanniques et américains. Quelles que soient les motivations de Himmler, en laissant Eichmann faire cette offre stupéfiante, il est certain que les Allemands se méprenaient lourdement en attribuant au Vaada une telle influence sur les affaires internationales. Mais le Vaada, bien entendu, ne fit rien pour les détromper.

Le 17 mai, l'*Obersturmbannführer* Hermann Krumey conduit Brand et Grosz à Vienne. Deux jours plus tard, un avion courrier allemand les transporte vers Istanbul. Avant leur départ, Hansi Brand est convoquée par Eichmann pour la première fois. Il l'enjoint de garder le marché secret et de l'informer sans délai si elle reçoit des nouvelles de la capitale turque. En outre, il lui intime l'ordre de rester à Budapest avec sa famille et de se présenter chaque jour à son bureau. Bref, elle est l'otage d'Eichmann. Le même jour, Hansi « décide que ce n'est pas à une femme d'assumer seule une telle responsabilité »[27], et Rezső Kasztner réussit à obtenir une audience auprès d'Eichmann pour se présenter et poursuivre les négociations aux côtés d'Hansi.

[27] Brand, Hansi, p. 61.

Fiasco à Istanbul

En réponse au message qu'il a envoyé aux représentants juifs à Istanbul pour les informer de l'arrivée imminente de Brand, le Vaada reçoit un télégramme annonçant que « Chaim » est prêt à le rencontrer. Les membres du Comité de secours comprennent qu'il s'agit de Chaim Weizmann, le célèbre président de l'Organisation sioniste mondiale, et ils nourrissent d'énormes espoirs. Aussi, à son arrivée à Istanbul, Brand est-il interloqué de découvrir que l'homme qui l'attend est Chaim Barlas, le chef du Comité de secours de l'Agence juive locale, l'antenne turque du Vaada. Dès leur arrivée, Grosz, pris en charge par ses propres contacts, s'est éclipsé. Brand, en revanche, dépourvu de visa turc, se voit refuser l'entrée du pays jusqu'à ce que des membres de l'Agence juive parviennent à lui obtenir un permis temporaire.

Lors d'une rencontre émouvante à l'hôtel Pera Palace, Brand raconte aux représentants horrifiés des divers groupes sionistes locaux tout ce que l'on sait en Hongrie sur la Shoah, essentiellement grâce aux comptes rendus de Rudolf Vrba et Alfred Wetzler publiés dans les *Protocoles d'Auschwitz*. Il presse ses auditeurs d'obtenir immédiatement des Alliés un accord de principe pour discuter avec les Allemands de leur offre. Bien que Brand ne se fasse aucune illusion sur les chances de succès de l'accord lui-même, il croit qu'une simple promesse orale pourrait retarder les déportations, et qu'un simulacre de négociations permettrait de gagner suffisamment de temps pour assurer la survie des Juifs jusqu'à la fin de la guerre. Décrivant comment chaque jour 12 000 Juifs hongrois sont emmenés dans des conditions inhumaines vers la mort, Brand demande la venue immédiate à Istanbul de personnalités de la stature de Weizmann ou Shertok, afin de donner aux Allemands l'impression que des progrès significatifs sont réalisés. Il réclame que les Alliés bombardent les chambres à gaz et les crématoires d'Auschwitz, ainsi que les voies de chemin de fer qui y conduisent.

Au cours des semaines suivantes, des membres éminents de l'Agence juive lancent plusieurs appels pressants aux gouvernements britannique et américain, mais sans résultat. Fournir aux ennemis du matériel d'importance stratégique est hors de question. La requête pour que les gouvernements britannique et américain fassent croire aux Allemands qu'ils sont prêts à vouloir engager des négociations est également repoussée. Propositions et contre-propositions fusent de toutes parts entre les représentants des organisations juives et des diplomates et hommes politiques plus ou moins importants à Istanbul, Londres ou Washington. En vain. À la fin juin, Moshe Shertok se rend dans la capitale anglaise pour demander « que l'on agite une carotte sous le nez des Allemands »[28]. Son expérience est symptomatique de toute l'affaire. Le ministre des Affaires étrangères, Anthony Eden, lui promet que la Grande-Bretagne fera tout ce qui est en son pouvoir pour sauver les Juifs, mais en réalité le gouvernement a déjà décidé, courant juin, de ne prendre aucune part à ce marché. Le 11 juillet, le Premier ministre, Churchill, répète qu'il ne doit y avoir « de négociations d'aucune sorte sur ce sujet ». À propos de la Shoah – « probablement le plus grand et le plus horrible crime jamais commis » –, il donne instruction à Eden de « déclarer publiquement que toute personne impliquée sera pourchassée et condamnée à mort »[29]. Les autorités américaines, agissant en partie sur les conseils de Londres, ne sont pas d'une plus grande aide. Elles avertissent les Soviétiques qu'Eichmann s'est engagé à n'utiliser les camions que sur le front de l'Est, et ceux-ci refusent catégoriquement d'autoriser la moindre négociation. Le 19 juin, l'ambassadeur américain à Moscou informe Washington, en langage diplomatique, que le gouvernement soviétique « ne juge ni opportun ni acceptable de poursuivre quelque discussion que ce soit avec le gouvernement allemand sur le sujet en question »[30].

Fin juin et début juillet, les appels conjoints de Shertok et Weizmann à bombarder Auschwitz sont rejetés par Eden et le Foreign Office. Le département de la Guerre repousse une requête similaire, présentée en leur nom, fin juin, par Henry Morgenthau, secrétaire au Trésor du président américain Roosevelt.

Le refus de négocier ou même de donner l'impression de le faire s'explique principalement par la détermination des Alliés d'obtenir des Allemands une reddition sans condition. Toute négociation aurait mis à mal ce principe. En outre, pour peu qu'il se soit concrétisé, un tel accord aurait très bien pu produire avoir un effet négatif sur la conduite de la guerre par les Alliés.

Les raisons de ne pas bombarder Auschwitz sont complexes. Le succès d'une telle mission est incertain et les Alliés sont réticents à détourner leurs ressources des plans stratégiques existants. Ils craignent par ailleurs, en cas d'accord, un vaste afflux de réfugiés. Leur indifférence au sort des Juifs n'est peut-être pas négligeable non plus. L'immigration à grande échelle vers les États-Unis ou la Grande-Bretagne et son Empire est limitée par un

---

[28] Cité dans Bauer, 1989, p. 13.
[29] Cité dans Hilberg, p. 1225.
[30] Cité dans Bauer, 1989, p. 11.

système de quotas très strict que ni les Américains ni les Britanniques ne sont prêts à assouplir. Les Anglais, en particulier, redoutent les effets possibles d'une arrivée massive de Juifs en Palestine, sous leur contrôle à l'époque. Le 31 mai, à Londres, le Comité en charge des réfugiés au sein du gouvernement fait savoir à son équivalent américain qu'une négociation « risque d'entraîner une nouvelle offre de nous confier plus de Juifs encore »[31]. Au Caire, à la fin juin, un homme politique britannique, entendant parler de la proposition d'Eichmann, demande à Brand avec stupéfaction : « Que devrais-je faire avec un million de Juifs ? Où les mettrais-je ? »[32] Brand prétend qu'il s'agit de Lord Moyne, ministre d'État pour le Proche-Orient. Quoi qu'il en soit, cette réaction est typique des opinions qui circulent dans la plupart des cercles influents.

Les Alliés occidentaux concluent que l'objectif le plus vraisemblable de la proposition d'Eichmann est de provoquer des divisions entre eux et l'Union soviétique. Après de nombreuses discussions secrètes, le marché est finalement rejeté. Le *New York Herald Tribune* du 19 juin éreinte le projet et y voit une manœuvre retorse des Allemands pour saper l'unité des Alliés. Le lendemain, le *Times* de Londres, parmi d'autres, publie la réponse suivante sous le titre « Une "offre" monstrueuse » :

> « Il est clair depuis longtemps que, face à la certitude de la défaite, les autorités allemandes allaient intensifier leurs efforts pour faire chanter, pour tromper et pour diviser les Alliés. Dernièrement... elles ont atteint un degré d'extravagance et d'aveuglement sans précédent. Elles ont avancé ou cautionné une offre d'échange des Juifs hongrois encore en vie contre de l'armement... Toute cette histoire est l'une des plus répugnantes de toute la guerre. Elle commence par un processus d'extermination délibérée et finit, aujourd'hui, par une tentative de chantage... Le gouvernement britannique sait la valeur qu'il doit accorder à toute offre venue des Allemands ou parrainée par eux... "L'offre" allemande ne semble rien d'autre qu'une manœuvre invraisemblable pour semer la suspicion au sein des forces alliées. »[33]

Le rejet public d'une proposition en principe ultra-secrète met tristement fin à la mission de Brand. Brand lui-même avait été harcelé par les autorités turques dès son arrivée à Istanbul. Ses espoirs de rencontrer un membre important de l'Agence juive s'évanouissent, quand Moshe Shertok en Palestine échoue à obtenir un visa turc. Finalement, un rendez-vous est

31 Cité dans Wasserstein, p. 226.
32 Cité dans Weissberg, p. 167.
33 *Ibid.*, p. 164.

programmé à Alep, en Syrie, à mi-chemin entre la Turquie et la Palestine. Brand quitte Istanbul en train le 5 juin. Avant d'atteindre la frontière syrienne, il est averti par deux membres de l'organisation clandestine juive, l'Irgun, montés à bord à Ankara, qu'il s'apprête à tomber dans un piège tendu par les Britanniques. Brand ne voit néanmoins pas d'autre solution que de poursuivre son voyage. Le 7, la frontière syrienne à peine franchie, il est arrêté par des forces britanniques qui le suspectent d'être un espion nazi. Malgré tout autorisé à rencontrer Shertok à Alep en présence d'agents des services secrets britanniques, il lui raconte en détail le déroulement de la Shoah et les actions menées par le Vaada. Bouleversé, Shertok n'a cependant pas grand-chose à offrir. Lorsqu'il explique à Brand que les Britanniques veulent l'emprisonner en Égypte, celui-ci, désespéré, lui crie : « Ne voyez-vous pas ce que vous faites ? C'est de l'assassinat pur et simple ! Un assassinat de masse ! Si je ne rentre pas, les meilleurs d'entre nous seront massacrés… Je suis ici au nom d'un million de personnes condamnées à mort. Leur vie dépend de mon retour. » Complètement désespéré à l'idée de ce qui attend les Juifs, il est tout aussi affolé à l'idée des représailles d'Eichmann contre sa famille. « Ma femme ! Ma mère ! Mes enfants ! Ils seront les premiers à partir. »[34] Ses cris ne servent à rien. Shertok promet d'aborder la question au plus haut niveau à Londres. Il tiendra parole et fera tout ce qu'il peut pour obtenir le soutien d'Eden, mais sans succès.

Sous escorte britannique, Brand est emmené en train *via* la Palestine jusqu'au Caire où il sera interrogé jour après jour, semaine après semaine, par les Anglais sur ses relations avec les Allemands et sur l'Agence juive. Cette épreuve durera plus de trois mois. Elle s'achèvera le 5 octobre. Ce jour-là, on lui donne le choix entre aller en Palestine ou retourner en Hongrie. Avec la coopération de l'Agence juive, il choisit la première option. Aurait-il suivi la seconde qu'Eichmann l'aurait, sans nul doute, fait immédiatement exécuter.

Toutefois, peu avant de quitter Istanbul pour Alep, Brand avait enregistré un petit succès. Il avait réussi à persuader le Vaada local de rédiger un « accord intérimaire », daté du 29 mai, indiquant que les négociations pour résoudre les difficultés légales et politiques progressaient. Le document exhortait les Allemands à arrêter les déportations et à autoriser les Juifs à émigrer. Des problèmes de messagerie ont sans doute retardé ce courrier, qui n'arrivera à Budapest que le 5 juillet, trois jours avant que les déportations des Juifs de province ne soient achevées.

---

[34] *Ibid.*, p. 192.

Tandis que Brand est détenu au Proche-Orient, ses collègues restés en Hongrie le soupçonnent de désertion. Ils ne peuvent imaginer un instant les considérations militaires, diplomatiques et politiques qui motivent le refus des Alliés de les secourir, ne serait-ce qu'en feignant un intérêt pour l'offre. Brand ne réussit jamais à laver son nom de tout soupçon. Sans en apporter vraiment la preuve, il accusera les Alliés et les dirigeants juifs en Palestine de l'avoir délibérément trahi. Amer, désabusé par son échec à obtenir la reconnaissance qu'il pensait mériter, très affecté par les querelles avec sa femme Hansi, envieux du succès de Kasztner, il mourra en Israël en 1964.

Après le fiasco de la mission de Brand, Kasztner, soutenu par Hansi, deviendra le leader incontesté des opérations de secours organisées par le Vaada.

Chapitre 6

Une tâche implacable

Les deux visages de Rezső Kasztner

Quoique Kasztner ne soit en théorie que vice-président du Vaada, il est en réalité sa principale force motrice. Pour comprendre son étonnante relation avec les Allemands, il est nécessaire de décrypter sa personnalité contradictoire.

Rezső Kasztner est né le 14 avril 1906 à Kolozsvár, tout comme moi un quart de siècle plus tard. Il fréquente le gymnasium juif de la ville, comme je l'ai fait durant un an, avant la suppression brutale de l'éducation juive et de tant d'autres choses encore en Transylvanie. Après son diplôme de droit, âgé d'une petite vingtaine d'années, il est militant sioniste et travaille comme journaliste. Il écrit régulièrement dans *Új kelet* (Nouvel Orient), et s'affilie à l'Ihoud, une coalition de partis de centre gauche, étroitement liée au Mapaï en Palestine. À 16 ans, Kasztner avait adhéré au mouvement de jeunessc sioniste Aviva-Barisia, dont il devient l'un des chefs dix années après. En 1937, il épouse Erzsébet (surnommée Bogyó, qui signifie « baie » en hongrois), la fille du Dr József Fischer, le riche président de la communauté religieuse juive de Kolozsvár et député au Parlement roumain à l'époque où les Juifs étaient encore autorisés à y siéger. À peine a-t-il intégré sa belle-famille qu'il se voit confier la tâche de briser la relation de Vica, la jeune sœur de Bogyó, avec Joël Nussbecher – ou Joël Palgi, comme il se fera appeler après son installation en Palestine. Ce dernier jouera un rôle malheureux dans le destin de Kasztner. Vica s'établira également en Palestine où elle épousera Pesach Rudik.

En 1940, peu après l'annexion de la Transylvanie par la Hongrie, Kasztner déménage à Budapest où il continue à militer dans les mouvements sionistes. En 1942, il est enrôlé et incorporé, durant six mois, dans une unité de travail forcé de l'armée hongroise, affectée à la construction de fortifications en Transylvanie. Démobilisé, il reprend ses activités militantes et devient un membre de premier plan du Vaada en pleine évolution.

Je n'ai jamais connu Kasztner personnellement ; et si nous nous étions rencontrés, il n'aurait certainement pas prêté grande attention à un gamin de onze ans. À Bergen-Belsen, quand j'entendais les adultes parler de lui, j'imaginais un super-héros qui viendrait un jour arracher les barbelés du camp à mains nues et nous libérer, sous le regard médusé de nos gardiens, comme Moïse avait délivré les Hébreux d'Égypte. Le véritable Kasztner était un personnage bien différent.

Ceux qui l'ont connu se souviennent d'un individu complexe, dont les forces remarquables étaient doublées de faiblesses tout autant remarquables. Pour Rivka Bar-Yosef, une ancienne adhérente du mouvement de la jeunesse sioniste dirigé par Kasztner avant la guerre, c'était « un esprit vif et pénétrant », enclin toutefois à « faire beaucoup de promesses qu'il ne pouvait tenir ». Aux yeux de Rafi Ben-Shalom, ancien résistant des jeunesses sionistes en Hongrie, qui le rencontrera fréquemment lors des opérations de secours, il était « extrêmement courageux », mais il notait cependant que l'autre face de son courage pouvait être qualifiée de « mégalomanie »[35].

Joël Brand, l'un de ses plus proches partenaires, avait au moins deux bonnes raisons de le critiquer : non seulement Kasztner était son rival au Vaada, mais il eut, en outre, une liaison avec sa femme Hansi, pendant que lui-même poursuivait à l'étranger sa mission désespérée. Malgré cela, il dresse, dans ses mémoires, *Advocate for the dead*, un portrait de Kasztner suffisamment impartial pour être crédible. Selon Brand, Kasztner représentait « le prototype de l'intellectuel snob dépourvu de simplicité ». Énergique plus que fiable, assez brouillon parfois, ce « n'était pas un homme avec lequel il était facile de travailler ». Néanmoins, « quand il avait une idée en tête, il était capable de réaliser des choses à première vue presque impossibles… et montrait un courage inouï dans les moments les plus critiques[36]. »

Fülöp Freudiger, dans une note rédigée peu après sa fuite en Roumanie, décrit Kasztner comme quelqu'un de « dictatorial, jaloux des succès des autres, peu respectueux des délais et des accords passés ». Dans le même texte, Freudiger reconnaît que Kasztner est aussi idéaliste et compétent,

[35] Cité dans Weitz, 1995, p. 25 et 43.
[36] Weissberg, p. 27.

« un visionnaire… un homme désintéressé, toujours prêt à prendre personnellement des risques »[37].

Naturellement, le témoignage le plus bienveillant vient de sa fille Zsuzsi. En parlant avec elle, j'ai pu me rendre compte à quel point elle idolâtrait ses deux parents. Elle admet facilement les reproches d'arrogance souvent adressés à son père, mais répète ce qu'elle a déjà dit dans une autre interview à son sujet : « D'un côté, c'était un homme vraiment très bon. Il aimait aider les gens. De l'autre, il était arrogant, très arrogant, à juste titre, car il était très habile, intelligent, beau et charismatique. »[38] Elle est plus réticente à accepter les accusations de mensonge et préfère voir son père comme un joueur brillant qui comptait davantage sur la chance et de fins stratagèmes que sur la pure malhonnêteté. C'est d'ailleurs en substance la réponse qu'elle donna à l'universitaire Anne Pasternak Slater qui l'interrogeait sur lui : « Ce n'était pas un menteur, mais un joueur de poker ! »[39]

Après le départ de Joël Brand pour Istanbul, les tractations entre Kasztner et les SS s'intensifient. Il est souvent convoqué au quartier général d'Eichmann ou sollicite lui-même un rendez-vous. Sans surprise, il trouve ces rencontres extrêmement stressantes, mais il se force à paraître impassible. Une anecdote significative illustre sa capacité à se donner l'air imperturbable et à traiter d'égal à égal avec ces criminels omnipotents, même s'il n'en mène pas large. Lorsqu'il se plaint à Hansi Brand de l'habitude intimidante qu'a Eichmann de fumer durant leurs entrevues, elle lui conseille de l'imiter. Il le fait, et cette démonstration d'assurance, quoique feinte, atteint son but. Pour ce que cela vaut, après la guerre, Eichmann lui-même louera le panache et le sang-froid avec lesquels Kasztner « fumait des cigarettes comme s'il était dans un café »[40].

Tout le monde s'accorde à voir en Kasztner un homme ambitieux, autoritaire et retors, mais aussi un esprit vif, un diplomate remarquable, pourvu d'un énorme courage, d'une capacité à prendre des décisions difficiles et d'une volonté inébranlable d'accomplir sa mission, sans se soucier ni de son bien-être ni de sa propre sécurité. D'ordinaire, beaucoup de ces traits de caractère peuvent paraître bien peu dignes d'admiration, mais, en ces temps troublés, ce sont précisément les qualités requises pour mener des négociations avec les Allemands, qu'un membre de notre groupe de

37 Weissberg, p. 27.
38 Kasztner, Susi, p. 6.
39 Pasternak Slater, p. 30.
40 Eichmann, p. 146.

Bergen-Belsen, Shoshana Barzel, qualifiera « d'escroquerie mutuelle »[41]. Une autre, Eva Speter, le décrit comme un « homme sans scrupules », un séducteur et un menteur, « avec un ego surdimensionné ». Mais, dans la situation tordue où nous nous trouvions, elle estime que ses qualités les plus douteuses en firent « la personne idéale pour discuter avec les Allemands – l'homme qui pouvait les soudoyer, partager des filles avec eux, boire, jouer aux cartes en s'arrangeant pour perdre[42]. »

Eva Speter exagère peut-être son degré de malhonnêteté et de débauche, mais il n'en demeure pas moins que si Kasztner s'était contenté d'être poli et honnête, il n'aurait pas obtenu grand-chose. Alex Barzel, qui, plus tard, sera l'un des plus ardents défenseurs de Kasztner lorsqu'il aura des ennuis, partage ce point de vue. Lui aussi le voit comme quelqu'un « d'arrogant, de condescendant et d'agressif », mais il souligne que « c'est justement grâce à ce type de caractère qu'il a été capable d'accomplir de grandes choses durant l'occupation nazie ». Affranchi des conventions, Kasztner s'avéra un individu remarquable, bien différent de la multitude des Juifs résignés : « Pour agir dans l'enfer allemand, il fallait avoir une personnalité très particulière, l'étoffe d'un chef et d'un décideur, et surtout une dose non négligeable de *chutzpah.* »[43]

Les historiens qui ont écrit sur la personnalité de Kasztner relèvent plus ou moins la même ambivalence. *The man who was murdered twice* [L'homme qui fut assassiné deux fois] de Yechiam Weitz, publié en hébreu en 1995 et en anglais en 2011, est l'étude la plus approfondie du personnage, notamment durant sa vie en Israël après la guerre. Son récit détaillé est à la fois objectif et bienveillant. L'auteur ne nie pas que Kasztner « cherchait de manière obsessionnelle à occuper le devant de la scène », mais il fait remarquer que l'on ne peut juger son comportement dans la tourmente de la Shoah selon les critères de temps plus ordinaires. Il attribue l'étonnante faculté de Kasztner à tenir bon face aux criminels nazis aux côtés positifs comme négatifs de son caractère.

> « Un homme doit avoir des qualités extraordinaires pour oser descendre dans la fosse aux lions et marchander avec des officiers SS, surtout les mains vides et sans rien à offrir en échange des Juifs qu'il voulait sauver. Pour ce faire, il devait avoir du courage et des nerfs d'acier. Mais il lui fallait aussi d'autres traits de caractère plus problématiques – de la ruse et une

41 Barzel, Shoshana, p. 4.
42 Speter, interview.
43 Cité dans Weitz, 1995, p. 302.

aptitude à mentir sans ciller –, considérés en général comme négatifs et nuisibles, mais qui étaient absolument vitaux dans l'enfer qu'était Budapest. »

Finalement, Weitz rend hommage à la force extraordinaire et aux immenses ressources intérieures dont Kasztner a fait preuve : il refusa notamment à maintes occasions de rester en sécurité en Suisse, lorsque les Allemands l'autorisaient à traverser la frontière pour collecter des fonds auprès de donateurs helvètes, et retourna « dans l'enfer nazi, osant encore et toujours franchir le seuil du bureau du maître assassin » pour poursuivre son travail de sauvetage[44].

L'Arche

Tandis que Brand attend désespérément des Alliés un signe de leur volonté, réelle ou feinte, de négocier avec les Allemands, le Vaada à Budapest essaie tout aussi désespérément de convaincre Eichmann que les retards ne sont que temporaires. Kasztner, souvent accompagné de Hansi Brand, se rend chez Eichmann à intervalles réguliers, et une étrange relation se développe entre ce tout petit groupe de Juifs et l'exécuteur de millions d'entre eux.

Kasztner et Hansi font d'énormes efforts pour tenir tête à Eichmann, alors que, d'un simple trait de plume, il peut les envoyer à la mort. Ils dissimulent leur peur derrière une assurance de façade, leur haine et leur dégoût derrière la diplomatie et la rouerie, car des milliers de vies sont en jeu, dont la leur. Tandis qu'Eichmann les trompe, les fait chanter et les rudoie, ils essaient de bluffer, de l'embobiner et de le duper. Pour répondre à ses mensonges, ses fausses promesses et ses menaces, ils usent de subterfuges. Eichmann les traite avec mépris, parce qu'ils sont juifs, mais, en même temps, il a aussi une sorte de respect pour eux, parce qu'il croit qu'ils ont un pouvoir occulte. Ce puissant SS surestime largement l'importance de Kasztner et de son petit groupe de Juifs apeurés. Ils prétendent représenter l'American Joint Distribution Committee, et les SS tombent dans le panneau. Comme l'écrit Kasztner, « le Joint était l'incarnation de leur idée de la "puissance juive mondiale", de "la conspiration juive mondiale" et de la "richesse juive" »[45]. Endoctrinés par leur propre propagande, les nazis

[44] Weitz, 1995, p. 428-429. Je remercie le professeur Weitz de m'avoir donné une copie de la traduction anglaise de son livre, encore inédite.

[45] Kasztner, *Bericht*, p. 334.

croient à l'omnipotence de la « communauté juive mondiale », dont les membres du Vaada seraient les agents secrets.

Peu après le départ de Brand, Kasztner et Hansi s'arment de courage et font savoir à Eichmann que tout retard dans l'arrivée du contingent de Kolozsvár à Budapest nuirait aux démarches entreprises auprès de l'Agence juive et des Alliés à Istanbul. Quand ils se plaignent des traitements inhumains réservés aux déportés de Ruthénie subcarpathique, qui ont été entassés à près de cent dans des wagons à bestiaux, Eichmann leur répond que les Juifs de cette région ayant de nombreux enfants en bas âge, ils n'avaient pas besoin de beaucoup de place. Lorsqu'ils lui demandent d'arrêter les déportations, il s'exclame : « Je ne suis pas aussi stupide ». S'il accepte, dit-il, « les autres, à l'étranger » stopperont les négociations[46]. Le 22 mai, il précise ses plans pour les six cents détenteurs d'un certificat d'entrée en Palestine. Comme les autorités allemandes ont promis à Amin al-Husseini, le grand mufti de Jérusalem, de n'autoriser aucun Juif à émigrer en Palestine, le groupe rejoindra l'Afrique, en passant par l'Allemagne, la France occupée et l'Espagne. Ce qui leur arrivera ensuite ne sera pas son problème.

Le 27 mai, trois agents de la police secrète hongroise font une nouvelle descente dans l'appartement de Endre Biss, qui sert de cache au Vaada. Ils y trouvent une grosse somme d'argent en dollars, francs suisses et pengős hongrois, envoyée d'Istanbul et de Suisse pour financer les opérations de secours et d'évasion. Fort heureusement, ils passent à côté d'une valise remplie de faux papiers, entreposée là par le mouvement des jeunes *chalutzim* (pionniers sionistes), actifs dans le sauvetage des réfugiés. Kasztner et sa femme Bogyó, Hansi Brand et sa sœur, ainsi que plusieurs autres sont arrêtés et emmenés au quartier général de la police à Svábhegy, sur une des collines de Buda. Apparemment, un groupe de Juifs polonais et slovaques ont été interceptés par les gendarmes hongrois en tentant de franchir la frontière roumaine avec de faux documents. Ils ont été interrogés sans ménagement et l'un d'eux a donné le nom de l'imprimeur. Lors de l'arrestation de ce dernier, le Vaada est identifié parmi ses contacts.

Emprisonnés, Kasztner et ses compagnons devront attendre cinq jours avant que l'un d'entre eux, Hansi Brand en l'occurrence, ne soit questionné. Son interrogateur, Péter Hain, est le chef de la police secrète. Il organise une confrontation entre elle et l'imprimeur. Celui-ci reconnaît qu'elle l'a payé pour imprimer de faux papiers. Hain se focalise alors sur les liens de

[46] *Ibid.*, p. 97.

Hansi avec les opérations de secours menées par les *chalutzim* et les raisons pour lesquelles les Allemands ont envoyé son mari à Istanbul. Plus tard, Hansi rappellera, dans son témoignage au procès d'Eichmann, que ces séances où alternent questions et coups « se poursuivront durant sept heures environ », mais « elle ne leur dit rien », parce qu'« elle ne veut pas être la seule personne à mettre en péril » l'unique chance du Vaada de sauver des vies. Elle s'obstinera à garder le silence, même lors d'un sévère passage à tabac qui l'empêchera de marcher des semaines durant.

Le matin suivant, c'est au tour de Kasztner d'être interrogé. Au bout de cinq minutes à peine, l'agent de la police secrète le frappe au visage et commence à lui donner des coups de pied. À ce moment-là, le téléphone se met à sonner et bientôt un *SS Scharführer* (sergent-chef) paraît à la porte. Il amène tous les détenus du Vaada au quartier général de la SS tout proche et, deux heures plus tard, ils sont libérés. Comme Kasztner le découvrira ensuite, les SS, inquiets que les détenus puissent dévoiler aux Hongrois le « secret du Reich » sur le projet de vente des Juifs, sont remontés jusqu'au Premier ministre Sztójay pour obtenir leur libération rapide.

Durant la détention de Kasztner, un télégramme de Brand est arrivé annonçant que « l'accord intérimaire » est en route. Kasztner réitère sa demande à Eichmann de stopper les déportations qui ont déjà déplacé tous les Juifs de Ruthénie subcarpathique et du Nord de la Hongrie. « C'est hors de question », répond Eichmann. « Au contraire, je vais les poursuivre sans relâche. »[47] Kasztner demande alors que les Juifs de province sélectionnés pour émigrer soient acheminés sans plus attendre vers la capitale. Eichmann le promet à nouveau, mais, le 3 juin, il convoque Kasztner et prétend qu'à cause de problèmes avec le gouvernement hongrois, il ne peut faire venir aucun Juif de province à Budapest. Kasztner lui rappelle alors qu'il a déjà donné des ordres pour le départ du groupe de Kolozsvár, et Eichmann rétorque : « Oui, mais je l'ai annulé hier. Est-ce assez clair ? Maintenant, je n'ai plus de temps à vous consacrer ! »

À ce stade, Kasztner, profondément frustré, fait le point sur la situation. Il dresse une liste de toutes les promesses non tenues par Eichmann :

> « D'abord, nous avons tenté d'arrêter ou du moins de retarder les déportations. Les Allemands ont promis, et nous avons payé, très cher même. Mais ils n'ont pas tenu parole. Ensuite, nous leur avons demandé d'autoriser au moins l'émigration de six cents Juifs. Là encore, ils ont accepté et promis de ramener de province trois cents personnalités. À nouveau, ils n'ont pas

[47] *Ibid.*, p. 101.

tenu parole. Et à ce jour, 300 000 Juifs ont été envoyés à Auschwitz, sans qu'aucune de ces trois cents personnes n'ait été sauvée. »

Kasztner poursuit avec cette réflexion quelque peu énigmatique qui explique pour beaucoup ses actions :

> « Il ne s'agit pas seulement du sauvetage de quelques centaines de Juifs de province. Si nous ne parvenons pas à faire céder Eichmann ici et maintenant, alors, en misant notre argent sur les Allemands, à cette roulette qui a des vies humaines pour enjeu, nous n'avons été que des naïfs qui allons tout perdre, comme tant d'autres avant nous dans l'Europe occupée. Et avoir payé autant de millions n'aura été qu'une stupide illusion. Mais celui qui perd à ce jeu est aussi appelé un traître. »[48]

Après la guerre, Kasztner sera accusé d'avoir trahi la masse des Juifs hongrois pour sauver sa famille et ses amis. En réalité, il a essayé d'empêcher la déportation de tous ceux qui n'avaient pas encore été envoyés à Auschwitz. Notre petit groupe de Kolozsvár et d'ailleurs devait servir de test. Si les Allemands nous libéraient, leur apparente volonté de tenir leurs promesses aurait pu encourager les Alliés à montrer de l'intérêt pour la proposition de grande ampleur d'Eichmann, ce qui, en retour, aurait pu convaincre les Allemands de retarder les déportations. Ainsi Kasztner entendait-il utiliser la libération de quelques centaines d'entre nous pour en sauver des milliers d'autres. Mieux valait s'accrocher au plus petit espoir que ne rien faire. Les mauvais tours d'Eichmann le rendaient fou, mais il se ressaisissait encore et encore, parce qu'il savait qu'en renonçant, il trahirait non seulement le petit contingent de Kolozsvár, mais aussi tous les Juifs susceptibles d'être encore sauvés.

Le témoignage de Hansi Brand illustre très clairement le jeu du chat et de la souris pratiqué par Eichmann[49]. Entre mai et septembre, seule ou avec Kasztner, elle le rencontre plus de quinze fois et, comme Kasztner, ses mensonges la mettent hors d'elle. Elle raconte qu'Eichmann se plaisait à répéter « qu'un officier allemand honore toujours sa promesse. Mais il n'a rien honoré du tout. » Le Vaada se sentait impuissant face à sa duplicité : « Tout ce que nous entreprenions, tout notre travail revenait à se battre tous les jours avec acharnement contre des moulins à vent. Les acquis d'un jour… étaient réduits à néant le lendemain. » La perfidie d'Eichmann était manifeste dès le départ de la mission de Brand. En dépit de son engage-

[48] *Ibid.*, p. 101-103.
[49] Brand, Hansi, 1961.

ment « de ne pas faire fonctionner Auschwitz » pour les premiers convois de déportés hongrois, « afin d'avoir une base de négociations », il les a fait « immédiatement gazer ». Lorsqu'elle se plaint qu'il manque constamment à ses engagements, il menace de poursuivre les gazages – qui de toute manière ont lieu – et pour faire bonne mesure, lui dit : « Vous êtes parfaitement libre de télégraphier à votre mari que je laisse le moulin tourner. Que personne n'aille s'imaginer que j'ai peur.[50] » Un jour, Hansi le supplie de ne pas envoyer les enfants à Auschwitz. Devant son refus catégorique, elle s'écrie : « Vous n'avez probablement pas d'enfants pour n'éprouver aucune pitié à leur égard. » Il répond : « Vous prenez beaucoup de liberté, madame Brand, si c'est pour me parler de la sorte, je vous conseille de cesser de venir me voir. »[51]

En fait, Eichmann n'a jamais eu l'intention d'épargner les Juifs. Peut-être était-il prêt à en laisser s'échapper quelques-uns, si cela pouvait faciliter l'extermination de tous les autres ; mais il était opposé à un sauvetage à grande échelle. Hansi se souvient qu'il était « très en colère et contrarié » que Brand ne soit pas revenu d'Istanbul, mais en même temps « très heureux que cette transaction n'ait pas abouti », parce que cela lui laissait les mains libres pour « déporter tranquillement les Juifs »[52]. Plus tard, lorsque Himmler exigera l'arrêt des déportations, Eichmann tentera de saboter son ordre. On ignore s'il s'agit d'une initiative personnelle ou s'il a suivi les instructions de Kaltenbrunner et Müller, conformément à la volonté de Hitler de ne laisser aucun Juif en vie.

Quand Kasztner apprend qu'Eichmann, fâché, est revenu sur sa promesse de ramener à Budapest trois cents Juifs de Kolozsvár, il décide de bluffer. Il demande à Krumey et Klages d'intervenir et menace de prévenir Istanbul qu'il est inutile de poursuivre les négociations. Plus tard dans la matinée, Eichmann le convoque. En présence de Hunsche, Krumey, Wisliceny et Novak, il pique « une crise de colère » que Kasztner laisse passer sans broncher. Une fois Eichmann calmé, la conversation reprend :

> – « Que voulez-vous vraiment ? » lance Eichmann.
> – « J'insiste pour que nos accords soient respectés. Allez-vous faire venir à Budapest les personnes de province que nous vous avons suggérées ? »
> – « Quand je dis non, c'est non ! »
> – « Alors il n'y a aucune raison de poursuivre les discussions. »
> Je fais mine de m'en aller.

---

[50] *Idem.*
[51] *Idem.*
[52] *Idem.*

– « Vous êtes une boule de nerfs, Kasztner. Je vais vous envoyer vous soigner à Theresienstadt. À moins que vous ne préfériez Auschwitz ? »
– « Cela n'aurait pas de sens. Personne ne voudra prendre ma place. »
– « Vous devez me comprendre, je dois débarrasser les provinces de la vermine juive ! Ça ne sert à rien de discuter ni de pleurnicher. »
– « Alors ça ne sert à rien de discuter à Istanbul non plus. »
– « Que peuvent vous rapporter ces quelques Juifs ? »
– « Il ne s'agit pas que de ceux-là. Les choses ne se passent pas pour le mieux à Istanbul parce que vous accélérez les déportations. Vous devez prouver que votre offre est sérieuse. Que vous importent ces quelques Juifs ? »[53]

Durant une heure, Eichmann tantôt paraît lâcher du terrain, tantôt tape du poing sur la table dans un nouvel accès de rage. Soudain, il propose d'envoyer 100 à 200 Juifs de Kolozsvár à Theresienstadt. Ils partiraient dans un train de déportés pour Auschwitz afin de berner les autorités hongroises. Il s'en explique en rejetant la faute sur le ministre des Affaires politiques, en charge des Juifs : « Je ne peux pas jouer au sauveur de Juifs ici. J'ai promis à László Endre qu'aucun Juif ne reviendrait vivant dans ce pays. »[54]

Face au refus de Kasztner, l'adjoint d'Eichmann, Wisliceny, intervient. Les SS, dit-il, ont informé les autorités hongroises de la découverte d'une dangereuse conspiration sioniste ; ses auteurs devraient être retirés du contingent de Juifs envoyés dans les camps de travail du Reich. Souriant avec « satisfaction devant le génie diplomatique de la race des seigneurs », Eichmann finit par céder : « Très bien. Les gens de Kolozsvár viendront à Budapest. »[55]

Les deux heures suivantes se passent en marchandages. Eichmann accepte d'en ramener « environ deux cents » dans la capitale. Ils devront voyager avec leurs bagages dans des wagons à bestiaux non scellés et demeurer dans un camp gardé par des SS. En sortant, Kasztner tombe sur le sergent-chef SS chargé d'escorter le groupe jusqu'à Budapest. Il lui promet une belle récompense s'il s'avère que « les deux cents environ » sont en fait nettement plus nombreux[56].

Durant les négociations, il a été entendu que seuls les gens munis d'un certificat d'entrée en Palestine ou de tout autre document les autorisant à voyager à l'étranger feront partie du transport. Eichmann réclame la liste

[53] Kasztner, *Bericht*, p. 103-104.
[54] *Ibid.*, p. 105.
[55] *Idem.*
[56] *Ibid.*, p. 106.

de toutes les personnes à ramener de Kolozsvár à Budapest, et rejette l'idée de confier la tâche au Conseil juif de la ville. C'est donc à Komoly et Szilágyi que revient l'impossible mission de sélectionner 388 personnes parmi les 18 000 enfermées dans le ghetto. Ils sont aidés par Zsigmond Léb, l'ancien président de la communauté orthodoxe de Kolozsvár, par hasard de passage à Budapest. Usant volontairement d'un euphémisme, Kasztner parle d'« un exercice pénible et complexe qui ne se déroule pas sans luttes internes »[57].

Les sélectionneurs préféreraient ne sauver que des enfants, mais ils sont obligés de retenir en priorité des adultes pour maintenir la fable d'une « conspiration » ; en même temps, ils ne peuvent se résoudre à séparer des familles. Après de longs et houleux débats, ils conviennent de choisir parmi trois catégories : « a) des personnalités méritantes de la communauté juive ; b) des personnes qui ont été au service de la communauté ou qui ont fait des sacrifices pour des œuvres sociales juives ; c) les veuves et les orphelins des travailleurs forcés »[58]. En définitive, ils obtiennent une liste de 250 familles. Elle sera ensuite modifiée dans le ghetto de Kolozsvár : les dirigeants juifs locaux ou des fonctionnaires allemands ou hongrois soudoyés ajouteront certaines personnes, tandis que d'autres figurant sur la liste ont été entre-temps déportées à Auschwitz. Comme on peut le comprendre, il y aura de violentes accusations de népotisme, qui persisteront longtemps après la guerre.

Dans la perspective d'héberger les Juifs de Kolozsvár, le Vaada a acquis et agrandi les locaux de l'Institut Wechselmann pour sourds et muets, situé rue Kolumbusz, au sud de Budapest. Pour Kasztner, l'arrivée du groupe représente un événement capital dans l'histoire de la Shoah. Au lieu d'être envoyés à une mort certaine à Auschwitz, ces Juifs pourront attendre en sécurité le résultat d'un pari fou sur leur vie :

> « Le 10 juin, un train spécial, avec à son bord 388 Juifs, sales, dépenaillés, certains battus presque à mort, arriva à Budapest en provenance du ghetto de Kolozsvár. Nous allâmes les chercher avec des camions. Dans le camp, où les travaux étaient à peine terminés, ils trouvèrent un repas chaud, un endroit pour dormir et… la paix. Après quelques jours, ils commencèrent à reprendre un aspect humain. Le camp de la rue Kolumbusz s'avéra par la suite unique en son genre. Les cinq gardiens SS avaient reçu l'ordre de traiter les détenus avec humanité. Ils le respectèrent aussi fidèlement qu'ils l'auraient fait pour l'ordre inverse. »[59]

---

[57] *Ibid.*, p. 107.
[58] *Ibid.*, p. 108.
[59] *Ibid.*, p. 107.

Tandis que les déportations se poursuivent en province, Budapest grouille de Juifs effrayés ; certains s'abandonnent, hébétés, à leur sort ; d'autres essaient désespérément de se cacher ou de trouver le moyen de quitter le pays. Alors que le chaos sévit partout à l'extérieur, à l'intérieur du camp règne une tranquillité quasi irréelle :

> « Au cœur de cette folie se nichait dans la rue Kolumbusz un mystérieux et fantastique havre de paix et de sécurité : le "camp des privilégiés", un monde isolé à l'abri derrière des grilles. À l'entrée, un SS montait la garde. Derrière lui, dans le jardin ombragé, les 388 Juifs de Kolozsvár étaient au calme ; ils furent rejoints plus tard par des notables juifs venus d'autres ghettos de province. »[60]

Les gardiens ont pour tâche non d'empêcher les résidents de s'enfuir, mais d'interdire l'entrée à qui que ce soit d'autre. Au début, le droit de pénétrer dans l'enceinte dépendait du *Judenkommando* sur avis du Vaada. Petit à petit, le Comité de secours introduit en catimini de plus en plus de fugitifs sans demander d'autorisation. Des cabanes supplémentaires sont construites rue Kolumbusz et deux nouveaux centres d'hébergement sont ouverts dans les synagogues de la rue Aréna et de la rue Bocskay. Deux mille Juifs environ vivront ainsi dans une relative sécurité, du moins durant quelques mois.

Pendant ce temps, Eichmann continue à presser Kasztner de lui donner des informations précises sur les progrès de Brand à Istanbul. Bien qu'il croie de moins en moins aux chances de succès de la mission, Kasztner est déterminé à « continuer à raconter à Eichmann que les négociations à l'étranger finiront par aboutir ». Afin de « gagner du temps – et peut-être sauver des vies – », il a l'intention de collecter plus d'argent, d'or et de devises étrangères auprès de Juifs hongrois[61]. Il se rend chez Eichmann pour protester contre la poursuite des exterminations à Auschwitz. Plus personne à l'étranger ne croit que les Allemands aient jamais été sérieux à propos du plan de sauvetage, se plaint-il.

> – « Qu'est-ce qui vous prend ? », hurle Eichmann. « Vous pensez peut-être que le Reich a assez de ressources alimentaires pour nourrir des centaines de milliers de Juifs hongrois pendant des mois, ou assez de personnel et de médecins pour s'occuper des malades ? Pour cela, les Américains devraient chercher un partenaire moins malin que moi. »

[60] *Ibid.*, p. 122.
[61] *Ibid.*, p. 111.

– « C'est mon devoir de vous poser la question », dis-je. « Que se passera-t-il si l'on parvient soudain à un accord à Istanbul ? Si vous faites gazer tous les Juifs hongrois, où allez-vous trouver la "marchandise" à fournir en échange des camions ? »
– « Ne vous inquiétez pas. Il y a les enfants entre douze et quatorze ans. Nous les laissons en vie. Vous savez, dans un an ou deux, ils seront suffisamment grands pour travailler. Et puis je peux aussi fournir des Juifs polonais ou d'autres de Theresienstadt. Laissez-moi faire, je m'en occupe. »
– « Je suis sûr que de cette manière vous n'obtiendrez aucune concession de la part d'aucun pays », réplique Kasztner, avec un culot inouï. « Bien au contraire. Si cette transaction a quelque importance à vos yeux, vous devez nous démontrer votre bonne foi... Nous vous demandons de garantir la vie de 100 000 Juifs hongrois, dont des enfants en bas âge, des vieux et des malades. Pour vous prouver notre volonté de faire un sacrifice, nous vous offrons environ cinq millions de francs suisses en bijoux, devises étrangères et pengös. Nous vous les donnerons petit à petit à hauteur de vos services. Garantir la survie de ces 100 000 personnes aura un effet positif sur les négociations. Mais avant tout, le convoi pour la Palestine doit partir. »[62]

Quand Eichmann l'interroge sur l'origine de l'argent, Kasztner ment en prétendant qu'il sera récolté à l'étranger. Il demande que le groupe passe par la Roumanie pour rejoindre la Palestine. Eichmann répète que cette émigration devra avoir les apparences d'une déportation pour satisfaire les Hongrois et qu'il n'autorisera aucun Juif à émigrer directement en Palestine à cause de la promesse faite par le gouvernement allemand au grand mufti. Il propose, à la place, que le groupe séjourne quelques semaines dans le camp de détention de Strasshof près de Vienne et gagne Lisbonne et l'Afrique de l'Ouest ensuite, en passant par la France et l'Espagne. Il accepte aussi que des Juifs des villes de province autres que Kolozsvár, dont la liste sera fournie par le Vaada, soient amenés à Budapest.

Pour rassembler les cinq millions de francs suisses, le Vaada vend 150 places à de riches Juifs qui, au risque d'être arrêtés et torturés, avaient ignoré l'ordre de remettre tous leurs biens aux autorités hongroises. Ainsi les riches contribueront à payer une grande partie de la rançon pour tous les autres. Les sommes sont collectées aux bureaux de la communauté de la rue Síp, par un comité *ad hoc*, composé d'Otto Komoly, Hansi Brand, Shulem Offenbach et d'autres. Des descentes régulières d'agents secrets hongrois se faisant passer pour des Juifs rendent ces réunions très périlleuses.

Le 20 juin, Kasztner, Offenbach et Hansi Brand apportent à Klages, au siège de la Gestapo, dans le quartier de Svabhegy, trois valises contenant

[62] *Ibid.*, p. 113.

200 000 dollars, 100 000 francs suisses, d'autres devises étrangères, de l'or, des diamants, des certificats d'actions et 13,5 millions de pengős hongrois. C'est à cette occasion qu'ils rencontrent pour la première fois le *SS Obersturmbannführer* Kurt Becher, qui deviendra le principal interlocuteur de Kasztner dans la poursuite des négociations et un acteur important de sa tragédie à venir. Par la suite, Hansi racontera avoir demandé à Klages, qui lui semblait « honnête », s'il connaissait un endroit où mettre les valises en sécurité. Klages se propose de leur trouver un lieu sûr et, en temps utile, elles se retrouveront chez Becher. Peu après la fin de la guerre, la plupart de l'argent et des objets de valeur disparaîtront et ne seront jamais retrouvée.

Kasztner et Becher se rencontrent à nouveau entre le 25 et le 27 juin. Becher est tellement impressionné par les fabuleuses promesses de Kasztner qu'il décide de détourner le marché à son profit, bien qu'Eichmann reste encore quelque temps le contact privilégié de Kasztner. Alors qu'Eichmann demande sans cesse des nouvelles d'Istanbul, Kasztner répète que les Alliés et les États neutres suivent de près le « convoi vers la Palestine », dont dépend leur réponse aux demandes plus vastes des Allemands. Au terme de lentes et laborieuses discussions, où se mêlent bluff et marchandage, Kasztner persuade Eichmann d'autoriser le départ de 1 300 Juifs. D'un air assuré, dissimulant sa crainte des revirements d'Eichmann, il offre une rançon de 100 dollars par tête. Eichmann en exige d'abord 200 puis 500, tandis que Becher, présent lui aussi, en veut 2 000. Les deux SS sont en contact permanent avec Himmler et chacun manœuvre pour monter dans la hiérarchie. Au bout du compte, Himmler fixe le prix à 1 000 dollars par Juif. Il est convenu que le groupe comprendra un mélange de provinciaux et d'habitants de la capitale. Les Allemands insistent une nouvelle fois pour que le départ ressemble à une déportation aux yeux des Hongrois, car ceux-ci verraient comme une trahison tout marché conclu par les Allemands pour sauver des vies.

Kasztner remet immédiatement à Eichmann une note listant les conditions suivantes : le groupe se rendra dans un pays neutre, *via* l'Allemagne et la France, après un séjour de quelques semaines dans « le camp privilégié » de Strasshof. Trente-cinq wagons à bestiaux seront affrétés pour transporter les 1 300 passagers qui seront autorisés à emmener entre 50 et 80 kilos de bagages chacun. En Allemagne, ils recevront des rations alimentaires équivalentes à celles des civils allemands. Ils ne seront obligés ni de porter l'étoile jaune ni de travailler. Ils éliront leurs propres chefs et géreront leurs affaires en toute autonomie. Les mauvais traitements seront interdits. En complément de leurs rations alimentaires, ils apporteront un wagon et demi de boîtes de conserve. Après de nouveaux marchandages éprouvants pour les nerfs, Eichmann accepte que le groupe quitte Budapest le 30 juin à 18 h.

Le Vaada est à nouveau contraint de confectionner une « dernière » liste. Bruits, rumeurs et fantasmes vont bon train au sein de la communauté. La nouvelle que les membres du Vaada peuvent autoriser l'accès à la rue Kolumbusz, en signant un simple bout de papier, s'est propagée. Cette procédure étonnamment informelle peut être le signe d'une indifférence des nazis ou d'un manque d'organisation de leur part, ceux-ci n'étant pas toujours à la hauteur de leur réputation d'efficacité. Jour et nuit, Kasztner et ses partenaires sont assaillis par des foules de gens affolés, qui les harcèlent, les couvrent de flatteries et se battent entre eux pour obtenir une place. Il est fort possible que ceux qui réussissent à en décrocher une partagent le sentiment de László Devecseri. En se livrant avec sa famille aux Allemands, il est conscient d'avoir fait un « pari » qui pourrait bien se révéler fatal ; il prend néanmoins le risque car « rester en Hongrie est beaucoup plus dangereux encore »[63]. D'autres refusent de s'inscrire car, comme l'explique Hansi Brand, « ils ne croient pas vraiment que le convoi se rendra dans un pays neutre » et « ils ont tout simplement peur »[64].

Plus tard, deux autres catégories seront ajoutées à celles établies par le Vaada. L'une comprend une cinquantaine de personnes auxquelles Becher a procuré des sauf-conduits en échange de grosses sommes d'argent et dont il imposera la présence dans le convoi. L'autre inclut un grand nombre d'individus qui – comme mon père et moi – n'ont pas été invités, mais ont trouvé le moyen de s'infiltrer dans le camp de la rue Kolumbusz grâce à des contacts personnels, à leur persévérance, ou parce qu'ils sont parvenus à rejoindre le groupe à la gare de triage ou sur la route vers l'Autriche.

Le train quitte Budapest le 30 juin 1944 tard dans la soirée, avec presque 1 700 personnes à son bord. Comme l'écrit Kasztner, nous « étions un échantillon miniature représentatif de la communauté juive de Hongrie à l'époque », rehaussé de « la présence de ceux qui avaient rendu des services exceptionnels à la communauté » et, à ce titre, « devaient être traités avec une considération particulière ». C'est ainsi que le groupe était devenu « si hétérogène tout en étant cohérent », au point que Kasztner

[63] Cité dans Pasternak Slater, p. 13.

[64] Brand, Hansi, 1961.

l'appellera « l'arche de Noé » bien avant que la formule « l'arche de Schindler » ne devienne célèbre[65].

Kasztner parla du processus de sélection comme d'une « tâche implacable », et il n'y a aucune raison de mettre sa sincérité en doute lorsqu'il dit : « mes partenaires et moi-même avons essayé de la mener à bien en toute bonne foi, pleinement conscients de notre énorme responsabilité »[66]. Hélas, il n'y avait aucun moyen d'en sauver certains sans en laisser d'autres dans la ligne de mire. Ceci vaut également pour la masse des déportés anonymes et pour les trois jeunes gens qui deviendront célèbres à la suite de la désastreuse « affaire des parachutistes ».

Les parachutistes

En janvier 1944, le Vaada est informé d'un accord entre l'Agence juive et la puissance mandataire britannique en Palestine pour l'envoi d'une petite mission en Hongrie, afin d'aider les Juifs locaux à se préparer à l'autodéfense et à la résistance. En mars, trois volontaires juifs sont parachutés en Yougoslavie : Joël Nussbecher (connu plus tard sous le nom de Joël Palgi) et Peretz Goldstein, tous deux natifs de Kolozsvár et partis en Palestine, ainsi que Hanna Szenes, originaire de Budapest. Nussbecher a vingt-six ans ; Szenes, vingt-trois, et Goldstein, dix-neuf. Ils travaillaient dans un kibboutz, mais sont aussi officiers dans l'armée britannique. Szenes est par ailleurs une poétesse très talentueuse.

Après leur arrivée en Yougoslavie, ils passent trois mois aux côtés des partisans antifascistes de Tito, puis poursuivent leur voyage vers la Hongrie. À la suite d'un télégramme codé envoyé d'Istanbul, Moshe Schweiger, le chef de la branche hongroise de l'armée juive clandestine, la Haganah, leur donne pour instruction de se présenter à un contact sioniste à Újvidék (Novi Sad) aussitôt qu'ils auront franchi la frontière. En plus de la mission que leur a confiée l'Agence juive, ils doivent communiquer par radio des informations militaires aux forces britanniques.

Le 9 juin, Hanna Szenes est la première des trois à atteindre la Hongrie. Entre-temps, tous les Juifs de Újvidék, dont le contact sioniste, ont été déportés, et Schweiger, arrêté. À peine a-t-elle traversé la frontière qu'un fonctionnaire, considéré à tort par le Vaada comme un ami, la livre au contre-espionnage, et elle est emprisonnée à Budapest. Quelques jours plus

---

65 Kasztner, *Bericht*, p. 130-132.
66 *Ibid.*, p. 131.

tard, Nussbecher et Goldstein entrent en Hongrie et s'adressent à ce même fonctionnaire. Ils lui remettent leur équipement radio, avant de prendre la route pour Budapest, sans s'apercevoir qu'ils sont surveillés en permanence. Ils arrivent aux alentours du 20 juin et louent une chambre dans un petit hôtel. Leur première visite est pour Kasztner, qui fut l'un de leurs chefs au sein du mouvement de jeunesse en Transylvanie.

D'emblée, Kasztner comprend la menace que leur arrivée fait peser sur ses négociations délicates avec les SS. Durant les quelques semaines qui ont suivi sa détention, le Vaada a pris de plus en plus de responsabilité dans les opérations d'aide aux réfugiés. S'il devait se retrouver « impliqué, avec tout le Comité de secours, dans une activité d'espionnage militaire »[67], il mettrait son projet – et probablement sa vie même – en danger. Kasztner persuade Nussbecher et Goldstein de partir et convient de les rencontrer à nouveau le lendemain. Deux heures plus tard, trois membres de la police secrète hongroise se présentent chez sa propriétaire et lui demandent de surveiller discrètement les deux visiteurs s'ils reviennent.

Le jour suivant, lorsque Nussbecher et Goldstein se rendent, comme prévu, dans le bâtiment de la communauté juive, ils repèrent des agents de la police secrète hongroise au milieu de la foule dans les couloirs et prennent la fuite. Plus tard, Nussbecher retourne chez Kasztner, et on le cache dans un appartement privé. Goldstein s'est débrouillé, lui aussi, pour trouver un abri. Kasztner prend alors un risque audacieux. Pour dissiper toute suspicion allemande, il informe Otto Klages, le chef du service d'espionnage de la SS à Budapest, que les deux jeunes gens travaillent pour le Vaada[68], et il envoie Nussbecher à la Gestapo en le faisant passer pour un représentant de l'Agence juive d'Istanbul. La ruse semble fonctionner, mais, après la première rencontre, Nussbecher est appréhendé par des agents hongrois. Entre-temps, Goldstein est sorti de sa cachette et, le 28 juin, Kasztner et Hansi Brand le font entrer clandestinement dans le camp de la rue Kolumbusz pour qu'il voie ses parents. Les Hongrois, ayant mis la main sur Nussbecher, pensent à juste titre que Kasztner et ses amis cachent aussi Goldstein. Le matin du 30 juin, Kasztner, Hansi Brand, Offenbach, Biss et sa femme sont arrêtés et emmenés à la caserne Hadick, le célèbre centre d'interrogatoire et de torture du contre-espionnage hongrois.

---

[67] *Ibid.*, p. 145. Pour plus d'informations sur l'affaire des parachutistes, cf. Braham, 1994, p. 1130-1132 ; Bauer, 1994, p. 215-216 ; Pasternak Slater, p. 17 ; Szita, p. 77-78.

[68] Kasztner, *Bericht*, p. 145. Lettre à Hillel Danzig du 6 février 1946, fournie par Yitzhak Katzir.

Kasztner est interrogé sans relâche sur l'endroit où se trouve Goldstein. Comme il refuse de répondre, l'interrogateur menace : « Si vous ne parlez pas, l'autre, ce Nussbecher ou peu importe son nom, sera exécuté dans les dix minutes. » Kasztner répond : « Donnez-nous, à Mme Brand et à moi-même, le temps de réfléchir, demande Kasztner. Relâchez-nous pour quelques heures. Mes amis resteront ici comme otages. Nous reviendrons tous les deux dans quelques heures. »[69]

Kasztner et Hansi se rendent rue Kolumbusz et expliquent la situation à Goldstein. Il n'a aucune chance de pouvoir se cacher indéfiniment ; les Allemands savent où il est et menacent d'expédier tout le monde, dont ses parents, à Auschwitz, s'il ne se livre pas. En outre, si l'on découvre que le Vaada est mêlé à une mission d'espionnage avec des officiers britanniques, toute chance de poursuivre les négociations avec les SS sera anéantie. On ignore à quel point Kasztner et Hansi Brand font pression sur Goldstein. Toujours est-il qu'il décide de se rendre.

Dans le même temps, Kató Szenes, la mère de Hanna, remue ciel et terre pour obtenir la libération de sa fille. Elle-même est arrêtée au mois de juin par un inspecteur hongrois qui, par surprise, la met en présence de sa fille, dans l'espoir que celle-ci dévoile les secrets de sa mission. Toutefois, Hanna refuse de répondre aux questions, y compris lorsque ses geôliers menacent de l'exécuter. À sa sortie de prison, Kató se rend à plusieurs reprises au bureau de Kasztner, mais sa secrétaire, Lili Ungár, lui répond à chaque fois qu'il n'est pas disponible.

Le Vaada, pourtant, essaie d'agir en coulisses autant qu'il est possible, sans nuire à son objectif principal. Plus tard, Hansi Brand racontera, par exemple, qu'elle a intercédé avec Kasztner auprès d'Eichmann en faveur des trois détenus, mais il leur a répondu que « l'affaire ne relevait pas de sa compétence »[70]. Finalement, au moment où ils semblent sur le point d'aboutir à quelque chose, un changement politique radical anéantit leurs espoirs pour de bon.

Le 14 octobre, István Oláh, le secrétaire personnel du ministre de la Guerre hongrois, donne l'ordre à son équipe de préparer la libération des parachutistes et promet à Kasztner qu'ils seront relâchés dans quelques jours. Le lendemain, le dirigeant ultra-fasciste, Ferenc Szálasi, renverse le chef de l'État hongrois, Horthy. C'est le début du règne de terreur du parti des Croix fléchées. Ce coup d'État stoppe net les préparatifs pour libérer Hanna qui est fusillée le 7 novembre. De même qu'elle refusa de parler,

---

[69] *Ibid.*, p. 145.

[70] Brand, Hansi, 1961.

elle refusera de demander la clémence. Environ deux semaines plus tard, Goldstein et Nussbecher sont déportés. Nussbecher réussit à sauter du train et à s'enfuir. Il se cachera et survivra à la guerre. Goldstein disparaît sans laisser de trace. Pour Kasztner, cette affaire refera surface de manière désastreuse dix ans plus tard, lorsqu'il sera accusé d'avoir délibérément trahi les parachutistes. En réalité, il a fait tout ce qu'il a pu pour les sauver sans compromettre son objectif principal. Entre faire un grand geste, peut-être vain, en faveur de trois personnes, et poursuivre discrètement ses efforts dans l'espoir, même mince, d'en sauver des milliers, il a choisi la seconde option.

Le groupe de Strasshof

Alors que Kasztner poursuit ses marchandages avec Eichmann sur le sort de son « arche », une autre opportunité se présente. L'opération s'avérera moins spectaculaire que notre libération, quoique le nombre de personnes concernées soit bien plus important. Cette affaire a donné lieu à beaucoup de polémiques pour savoir si Kasztner les a réellement sauvées ou s'il a été mené en bateau par Eichmann.

Le 14 juin, Eichmann annonce à Kasztner qu'il est prêt à mettre 30 000 Juifs hongrois « en attente » en Autriche en signe de bonne volonté. En fait, il vient de recevoir l'ordre de son supérieur, Kaltenbrunner, d'envoyer 30 000 travailleurs forcés dans les environs de Vienne pour construire des fortifications face à l'approche de l'Armée rouge. La demande émane du maire de Vienne, Karl Blaschke, et Eichmann doit s'y soumettre. Néanmoins, il réclame à Kasztner 200 dollars par personne pour ne pas les envoyer à Auschwitz. Kasztner, ignorant l'ordre de Kaltenbrunner, en propose 100 pour tout Juif qui restera en vie. Il est convenu que deux contingents de 15 000 Budapestois et de 15 000 provinciaux partiront pour le camp de détention de Strasshof. Les hommes et femmes valides devront travailler, mais les autres seront également gardés en vie et les familles autorisées à rester ensemble. Les frais de subsistance seront pris en charge par le Vaada.

Six trains transportant 18 000 Juifs, en provenance des ghettos du Sud et de l'Est de la Hongrie, qui avaient d'une manière ou d'une autre échappé à la déportation, partent pour Strasshof entre le 25 et le 28 juin. Ceux qui en sont capables sont mis au travail dans les différentes usines alentour. Kaltenbrunner avait écrit à Blaschke que cet accord était soumis à la possibilité d'une *Sonderaktion*, ou opération spéciale, le sinistre euphémisme nazi pour désigner l'extermination. Il ne fait aucun doute qu'Eichmann aurait été ravi de rendre ce service, mais cela n'arriva pas, malgré la présence dans le groupe de nombreux vieillards, malades et enfants qui, normalement, auraient fini à Auschwitz. Au cours des derniers mois de la guerre, Krumey supervise le camp de Strasshof de son bureau viennois. Lorsque Kasztner le rencontre en janvier 1945, il l'informe que 15 000 détenus sont toujours en vie et que les conditions dans le camp sont relativement supportables. En fin de compte, 12 000 personnes environ seront libérées par les Soviétiques; ce chiffre inclut plusieurs centaines de personnes sur les 2 000 qui avaient été transférées à Bergen-Belsen pour servir d'éventuelle monnaie d'échange en décembre 1944. Peu avant l'entrée de l'Armée rouge dans Vienne, tous les documents qui étaient dans le bureau de Krumey seront détruits.

Le rôle de Kasztner dans cette affaire a été longuement débattu. Selon Biss, Kasztner était « hypnotisé » par le pouvoir d'Eichmann et, du coup, il n'a pas compris qu'il payait pour ce qu'Eichmann devait faire de toute façon[71]. De même, dans leur verdict, les juges du procès d'Eichmann ont laissé entendre que Kasztner s'était fait berner par une « fausse concession »[72]. C'est parmi les historiens hongrois que la polémique est la plus vive. Pour István Fischer, Kasztner « s'est tout simplement fait avoir ». Laszló Karsai et Judith Molnár, au contraire, soutiennent que, grâce à lui, « plusieurs milliers de gens, dont beaucoup étaient incapables de travailler, furent amenés à Vienne ».[73] Parmi les experts occidentaux, Raul Hilberg parle de « succès mitigé » pour Kasztner, alors que Yehuda Bauer pense que c'est « peut-être grâce aux négociations de Kasztner » que les Juifs en question furent envoyés en Autriche plutôt qu'à Auschwitz[74]. Selon moi, Eichmann fut effectivement obligé d'expédier des travailleurs en Autriche, mais Kasztner réussit à sauver la vie de beaucoup de victimes, qui auraient pu finir à Auschwitz, en les incluant dans les convois. L'opinion de Shlomo Aronson dans cette affaire comme dans d'autres me paraît équilibrée : « La stratégie de Kasztner donna de bons résultats lorsqu'elle rencontra les besoins des Allemands en main-d'œuvre, matériel de guerre et devises étrangères. »[75]

Choisir qui sauver pose à nouveau d'immenses problèmes moraux. Kasztner ne le sait que trop : « Une nouvelle fois, nous faisions face au

---

[71] Biss, p. 68.
[72] Cité dans Fischer, « Változatok ».
[73] Fischer, « Változatok » ; Karsai et Molnár, « Kasztner ».
[74] Hilberg, p. 906 ; Bauer, 1994, p. 201.
[75] Aronson, p. 276-277.

plus difficile des dilemmes, qui accompagna tel un fil rouge l'ensemble de notre travail : devions-nous laisser la sélection aux mains du hasard ou essayer de l'influencer ? » Pour répondre à cette question déchirante – qu'il appelle « la plus terrible pour nos consciences » –, Kasztner choisit de confier l'établissement de la liste à une commission du Vaada et d'en respecter les instructions. Comme il l'écrit, « la faible main humaine qui écrit le nom d'une personne inconnue sur un papier, décidant ainsi de sa vie ou de sa mort, a besoin de principes véritablement sacrés pour l'aider et la guider ». Sacré ou non, le principe suivi par le Vaada sera de sauver des hommes « qui ont œuvré toute leur vie pour le *Tzibur* » (la communauté juive), des femmes « dont les époux étaient dans des "camps de travail" » et « des enfants, notamment des orphelins »[76].

Cependant, les listes préparées par le comité ne seront pas définitives. Certaines personnes sélectionnées s'en retirent, car elles préfèrent rester cachées, tandis que d'autres supplient, courtisent et harcèlent les sélectionneurs jusqu'à ce qu'ils les y ajoutent. Des noms sont ensuite ajoutés ou ôtés par les dirigeants du ghetto, par des officiers allemands corrompus ou, sur un coup de tête, par Eichmann lui-même. Le hasard jouera aussi son rôle. Un train qui devait emmener à Strasshof 3 000 Juifs des ghettos de Györ et Komárom prit la direction d'Auschwitz et, un autre, au contraire, prévu pour emmener des Juifs de Debrecen à Auschwitz, s'en alla vers Strasshof. Par la force de l'habitude, le *Scharführer SS* qui escortait le premier train l'avait dirigé vers la Pologne et, lorsque l'erreur fut découverte à la frontière slovaque, Eichmann décida qu'il pouvait tout aussi bien poursuivre sa route. Pour combler le déficit, le second train est envoyé en Autriche. Kasztner voit dans ces changements apportés à la liste originale « un cadeau du destin »[77] qui soulage les sélectionneurs humains d'une partie de leur culpabilité.

Deux jours après le départ de Budapest du dernier train pour Strasshof, nous entamons notre voyage vers une destination inconnue.

---

[76] Kasztner, *Bericht*, p. 118-119.

[77] *Ibid.*, p. 119.

Chapitre 7

De Budapest à Bergen-Belsen

Les wagons à bestiaux

L'après-midi du vendredi 30 juin 1944, dans une chaleur étouffante qu'aucune averse ne vient rafraîchir, on nous emmène de la rue Kolumbusz à la gare de triage Rákosrendezö, dans la partie est de Budapest. Quelques personnes âgées ou malades et quelques débrouillards voyagent à bord de camions avec l'essentiel de nos bagages. Les autres vont à pied, escortés par des soldats SS. Mon père, avec son genou raide, et moi, avec mes gambettes de gamin de onze ans, faisons de notre mieux pour tenir le rythme, car il est impensable de faire autrement. Les habitants nous regardent depuis les trottoirs ou du haut de leur balcon, derrière les pots de géraniums. Leur expression va de l'indifférence à la curiosité, de la haine non dissimulée à la jubilation malveillante. Bien que nous ayons été autorisés à ôter notre étoile jaune, il ne fait aucun doute que nous sommes un ramassis de sales Juifs parasites dont le corps sain de la nation hongroise va enfin être débarrassé. À la gare de triage, nous sommes sidérés de voir que le train qui nous attend est formé de wagons à bestiaux.

Notre groupe de la rue Kolumbusz est suivi de contingents venus des synagogues de la rue Aréna et de la rue Bocskay. Au lieu des 150 titulaires d'un permis, ce sont les 450 détenus de la rue Bocskay qui arrivent au grand complet. Tandis que nous attendons le départ, d'autres affluent de toute la ville par petits groupes. Deux jeunes *chalutzim*, en partance pour un camp de travail forcé, s'échappent du train stationné sur la voie parallèle à la nôtre et nous rejoignent. Lorsque le convoi se met en branle, la tante de deux orphelins polonais, Yitzhak et Abner Weinberg, âgés respectivement de cinq et trois ans, les pousse à bord dans l'ultime espoir qu'un étranger prenne soin d'eux.

L'embarquement dans les wagons est particulièrement chaotique. Les gens se bousculent pour se ménager une place près de la porte et des rares ouvertures. Les derniers arrivés essayent de se frayer un passage, tandis que ceux qui sont déjà installés refusent de bouger. Des familles sont séparées, des bagages, perdus. Des disputes éclatent, insultes et jurons fusent. Alors que certains cherchent à faire contre mauvaise fortune bon cœur et aident leurs compagnons de misère, la majorité montre que le malheur partagé n'entraîne pas forcément la compassion ou la solidarité.

Le train comprend trente-cinq wagons à bestiaux. L'un est réservé à nos dirigeants et à leurs familles ; un autre, aux malades ; un troisième, aux gardes SS, et un quatrième, au ravitaillement. Il en reste trente et un pour transporter un peu moins de 1 700 personnes. Un écriteau, apposé sur ces wagons à usage militaire, mentionne « 36 hommes ou 8 chevaux ». Dans chacun s'entassent sur 20 mètres carrés entre cinquante et soixante personnes, plus 50 kg de bagages. Quelques bancs de fortune ont été assemblés à la hâte avant notre départ, mais pour la plupart d'entre nous, il n'y a que le sol. Nous nous tenons debout, assis ou couchés à tour de rôle, parce qu'il n'y a pas assez de place pour que tout le monde puisse s'allonger. D'un côté, mon père fait rempart de son corps pour me protéger, mais, de l'autre, un homme, qui fait de même pour couvrir sa petite fille, me donne sans cesse des coups de pied. Tout geste ou parole aimable est éclipsé par des querelles ou des empoignades. L'obscurité aggrave la confusion et l'inconfort. Il y a deux seaux ; l'un, de 15 à 20 litres, est rempli d'eau ; l'autre fait office de toilettes. Les deux sont trop petits.

À ce stade, nous n'avons pas encore faim. Nos dirigeants ont stocké dans le wagon de ravitaillement 500 kg de viande fumée, 1 000 kg de viande en conserve et autant de fromage, de confiture et de pain. Pour le voyage, ils ont distribué à chacun 2 kg de pain, 500 gr de fromage et plusieurs boîtes de pâté de foie ; en outre, beaucoup ont emmené des provisions. Contrairement aux trains pour Auschwitz, les wagons ne sont pas scellés et, la plupart du temps, les portes restent ouvertes. Cela nous procure un relatif confort tant physique que psychologique. Mais ce qui nous réconforte le plus est la perspective d'être bientôt en Espagne ou au Portugal, et de là en route pour la Palestine. Cet espoir est cependant trop ténu pour effacer notre crainte des nazis et notre impression d'avoir perdu tout ce qui nous avait permis de nous sentir chez nous sur cette terre.

Judy Jacobs, qui avait sept ans à l'époque, brosse un tableau éloquent des conditions repoussantes dans lesquelles s'est déroulé notre voyage : « La puanteur dans le wagon empirait. Personne ne mourut dans le transport, mais des gens perdaient connaissance, se sentaient mal et vomissaient… et cela se répétait encore et encore. »[78] Vera John-Steiner, qui avait quatorze ans, se souvient surtout des effets de la surpopulation sur « des êtres humains jadis distingués ». « Il y avait des gens qui pleuraient et réclamaient un peu plus d'espace. Il n'était question que du manque d'air. Les gens ne parlaient pas, ils répétaient seulement "je ne peux pas respirer. J'ai mal. Je suis vieux. Faites-moi plus de place." »[79] Naomi Herskovitz, qui avait quinze ans, évoque de manière très crue l'ignominie de nos conditions :

> « Des wagons à bestiaux ! oui, des wagons à bestiaux nous attendaient ! Et on nous disait : "Montez." Nous répondions : "Mais qu'est-ce que c'est que ça ? Sommes-nous du bétail ?"… Puis nous sommes montés dans le train, quatre-vingts personnes environ, c'était l'été, étouffant, horriblement bondé. Quelqu'un posa un seau au milieu du wagon et dit : "Voici les toilettes" J'avais beaucoup de fièvre, j'avais la diarrhée et je ne savais pas quoi faire. Comme je l'ai dit au début, nous étions très pudiques, c'était notre éducation. Et tout à coup j'aurais dû m'asseoir sur le seau au milieu de 80 personnes et me soulager devant eux ?… J'ai compris que je n'étais qu'un numéro et non plus un être humain. »[80]

Pour George Brief, qui avait six ans, « ces trains demeurent le symbole absolu de l'horreur »[81]. Mais il était possible de résister au « sentiment d'avoir soudain perdu tout ce à quoi nous étions habitués » en mobilisant nos ressources intérieures. Shoshana Hasson, une autre petite fille de 7 ans, apporte une note d'encouragement : « Il fallait essayer d'une manière ou d'une autre de ne pas pleurer, de ne pas déranger, de ne pas paniquer, de ne pas être terrifié et de tenir le coup dans ce train qui roulait et roulait avec fracas, sans savoir exactement où l'on allait, et personne ne le savait. »[82]

Avec quatre heures d'un retard dû à un raid aérien, nous démarrons finalement vers 23 h. Nous roulons toute la nuit, mais, le matin, nous sommes stupéfaits de nous trouver encore à Budapest – à la gare de Ferencváros pour être précis, soit à quelques minutes de Rákosrendezö. Pour éviter les bombardements incessants, nous avons fait des va-et-vient d'un embranchement à l'autre, alors que nous pensions être en route vers la liberté. Au début de l'après-midi, le train part enfin pour de bon, et nous

---

78 Jacobs, interview.
79 John-Steiner, interview.
80 Herskovitz, p. 11.
81 Brief, interview.
82 Hasson, p. 3-4.

atteignons Mosonmagyaróvár, près de la frontière autrichienne, au coucher du soleil. C'est là que nous allons connaître l'une des plus grandes frayeurs de notre voyage.

Auspitz ou Auschwitz ?

À Mosonmagyaróvár, le train reste immobilisé trois jours durant sur une voie de garage. Dans la chaleur de l'été, la plupart d'entre nous décident de camper à l'extérieur. Nous sommes sous la garde de policiers et de gendarmes hongrois, davantage pour nous protéger d'éventuelles agressions antisémites de la population locale que pour empêcher des évasions. Nous achetons de la nourriture aux paysans du coin en plus des rations que nos chefs nous distribuent. Comparé aux wagons à bestiaux, dormir à la belle étoile est presque idyllique, en dépit des mauvaises conditions sanitaires : nous devrons attendre le dernier jour pour que des latrines soient creusées et que nous puissions nous passer des champs de blé. Une petite fille naît à la lumière des bougies dans un wagon. Les orthodoxes rasent leur barbe, cause fréquente de harcèlement de la part de Hongrois et d'Allemands malveillants. Des rumeurs continuelles sur notre sort circulent, mais en réalité personne ne sait rien.

Durant cet arrêt, une administration officielle est mise en place. Depuis le début des négociations de Kasztner, les Juifs de Kolozsvár occupent une position privilégiée, et beaucoup le supportent mal. Plus ou moins spontanément, József Fischer, le chef du contingent de Kolozsvár et beau-père de Kasztner, en vient à diriger tout le groupe. Il constitue une équipe d'assistants, choisis dans son « cercle d'intimes », pour reprendre les termes de l'auteur anonyme d'un mémoire très critique, intitulé *Die Deportation nach Bergen-Belsen* [La Déportation vers Bergen-Belsen][83]. Certains des nombreux avocats et hommes politiques qui nous accompagnent rédigent un « règlement du camp » (« Seder Hamachaneh ») et le rendent public le 3 juillet. L'usage fréquent de termes hébreux témoigne des pratiques et de l'idéologie des organisations sionistes majoritaires dans le groupe.

Au sommet de la hiérarchie se trouve le « dirigeant du camp », Fischer lui-même, assisté d'adjoints et secrétaires. Viennent ensuite, à l'échelon inférieur, les responsables des différentes sous-unités et leurs bras droits. Juste en dessous, un chef et son assistant sont placés à la tête d'un bloc de

[83] Anonyme, p. 5.

six wagons et, enfin, au dernier niveau, un binôme identique supervise chaque wagon. Toute demande ou plainte doit passer par les canaux officiels. Il est interdit de quitter le camp provisoire sans un permis de Fischer. Nous devons nous lever à 6 h précises, nous laver et nettoyer notre emplacement aussi bien que possible. Tout le monde est tenu de prendre le petit-déjeuner en même temps. De 8 h à 12 h et de 15 à 18 h, les adultes – à l'exception des vieux et des femmes enceintes – doivent rester disponibles pour effectuer toute corvée ou tâche que les chefs pourraient leur demander. Entre 12 h et 15 h, nous pouvons déjeuner et nous reposer ; et entre 18 et 21 h, dîner et nous préparer au coucher. À 21 h 30, le silence doit être total. L'ordre et la discipline sont à respecter à la lettre, sous l'autorité des différents chefs d'unité. Les pantalons, shorts, maillots de bain ou le rouge à lèvres sont interdits aux femmes. Seuls, les latrines et les endroits expressément réservés à la cuisine peuvent être utilisés. Toute maladie doit être signalée aux médecins ou aux responsables désignés. Personne, hormis les dirigeants, n'est autorisé à diffuser des informations ou à émettre des directives. Le respect des règles est assuré par une force de police interne, constituée de jeunes hommes munis de brassards, dont les ordres doivent être strictement suivis. Toute désobéissance entraîne de sévères sanctions.

De telles règles et consignes avaient sans aucun doute pour objectif de maintenir un semblant de contrôle, d'ordre et de sécurité au milieu du chaos. Pourtant, ce qui me frappe le plus aujourd'hui est le profond fossé qui existait entre le pouvoir illusoire à l'origine de ces jeux bureaucratiques et la situation critique réelle de ces 1 700 personnes, arrachées à leurs modes de vie, dépouillées de leurs biens et de leurs droits, contraintes de dormir à même le sol dans un champ à côté de wagons à bestiaux susceptibles à tout moment de les acheminer vers les chambres à gaz.

Le quatrième jour, on nous ordonne de nous préparer au départ. C'est à ce moment-là que se déclenche la première grande panique. À vrai dire, c'est l'un de mes souvenirs les plus clairs du voyage. Alors que nous rassemblons nos affaires s'engage une vive discussion sur notre prochaine destination. La rumeur que nous allons être conduits à Auschwitz commence à circuler, et les plus pessimistes d'entre nous en sont pétrifiés. Les optimistes, eux, soutiennent que nous partons pour un lieu appelé Auspitz et qu'il n'y a pas à s'inquiéter, quoiqu'ils me paraissent aussi effrayés que les autres. Chaque camp prétend tenir sa version du conducteur du train ou de l'un des gardes. Au même moment, un lugubre jeu de mots hongrois fait le tour du camp : « Auspitz – Auschwitz, Cion – cian » (Sion – cyanure). Comme pour répondre de manière anticipée à l'une des questions les plus controversées de l'histoire de la Shoah, cette sinistre blague semble réfuter l'affirmation que les Juifs hongrois ignoraient, avant d'y être, ce qui les attendait à Auschwitz.

Tandis que l'angoisse s'amplifie, Fischer reçoit l'accord des gardes pour que László Devecseri, qui a de faux papiers d'identité d'Aryen, retourne à Budapest afin d'alerter Kasztner. Tous les autres embarquent dans le train, qui part dans la soirée pour une destination toujours inconnue. Miriam Buck, un professeur de langues d'une trentaine d'années, se souvient de l'ambiance dans le wagon cette nuit-là :

> « Auspitz et Auschwitz, une différence de quelques lettres pouvait signifier la vie ou la mort… Avions-nous été trompés ?… Le train grondait et cahotait dans la nuit, avec sa cargaison humaine accablée de désespoir. Des femmes hystériques avaient des crises de larmes. Les hommes regardaient dans le vide. Par miracle, personne ne sauta du train. »[84]

Un jour plus tard, Devecseri nous rejoint près de la frontière slovaque et nous assure que nous n'allons pas à Auschwitz. À notre grand soulagement, ceux qui connaissent la géographie confirment que nous roulons vers l'ouest, en direction de l'Autriche, et non vers la Pologne, au nord. Le lendemain soir, nous arrivons à Vienne où l'on nous sert un repas chaud. Entre-temps, certains passagers, qui ont perdu leur sang-froid, ont profité des arrêts ici et là pour fuir, et d'autres, ayant entendu dire que ce convoi était « privilégié », prennent leur place. Petit à petit, le choc de Mosonmagyaróvár s'estompe. Un autre surviendra à Linz.

Linz

Le septième matin après notre départ de Budapest, le train s'arrête à Linz, la ville de la 36e Symphonie de Mozart. Mais nous n'avons pas la tête à la musique. On nous ordonne de descendre pour aller nous laver. On nous fait marcher jusqu'à une station militaire d'épouillage et de désinfection située dans les faubourgs de la ville. Nos bagages suivent dans des camions. Arrivés à destination, les hommes sont séparés des femmes. Les femmes sont les premières à entrer dans le bâtiment et on ne les reverra pas avant le début de l'après-midi. Les hommes attendent dans la cour. Je me rappelle la chaleur, la foule, ma douleur au genou que j'avais écorché

[84] Buck, p. 1.

sur la marche en métal en descendant du wagon, et une impression de confusion sur ce qui se passe autour de moi. À un certain moment, on entend des femmes crier à l'intérieur, et un garde SS nous explique avec un rictus qu'on est en train de les gazer. Comme à Mosonmagyaróvár, la panique gagne le groupe, car beaucoup d'adultes ont déjà entendu parler de prétendues salles de douches qui s'avèrent des chambres à gaz.

Finalement, nous recevons l'ordre d'entrer par groupes de 250 à 300, de nous déshabiller, de donner nos vêtements pour la désinfection et d'attendre encore. Je me souviens de ma sensation de vulnérabilité et de gêne d'être tout nu aux côtés de mon père, nu lui aussi, entouré d'hommes nus de tout âge, taille et forme. On nous entraîne ensuite dans la pièce voisine où un médecin nous examine rapidement ; on nous asperge de Lysol, qui nous fait pleurer et nous brûle la peau. Pour finir, on nous envoie par groupes de quarante ou cinquante dans la dernière pièce, où l'on nous donne une douche chaude. Je ne peux pas dire que je me sentis particulièrement soulagé quand ce fut de l'eau qui s'écoula de la douche, parce que j'ignorais tout de l'autre possibilité ; en revanche, beaucoup d'adultes eurent l'impression qu'on les rendait à la vie.

Déjà pour les hommes, c'était dur. William Stern, de deux ans mon cadet, se rappelle que « ceux qui nous aspergeaient étaient des soldats allemands des deux sexes, ce qui suscitait une grande gêne parmi les centaines d'hommes qui subissaient ce traitement »[85]. Dans une lettre, un membre du groupe connu seulement sous le prénom de Willy restitue avec force toute cette misère physique : « Imaginez : des centaines de gens totalement dévêtus, serrés les uns contre les autres dans une salle au plafond bas, étouffante, surchauffée, attendant pendant des heures leur tour d'être tondus, douchés et désinfectés de la manière la plus barbare. » L'auteur évoque aussi la crainte que nous ressentions tous : « Vous ne pouvez imaginer les mauvais pressentiments, les histoires horribles qui se racontaient et nous bouleversaient durant ces heures interminables. »[86]

Mais, pour les femmes, c'était encore pire. Élevées à une époque plus pudique qu'aujourd'hui, elles étaient profondément embarrassées par leur nudité forcée. Esther Jungreis décrit comment, petite fille de huit ans, elle a ressenti cette situation : « C'était terrible de voir sa mère dévêtue... Je regardais par terre, tellement j'avais peur de lever les yeux. Je ne pouvais supporter de la voir nue, comme toutes les autres. »[87] Mais ce n'était pas

[85] Stern, interview.
[86] Inconnu, Lettre signée Willy, p. 2.
[87] Jungreis, interview.

tout. Beaucoup de garçons, jusqu'à douze ou treize ans, non accompagnés d'un parent de sexe masculin, devaient suivre les femmes, tandis que des gardiens ou des prisonniers, portant les bagages à la désinfection, circulaient librement parmi elles. Comme le raconte George Revesz, pour sa mère « la première étape de la déchéance » vint avec les remarques obscènes des soldats : « vous êtes nues et un groupe de SS braillards décernent des bons et mauvais points au physique des filles »[88].

Vera John-Steiner fut particulièrement choquée par la méchanceté des gardiennes ukrainiennes qui traînaient les femmes devant le médecin SS avant de les pousser sous la douche : « Voir des femmes être aussi brutales, crier, frapper et arracher nos vêtements si nous n'étions pas assez rapides, était vraiment effrayant. » Elle eut aussi très peur d'être agressée sexuellement : « Personnellement, j'avais si peur d'être violée que je ne pensais même plus tellement au gaz. » Elle reconnaît que personne ne le fut effectivement, mais elle considère que l'examen effectué par les médecins SS s'en rapprochait : « Nous fûmes violentées dans le sens où ils cherchaient de prétendus poux dans notre vagin ! »[89] En revanche, Herskovitz fut très soulagée lorsqu'elle vit les soldats allemands dans la salle de douches, car c'était le signe que personne ne serait gazé. Mais sa joie fit place à la détresse, lorsqu'elle réalisa que les Allemands méprisaient les Juifs au point de rester totalement froids devant des centaines de femmes nues : « Nous sommes nues, honteuses, nous n'avons pas de nom, seulement un numéro… Ils nous maintiennent sous l'eau, nous touchent partout afin que nous soyons propres : une humiliation de plus. » « Ce ne sont pas des êtres humains… nous ne vous considérons pas comme des femmes. C'est du bétail, des numéros. »[90]

Les pires dégâts psychologiques sont infligés à une cinquantaine de femmes, les premières à être examinées. Sous prétexte de les épouiller, les gardiennes leur raseront le crâne et même parfois le pubis. Apparemment, ces surveillantes nous croient en route pour Auschwitz et veulent nous préparer correctement pour cette destination, jusqu'à ce qu'elles soient averties de notre statut de « privilégiés ». D'après les souvenirs de Szidonia Devecseri, c'est au cours de ces séances qu'une gardienne annoncera : « Maintenant vous allez dans la chambre à gaz. »[91] Le vacarme que les hommes ont entendu lorsqu'ils attendaient dans la cour provenait de la panique suscitée par cette blague cruelle.

---

88 Revesz, interview.
89 John-Steiner, interview.
90 Herskovitz, p. 12-13.
91 Devecseri, Szidonia, p. 3.

Au début, le traitement reçu semble confirmer la crainte des femmes d'être tuées. Mais, dès que cette peur se révélera sans fondement, beaucoup ressentiront la perte de leurs cheveux comme la honte la plus profonde : « Argent, travail, maison – il était plus facile de perdre tout cela que sa chevelure. C'était la dernière parure qui nous restait, la beauté, la féminité elle-même », écrit Miriam Buck[92]. On raconte même que ce traumatisme coûta la vie à une jeune femme. Eva Breslauer, âgée de 17 ans, contracta une pneumonie et, ayant perdu le goût de vivre, elle mourut quatre semaines après notre arrivée à Bergen-Belsen.

Ni à Linz ni ailleurs les Allemands ne tueront de sang-froid un membre de notre groupe, mais ce que Linz a représenté, pour les femmes en particulier, Miriam Buck le résume à nouveau très bien en quelques mots : « Au bout de six heures environ, épuisées, affamées mais en vie, nous avons retrouvé nos hommes… Une seule chose avait été tuée en nous : notre dignité humaine. »[93]

Il est à peu près 9 h lorsque, toujours sous le choc et fatigués, nous retournons aux wagons et recevons de la nourriture. Nous n'avons rien mangé de la journée. Nos bagages désinfectés nous reviennent en pagaille. Beaucoup ne récupéreront leurs affaires qu'après notre arrivée à Bergen-Belsen, voire jamais. On raconte que, pendant que nous étions à la douche, certains de nos dirigeants, conscients de ce qui pourrait arriver, sont restés dans le train pour l'éviter. Quoi qu'il en soit, lorsque le train reprend sa route dans la nuit vers une destination inconnue, l'euphorie d'être propre et de ne pas avoir été gazé cède la place à l'abattement.

Le train bringuebale encore deux jours, au cours desquels le convoi est souvent immobilisé à cause des bombardements alliés ou pour laisser passer des transports de troupes. L'après-midi du dimanche 9 juillet 1944, enfin, il s'arrête le long d'un quai désert en béton, entouré d'arbres, mais sans un seul bâtiment à l'horizon. Nous l'ignorons à ce moment-là, mais nous sommes face au quai du camp d'entraînement de l'armée allemande de Bergen-Hohne, qui sert aussi de gare pour le camp de concentration de Bergen-Belsen. Nous ne savons pas davantage que nous sommes sur le point de pénétrer dans le lieu qui deviendra le symbole de la Shoah le plus important, juste derrière Auschwitz.

---

92 Buck, p. 1.
93 *Ibid.*, p. 2.

Bergen-Belsen

Contrairement à Auschwitz, Bergen-Belsen n'était pas un camp d'extermination. Alors que les Juifs déportés à Auschwitz étaient soit gazés à leur arrivée, soit réduits en esclavage dans des conditions atroces et tués à petit feu, Bergen-Belsen était destiné, à l'origine, à maintenir des Juifs en vie comme monnaie d'échange ou de chantage. Les horreurs qui ont conduit « Bergen-Belsen » à devenir synonyme de système concentrationnaire sont arrivées plus tard et sont davantage le résultat d'une négligence volontaire et d'une indifférence criminelle que d'une politique génocidaire délibérée. Le Bergen-Belsen que j'ai connu durant la seconde moitié de l'année 1944 était relativement supportable, comparé à l'enfer que les troupes britanniques découvriront en avril 1945[94].

Au début de 1943, le ministre allemand des Affaires étrangères émet l'idée d'échanger quelque 30 000 Juifs ayant des relations à l'étranger contre des ressortissants allemands aux mains des Alliés. En avril, Himmler ordonne que 10 000 « Juifs à échanger » – des otages pour être exact – soient internés dans un camp spécial. Dans la lande de Lunebourg, près des petites villes de Bergen et Belsen, à trente kilomètres au nord de Celle dans la région de Hanovre en Basse-Saxe, les SS reconvertissent une partie d'un camp de prisonniers de guerre en un camp pour « Juifs privilégiés ». Le terme correct pour désigner une telle institution est *Zivilinternierungslager* (camp d'internement pour civils), mais les SS l'appellent *Aufenthaltslager* (camp de détention) afin de contourner la convention de Genève, qui garantit à la Croix-Rouge et à d'autres commissions internationales un droit d'accès au premier type de camp mais pas au second.

Le camp couvre une surface triangulaire d'environ 1 800 mètres de long et jusqu'à 800 de large. Il est entouré de deux clôtures de barbelés distantes de 5 mètres l'une de l'autre ; l'espace tampon entre les grillages est probablement miné et un mirador se dresse tous les 100 mètres. Au-delà du périmètre du camp, une forêt dense s'étend au loin. De l'entrée principale, qui se situe près du côté est, part une route orientée sud-ouest, bordée de constructions. Sur la droite, le premier bloc de bâtiments abrite les douches et la station de désinfection, les logements des SS, la cantine de l'équipe, des bureaux, des réserves, des remises pour les outils et une prison. Des

[94] Sur l'histoire de Bergen-Belsen, cf. Kolb, 2002 ; Keller *et al.*, 2002 ; Wenck, 2000 et Reilly *et al.*, 1997.

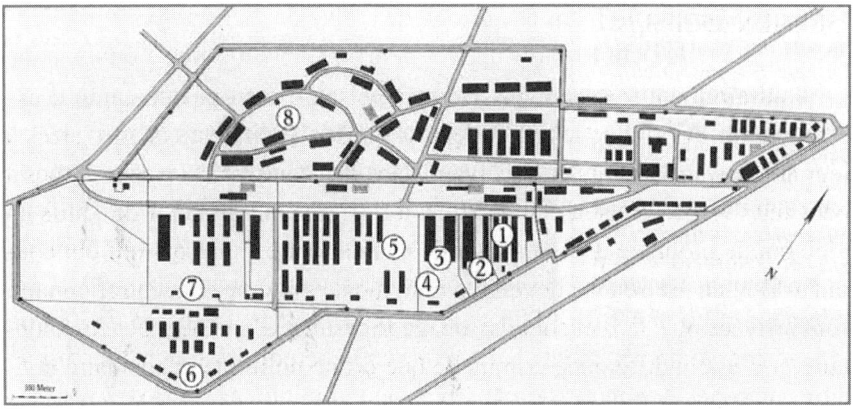

Plan de surface du camp de Bergen-Belsen (septembre 1944)

1. Häflingslager (camp des prisonniers)
2. Neutralenlager (camp des neutres)
3. Sonderlager (camp spécial)
4. Ungarnlager (camp hongrois)
5. Sternlager (camp de l'étoile)
6. Frauenlager (camp des femmes)
7. SS-Kleidermagazin und Werkstätten (réserve de vêtements des SS et ateliers)
8. Kriegsgefangenenlager (camp des prisonniers de guerre).

cuisines sont installées à différents endroits. Sur la gauche de la voie centrale, environ quatre-vingts longs baraquements en bois hébergent les détenus.

À l'époque de notre arrivée, le camp est divisé en cinq complexes séparés par des barbelés. En partant de l'entrée principale, le premier quartier est le camp des prisonniers, qui compte à peu près 500 détenus, surtout russes et polonais, amenés d'autres camps malades et épuisés. Ensuite vient le « camp des neutres », peuplé d'environ 250 hommes, femmes et enfants juifs, citoyens de pays non belligérants, comme l'Espagne, le Portugal, la Turquie et l'Argentine. À côté se trouve le nôtre, le camp des Hongrois, qui comprend le baraquement n° 11 et la moitié du 10. L'autre moitié est le « camp spécial », occupé par 350 Juifs polonais, le reliquat d'un large contingent envoyé à Auschwitz. Plus que les barbelés extérieurs, un mur de béton, construit à l'intérieur même du baraquement, rend difficile la communication entre eux et nous. Le cinquième quartier, le plus vaste, est le camp de l'étoile, réservé aux 4 100 Juifs « à échanger », des deux sexes et de tous âges. Ils sont originaires de Grèce, de Yougoslavie, d'Albanie, de

France, d'Afrique du Nord et, surtout, de Hollande. Sans surprise, on l'appelle le camp de l'étoile parce que les détenus doivent porter l'étoile jaune sur leurs vêtements civils.

À partir du début du mois d'août, des contingents de femmes évacués d'Auschwitz sont regroupés dans le « camp des femmes », constitué de tentes montées à la hâte pour servir d'abri temporaire. Elles seront ensuite disséminées dans différents camps de travail de la région. La nuit du 7 novembre, les tentes seront détruites par une violente tempête et les femmes – au nombre de 8 000 – seront réparties entre le camp de l'étoile et la « réserve de vêtements SS ». Pour en héberger davantage, une partie du « camp des prisonniers de guerre » sera adjointe au camp des femmes en janvier 1945. Trois mois auparavant, en octobre, de nouveaux baraquements, entourés de barbelés tout neufs, ont été construits entre le camp de l'étoile et le nôtre. Quand un nouveau convoi de femmes épuisées est arrivé pour l'occuper, nous avons appris par la bande qu'elles étaient hollandaises et venaient d'Auschwitz. Je sais aujourd'hui que l'une d'entre elles s'appelait Anne Frank.

Alors que les Alliés convergent de toutes parts vers l'Allemagne, les nazis continuent à gaspiller de précieuses ressources matérielles et humaines pour ramener à l'intérieur du Reich les détenus des camps de concentration extraterritoriaux. Les conditions dans lesquelles ces personnes seront transportées sur des centaines de kilomètres – entassées dans des wagons à bestiaux plombés, dans des camions de marchandises ou titubant sur les routes, maltraitées physiquement et verbalement par les voyous de la SS – sont aujourd'hui trop connues pour être décrites une fois encore. Bergen-Belsen sera l'une des destinations les plus courantes de ces transports et le nombre de détenus y grimpera en flèche. À notre arrivée, le 9 juillet 1944, le camp renferme à peu près 5 200 prisonniers. Quand nous le quitterons, le 4 décembre, il en comptera environ 15 250. Au 1er janvier 1945, ce chiffre passera à 18 500 ; puis 22 300 au 15 janvier, et 41 500 au 1er mars. Le 15 avril, lorsque les Britanniques en prendront le contrôle, ils trouveront 40 000 détenus dans le camp principal et 15 000 autres dans les casernes militaires voisines.

Parallèlement à cette augmentation, les conditions de vie se détérioreront rapidement. De mai 1943 à décembre 1944, on y dénombre quelque 2 000 morts ; en janvier et février 1945, environ 8 000 ; en mars, 18 000 ; durant les deux premières semaines d'avril, 10 200 ; et de la libération, le 15 avril, à la mi-juin, 13 000. Cela représente un total de 51 000 morts sur les 110 000 à 120 000 détenus qui passeront par Bergen-Belsen. Les archives sont incomplètes, car les SS détruiront tous les dossiers avant la libération, mais elles sont suffisamment fiables pour que la plupart des historiens s'accordent plus ou moins sur ces chiffres[95].

L'*Hauptsturmführer* Adolf Hass est le premier commandant du camp, à partir d'avril 1943. Il semble avoir été un homme bien, autant que pouvait l'être un officier supérieur SS responsable d'un camp de concentration. Mais le 2 décembre 1944, il est remplacé par l'*Hauptsturmführer* Josef Kramer, décrit en général comme un nazi de l'espèce la plus brutale. Après une longue carrière dans d'autres camps de concentration, Kramer devient le commandant d'Auschwitz-Birkenau en mai 1944. Le gazage des Juifs hongrois se déroule donc sous sa supervision. Lorsqu'il arrive à Bergen-Belsen, plusieurs de ses subordonnés à Auschwitz l'accompagnent, dont la fameuse surveillante SS Irma Grese. Il transforme immédiatement Bergen-Belsen en camp de concentration « ordinaire » avec toutes ses caractéristiques – travail forcé, punitions sadiques et conditions de vie létales. J'ai eu la chance de quitter l'endroit deux jours après son arrivée. Des dizaines de milliers d'autres seront moins chanceux.

Certes, il n'y a pas eu de chambres à gaz ni de meurtres de masse délibérés à Bergen-Belsen. Les 51 000 prisonniers qui y mourront seront décimés par la surpopulation, la faim et la maladie. Mais ils ne seraient pas morts, si les SS n'avaient permis – ou plutôt créé – les conditions pour que cela se produise. Avec l'accroissement du nombre de prisonniers, rien ne sera entrepris pour rendre le camp vivable. Jusqu'à cinq détenus devaient se partager une couche ou dormir les uns sur les autres sur le sol en béton des baraques délabrées, avec la pluie qui ruisselait du toit et les déchets qui s'accumulaient à l'intérieur comme à l'extérieur. Les rations alimentaires diminuaient, l'eau pour boire et se laver se faisait de plus en plus rare, les médicaments manquaient, les latrines débordaient, le chauffage était inexistant, et les vêtements, infestés de poux, tombaient en lambeaux. Les appels qui duraient jusqu'à cinq heures à l'extérieur et par tous les temps ajoutaient à nos souffrances. Sous le regard indifférent des SS, des milliers et des milliers moururent du typhus, de dysenterie, de tuberculose, de faim ou d'épuisement. Au début, les corps étaient brûlés dans le crématoire, mais, avec leur multiplication, on se mit à les enterrer dans des fosses communes ou à les empiler entre des couches de bois qu'on incendiait avec du pétrole. À la fin, on les balançait sur des amoncellements de cadavres en décomposition ou on les laissait pourrir là où ils étaient tombés. Pendant quatre

[95] Voir, par exemple, Kolb, p. 27-86 ; Keller *et al.*, p. 164-165 ; Reilly *et al.*, p. 45-59.

jours avant la libération, 2 000 détenus encore capables de marcher, travaillèrent en équipes de quatre, pour traîner les corps jusqu'aux fosses communes, sous les ordres des officiers SS, battus par les kapos et encouragés par deux orchestres de musiciens prisonniers contraints de jouer de la musique dansante.

Quand il devint évident que les Allemands avaient perdu la guerre, Hitler ordonna de défendre les camps de concentration ou de les faire sauter avec leurs détenus. En mars 1945, Himmler, cherchant à la dernière minute à échapper au châtiment, donna l'ordre de remettre les camps aux Alliés sans combattre et de laisser la vie sauve aux prisonniers. À Bergen-Belsen, une trêve fut acceptée entre les forces britanniques et la garnison, et, le 15 avril 1945, les soldats britanniques prirent possession du camp. La majorité des SS avaient déjà pris la fuite, mais il restait 50 soldats et officiers, dont Kramer, et 30 surveillantes, dont Grese. Ils seront tous les deux traduits en justice et pendus.

Le spectacle qui attendait les troupes britanniques était effroyable. Au procès des coupables, le général de brigade du corps médical de l'armée, H. L. Glyn-Hughes, témoigna :

> « Le camp était jonché de monceaux de cadavres… Les égouts débordaient et les baraquements étaient remplis d'un nombre incalculable de cadavres, gisant parfois sur la même couchette que des personnes encore en vie… Quelques rares baraquements disposaient de couchettes, toutes pleines à craquer de prisonniers émaciés et malades. Nulle part ils ne pouvaient s'allonger complètement. Les dortoirs les plus surpeuplés abritaient entre 600 et 1 000 personnes alors qu'ils n'auraient dû en contenir que 100. »[96]

On peut lire dans le journal du lieutenant-colonel M. W. Gonin :

> « Les cadavres gisaient partout, certains en énormes tas là où les autres détenus les avaient jetés, parfois seuls ou par deux, là où ils étaient tombés alors qu'ils se traînaient sur les chemins de terre… On voyait des femmes étouffer dans leur vomi, parce qu'elles étaient trop faibles pour se retourner, et des hommes manger des vers d'une main tout en serrant un quignon de pain de l'autre, parce qu'ils devaient se nourrir et pouvaient à peine faire la différence entre les vers et le pain… Des hommes et des femmes s'accroupissaient n'importe où pour se soulager de la dysenterie qui rongeait leur corps, une femme nue se lavait avec un bout de savon dans l'eau d'une citerne où flottaient les restes d'un enfant. »[97]

---

[96] Cité dans Philips, p. 31-32.
[97] Cité dans Kemp, p. 136-137.

Voilà ce qui fera de Bergen-Belsen un synonyme de la Shoah et le destin qui me fut épargné, comme à beaucoup d'autres, grâce à Rezső Kasztner.

Arrivée

Le matin du dimanche 9 juillet 1944, notre train atteint sa destination finale. Un *Oberscharführer SS* (sergent-chef), avec un berger allemand en laisse, nous ordonne de descendre des wagons et ajoute pour la forme : « Grouillez-vous, ce n'est pas Shabbat aujourd'hui. »[98] Le quai de Bergen-Hohne se situe en rase campagne et ne porte pas de nom. Il n'a pas beaucoup changé aujourd'hui et est encore utilisé régulièrement par l'armée allemande et l'Otan. Celle est la dernière gare que nous avons traversée avant d'arriver là. C'est pourquoi beaucoup de gens, après coup, ont prétendu que nous avions dû marcher 30 km pour arriver au camp. En réalité, il n'est qu'à 7 km, et la marche a duré moins de deux heures, mais vu notre état, c'était déjà suffisamment dur comme ça. Judy Jacobs s'en souvient parfaitement :

> « Au bout d'un moment, le train s'arrête, les portes s'ouvrent et les hurlements, les injures, les menaces et les obscénités recommencent. Nous nous trouvons dans une zone très boisée… On nous a dit de marcher en rangs, à quatre ou cinq de front, parfaitement alignés, et les gardes tiennent leur fouet à la main… Toutes les trente secondes, quelqu'un nous lance une insulte… Je ne peux dire combien de temps nous avons marché, mais cela m'a paru terriblement long… parce qu'à ce moment-là nous étions déshydratés et sous-alimentés, nos os et articulations craquaient de partout d'être restés si longtemps assis dans ces wagons à bestiaux – et de toute manière, nous n'étions pas au meilleur de notre forme. »[99]

Une partie de nos lourds bagages et les provisions sont amenés au camp par camions. Les vieux, les malades et les enfants très jeunes auraient dû emprunter le même moyen de transport, mais il n'y a pas assez de camions pour tout le monde ; de surcroît, la plupart des places disponibles sont prises par nos dirigeants bien portants. Je me rappelle, une fois encore, mon père qui claudiquait avec sa jambe raide et moi qui essayais de suivre, terrifié par les gardes SS et les chiens tirant sur leur laisse. La route, rectiligne, traverse une forêt interminable. Quelque part derrière les arbres, nous

---

[98] Anonyme, p. 9.
[99] Jacobs, interview.

entendons des hommes crier et des coups de fusil. Je sais maintenant que ce n'était que des exercices de l'armée allemande, mais à l'époque ces bruits semblaient augurer des choses beaucoup plus inquiétantes.

Je ne me rappelle que vaguement ce que j'ai ressenti à notre arrivée au camp, mais les récits d'autres membres du groupe ont fait remonter en moi beaucoup de souvenirs. Quand elle se remémore les principales caractéristiques du camp, Judy Jacobs se souvient surtout de son sentiment d'être prise au piège à jamais : « C'était le stéréotype d'un camp – les baraquements longs et étroits, les barbelés, les séparations entre les différents camps, les mines entre les grillages en barbelés pour s'assurer qu'aucun évadé potentiel n'ait la moindre chance, le moindre espoir d'aller où que ce soit. »[100] Les remarques sarcastiques de Willy, l'auteur inconnu, ravivent ce sentiment d'isolement, cette sensation de claustrophobie que je partageais, dans les limites de mon ignorance, avec les adultes : « Les voilà, à Bergen-Belsen, ces personnalités juives si intelligentes, dans un camp entouré de gardes, de clôtures électrifiées, de miradors avec projecteurs et mitrailleuses, et pas un bruit, pas un souffle de leur part ne pouvait atteindre le monde extérieur. »[101] Malgré toutes nos craintes, nous avions quitté la Hongrie convaincus d'être en route pour la Palestine et certains étaient si confiants qu'ils jetaient des pains entiers à travers les grillages aux autres détenus qui nous regardaient arriver. Cependant, pour la majorité, Bergen-Belsen avait l'air très différent de la Terre promise et même moi, malgré mes idées très vagues de la Palestine, j'étais extrêmement déçu. Edith Goldstein exprime ce choc avec éloquence :

> « Lorsque, au terme d'une marche, nous sommes arrivés à Bergen-Belsen, une barrière s'est levée, nous l'avons franchie et elle s'est refermée derrière nous. Ensuite, il y en eut une autre, puis une autre encore. Et nous avons réalisé qu'il n'y avait aucun moyen de sortir de là, que nous ne sortirions plus jamais. La fin ! C'était la fin ! Ils nous avaient trompés et nous avons compris que c'était la fin. »[102]

Apprendre que d'autres groupes, avant le nôtre, censés partir dans les quinze jours, étaient toujours là au bout de onze mois n'a pas amélioré notre moral.

Notre quartier est à environ 500 mètres de l'entrée principale, entre le « camp des prisonniers » et le « camp spécial », d'un côté, et le camp de

---

100 Jacobs, interview.

101 Inconnu, p. 2.

102 Goldstein, p. 11.

l'étoile, de l'autre. Les détenus du « camp des prisonniers » sont les plus mal en point. Edith Goldstein décrit bien notre état d'esprit, lorsque nous passons devant ces gens sur le point de mourir d'inanition et d'épuisement. On les appelle les *Muselmänner* dans l'argot concentrationnaire, peut-être parce qu'ils se tiennent courbés, à l'image des musulmans en prière qui se prosternent pour exprimer leur soumission au destin. « Nous avons rencontré des *Muselmänner* ; ils n'avaient que la peau sur les os... Et nous avons réalisé que très bientôt nous leur ressemblerions, que c'est le sort qui nous attendait. »[103] Miriam Buck mentionne aussi l'état pitoyable de ces prisonniers : « c'était des morts vivants aux orbites enfoncées et au teint grisâtre, qui avaient la mort inscrite sur leur visage »[104].

Arrivés dans notre propre camp, on nous ordonne de nous mettre en rangs entre les deux baraquements. Un bureau avec une machine à écrire est installé à l'extérieur et certains d'entre nous préparent un registre. Il reste quelques incertitudes sur la taille exacte de notre groupe. Kasztner écrit que 1 684 passagers ont quitté Budapest et, en général, on suppose tacitement qu'il y en a autant qui ont été sauvés de Bergen-Belsen. En fait, on ignore le nombre précis de personnes qui étaient à bord du train au début du voyage, mais l'on sait que 1 670 environ sont arrivées en Suisse. Il est à peu près sûr en tout cas qu'à notre arrivée au camp, nous étions 1 684[105]. Pour être inscrits sur le registre, nous ne devons fournir aucune preuve d'identité ; nous devons juste décliner nos nom, date de naissance, nationalité et profession.

Comme nous allons le découvrir le moment venu, la nationalité aura une importance majeure. Au cours des négociations avec les SS, le Vaada nous a tous présentés comme hongrois, ce qui était une condition essentielle pour respecter les procédures bureaucratiques allemandes, complètement absurdes au milieu de la terreur la plus arbitraire. En réalité, plus d'un tiers d'entre nous ne sont pas à proprement parler hongrois. Certains possèdent plusieurs nationalités, suite aux déplacements de frontières survenus après la Première Guerre mondiale, tandis que d'autres sont des fugitifs de pays voisins avec de faux papiers. Dans un article très détaillé, Ann Pasternak Slater dénombre, sur une liste de 1 350[106] personnes, 5 Autrichiens, 23 Italiens, 33 Polonais, 48 Yougoslaves, 115 Tchèques et

[103] *Ibid.*, p. 12.
[104] Buck, p. 4.
[105] Voir Kasztner, *Bericht*, p. 133-134 ; Kolb, Jenö, du 2 au 4 août ; Wenck, p. 297. Eberhard Kolb cite le nombre de 1 683, et Szita, p. 91, parle de 1 683 à 1 685.
[106] Pasternak Slater, p. 13-14, à partir du site KasztnerMemorial.com.

173 Roumains. Et la totalité des 1 684 compte encore davantage de non-Hongrois.

Les dirigeants ont fait passer le mot d'ordre de se déclarer Hongrois. Néanmoins, certains hésitent. Dans l'important contingent de Transylvaniens, beaucoup se considèrent comme Roumains, et il y a pas mal de spéculations et d'inquiétudes. Shaul Ladány raconte : « Je n'oublierai jamais les discussions et débats passionnés lorsqu'il a fallu décider quelle nationalité déclarer. »[107] Je me souviens aussi des hésitations de mon père. Finalement, soit grâce à un nouveau pari salutaire, soit parce que la force du nombre procure un faux sentiment de sécurité, il opte pour la nationalité hongroise. C'est sans doute un élément – parmi d'autres – qui au bout du compte nous sauvera la vie.

Le lendemain de notre arrivée, Jenő Kolb, dans son journal, inventorie 972 femmes ou jeunes filles et 712 hommes ou jeunes garçons, dont environ 320 enfants de tous âges, du nourrisson jusqu'à quatorze ans[108]. Selon Thomas Rahe, 17 % pour cent (environ 285) sont des enfants en dessous de quatorze ans, 36 % (environ 600), des hommes et 47 % (environ 800), des femmes[109]. Beaucoup d'enfants sont des orphelins, pris en charge par des membres de leur famille, des amis de leurs parents défunts, des représentants d'organisations religieuses ou politiques, ou encore des étrangers pris de pitié quand ils les ont vus être déposés dans le train, puis livrés à eux-mêmes. Pour Pasternak Slater, il y avait un « équilibre scrupuleusement respecté » entre les tranches d'âge, qui privilégiait le sauvetage des enfants et des jeunes adultes. Dans son classement par décennies, dont le total n'égale pas tout à fait 1 684, elle compte 60 enfants de moins de trois ans, 213 entre 4 et 14, 362 entre 15 et 24, 310 entre 25 et 34, 270 entre 35 et 44, 221 entre 45 et 54, 130 entre 55 et 64, 50 entre 65 et 74 et 11 entre 75 et 82[110].

L'éventail des professions est également très large, même si l'inventaire est aussi peu fiable que celui des noms, pour les mêmes raisons d'ailleurs. Pour ne donner qu'un exemple, le site internet de Egon Mayer présente mon père comme un « fermier »[111], ce qu'il n'a jamais été. J'imagine qu'il s'est déclaré comme tel, parce qu'il supposait qu'en faisant

[107] Ladány, p. 38.

[108] Kolb, Jenő, 10 juillet. Le journal de Jenő Kolb est le document le plus important sur le groupe à avoir été rédigé dans le camp. Kolb n'est pas seulement un observateur avisé, il est aussi un acteur de nombre d'événements qu'il rapporte. La richesse de ce journal, écrit sur le vif, en fait un témoignage capital sur notre vie quotidienne. Pour les recherches historiques sur le groupe à Bergen-Belsen, cf. Thomas Rahe et Alexandra Wenck.

[109] Rahe, 1994, p. 5-6.

[110] Pasternak Slater, p. 13.

[111] Mayer, KasztnerMemorial.com.

partie d'un groupe de pionniers projetant de créer, dans le désert, le nouvel État d'Israël, un fermier semblerait plus précieux qu'un petit homme d'affaires. Une sélection tirée de la compilation de Pasternak Slater offre un aperçu de cette diversité : 187 femmes au foyer, 139 étudiants, 113 employés, 84 marchands, 77 couturiers ou couturières, 40 ouvriers ou manœuvres, 36 juristes, 35 médecins, 32 écoliers, 27 enseignants, 25 tailleurs, 18 infirmières, 17 rabbins, 16 ingénieurs, 12 jardiniers, 12 pharmaciens, 10 secrétaires, 9 professeurs d'université, 7 serruriers, 7 modistes, 7 mécaniciens, 7 coiffeurs, 5 industriels, 5 fleuristes, 5 électriciens, 4 imprimeurs, 4 économistes, 4 dentistes, 4 horlogers, 3 fourreurs, 3 architectes, 3 cordonniers, 3 peintres, 3 charpentiers, 2 comptables, 2 boulangers, 2 cuisiniers, 2 comédiens, 2 photographes, 1 tisserand, 1 vitrier, 1 chanteur, 1 ébéniste, 1 boucher, 1 entrepreneur, 1 agronome, 1 musicien, 1 exportateur, 1 confiseur, 1 gantier, 1 journaliste, 1 forgeron, 1 ergothérapeute, 1 artiste, 1 traducteur, 1 bibliothécaire, et beaucoup d'autres[112].

En vertu des critères de sélection du Vaada, le groupe comprend beaucoup de dirigeants religieux ou politiques des communautés juives disparues, ainsi que leurs familles. Bien que les néologues soient majoritaires, il y a une forte composante orthodoxe – voire ultra-orthodoxe – que Jenő Kolb évalue à 126 personnes. Le sionisme, toutes tendances confondues, de l'extrême droite à l'extrême gauche, représente le courant politique le plus actif. Kolb dénombre 199 sionistes de Transylvanie et 230 de Budapest[113]. Comme je l'ai déjà signalé, les affaires internes au groupe sont gérées par les sionistes selon leurs convictions politiques – pas toujours avec l'approbation des autres.

C'est ce groupe hétéroclite qui fait la queue, ce 9 juillet 1944, à Bergen-Belsen, pour se faire enregistrer. Ce n'est pas drôle, mais au moins une file bien pire, suivie ailleurs par des centaines de milliers pour se faire tatouer un numéro sur l'avant-bras, nous est épargnée.

L'enregistrement terminé, nos dirigeants nous mènent à nos quartiers. Ils se composent de deux longs baraquements en bois, divisés en un certain nombre de grandes pièces au sol en béton, avec de toutes petites fenêtres et des lits superposés à trois étages disposés en carrés très serrés. Malgré des consignes données à la hâte, se trouver une place où dormir se déroulera dans une mêlée générale. Les gens se poussent, se bousculent pour s'emparer du lit – du bas, du milieu, du haut – qui leur paraît le plus confortable.

---

112 Pasternak Slater, p. 13-15.

113 Kolb, Jenö, du 2 au 4 août.

Certains clans ou familles, arrivés en premier, se sont réservé tellement de places que les autres sont obligés de prendre l'espace qui leur revient par la force.

Les mémoires anonymes, *Die Deportation nach Bergen-Belsen*, accusent en particulier le groupe hégémonique des sionistes de Kolozsvár de s'être approprié pour eux-mêmes et leurs amis de Transylvanie plus de places que celles auxquelles ils ont droit[114]. Les baraquements sont sombres, froids et malodorants. Comme nous le découvrons bientôt, ils sont aussi infestés de punaises de lit, de poux et de puces. Le commentaire de Willy peut sembler amusant rétrospectivement, mais l'expérience est loin de l'être : « Dans les baraquements, des centaines de milliers de puces affamées nous attendaient. Elles se ruaient sur nos corps encore bien rembourrés et se glissèrent dans tout. Lutter contre elles était vain. Elles restèrent toujours majoritaires et eurent donc le dessus. »[115] Miriam Buck résume nos impressions à l'arrivée, qui ne se sont pas améliorées avec le temps : « Pas de couleur, pas de beauté, pas de confort, pas le moindre espace où se sentir chez soi… Être confiné dans cet espace froid et nu était presque aussi pénible que le manque de nourriture. L'un rongeait nos corps, l'autre nos âmes. »[116]

Vers 20 h, on nous ordonne de nous rassembler entre les deux baraquements pour le *Zählappell*, le premier des quelque 150 appels que nous devrons subir. À l'exception des personnes gravement malades, tout le monde – hommes, femmes, enfants, vieillards, nourrissons – doit se mettre en rang par cinq, et attendre d'être compté. Nous avons reçu un peu de pain et un ersatz de café, mais avons encore faim. Nous sommes épuisés par le long voyage dans les wagons à bestiaux. Nous sommes déboussolés et effrayés. Alors que nous attendons, un orage éclate et nous sommes trempés de la tête aux pieds. Les officiers SS qui, soit cherchent à nous harceler, soit ne savent vraiment pas compter, nous comptent et nous recomptent encore et encore. L'épreuve dure jusqu'à 22 h ; on nous autorise alors enfin à rejoindre nos lits.

Pour chacun d'entre nous, ces appels demeurent l'une des expériences les plus traumatisantes. Les souvenirs d'Ervin Heilper sont très semblables aux miens : « Le *Zählappell* durait des heures. Ils nous comptaient jusqu'à ce que nos jambes ne nous portent plus. Et tant que le nombre n'était pas juste, nous devions rester là. Puis il commença à pleuvoir. C'était assez

[114] Anonyme, p. 10.
[115] Inconnu, p. 2.
[116] Buck, p. 4.

dur, mais pas trop… au regard de ce qui aurait pu nous arriver dans un autre camp. »[117] En effet, comparées aux épreuves endurées par les détenus dans d'autres camps, nos souffrances sont relativement légères. Néanmoins, ce premier appel – et tous ceux qui allaient se succéder jour après jour – nous démoralise profondément. Mme Tiborné Adler raconte : « Ils nous comptaient comme du bétail. C'était humiliant d'être traités comme des numéros, ce que nous étions bien évidemment à leurs yeux. »[118]

En tant que marchandise de valeur, notre groupe est relativement bien loti, à l'instar des détenus du « camp des neutres » et du « camp spécial ». Les prisonniers du camp de l'étoile, qui ne constituent pas une monnaie d'échange très prometteuse aux yeux des nazis, connaissent un sort beaucoup plus difficile. Ils sont autorisés à porter des vêtements civils, mais sont stigmatisés par l'étoile jaune ; ils sont plus mal nourris et contraints à des travaux d'esclaves – déraciner des arbres, creuser des tranchées, assurer les corvées à la cuisine et, surtout, démonter des millions de chaussures pour récupérer le cuir –, le tout sous les hurlements et les coups des soldats SS et des kapos juifs. Les détenus du « camp de prisonniers » sont les plus mal lotis. Ils portent des uniformes de condamnés et sont systématiquement sous-alimentés et forcés de travailler jusqu'à en mourir.

Nous groupe aura la chance de souffrir moins que la plupart des autres durant les cinq mois de notre séjour, et lorsque nous partirons pour la Suisse, au début du mois de décembre, les épreuves les plus mortelles sont encore à venir pour les milliers de détenus laissés derrière nous. Néanmoins, nous retrouver derrière les barbelés de Bergen-Belsen plutôt que sur la route de la Palestine nous laisse en état de choc et nous plonge dans un profond désarroi.

[117] Heilper, p. 20.
[118] Adler, Tiborné, p. 9.

Chapitre 8

La vie dans le camp des privilégiés

Confort matériel

Étant donné notre valeur marchande aux yeux des Allemands, nous sommes mieux traités que la plupart des autres détenus de Bergen-Belsen. Autorisés à conserver nos vêtements personnels, nous ne sommes pas obligés de porter l'uniforme de prisonnier ni l'étoile jaune. Hormis l'entretien de notre camp, nous sommes dispensés de travailler. Régulièrement nous nous rendons aux douches, que petit à petit nous avons cessé de craindre, même si les femmes ne réussiront jamais à surmonter leur gêne d'être surveillées par des soldats allemands. Nous sommes relativement bien nourris et pouvons nous livrer à certaines activités culturelles ou religieuses. Responsables de notre propre administration interne, le harcèlement constant des gardes SS ou des kapos juifs nous est épargné. Les hommes et les femmes dorment dans des baraquements séparés, mais les familles peuvent rester ensemble pendant la journée. Malgré cela, les cinq mois passés à Bergen-Belsen n'auront rien d'un séjour à la campagne.

Nos journées sont planifiées avec minutie. On nous réveille à 6 h du matin et les cantiniers nous apportent le petit-déjeuner à 7. Après le rangement des baraquements et de la cour, nous devons nous tenir prêts pour le *Zählappell* susceptible de survenir à tout moment entre 9 h 30 et 11 h 30, voire plus tard. Après le déjeuner, prévu entre 11 h 30 et 12 h 30, nous avons quartier libre jusqu'au dîner, à 17 ou 18 h. L'heure du coucher est fixée à 21 h et l'extinction des feux, à 22 h[119]. Ce rythme est parfois perturbé, lorsque l'appel se prolonge ou lorsque des avions alliés survolent le camp pour aller bombarder des villes allemandes. Dans ce cas, nous avons l'ordre de rentrer dans les baraquements, sans doute pour nous gâcher le

[119] Anonyme, p. 12.

plaisir de voir nos amis dans le ciel. Mais, dans l'ensemble, cet emploi du temps se répète jour après jour avec une monotonie démoralisante.

Chaque matin, pour le *Zählappell* tant redouté, nous devons sortir des baraques, former cinq rangs et attendre debout que les gardes aient fini de nous compter et soient satisfaits du résultat. Cela peut prendre deux ou trois heures et, en cas d'erreur, ce qui arrive souvent, ils recommencent. Selon leur humeur ou leur personnalité, ils s'acquittent de cette tâche tantôt avec calme et efficacité, tantôt en jurant et nous insultant. Déjà pénible au départ, ce rituel devient de plus en plus difficile à supporter à mesure que le temps et notre état se détériorent. Tous les membres du groupe s'en souviennent avec horreur, mais c'est probablement George Brief qui l'exprime le mieux. Dans son « inventaire des souvenirs affreux », l'appel vient « juste après les wagons à bestiaux » :

> « Ils nous alignaient dans la cour, entourée de miradors, de SS et de gardiens, et l'on devait rester debout et attendre, qu'il pleuve ou même qu'il neige, on devait rester debout et attendre jusqu'à ce que les officiers SS passent pour compter les prisonniers, comme s'il y avait moyen de s'échapper de là. Et, dans mon souvenir du moins, c'était incroyablement long, incroyablement pénible, froid et menaçant. »[120]

Pour moi, le mot *Zählappell* évoque des jambes lourdes, un vent du nord impitoyable qui s'insinue dans nos vêtements trempés, une légère crainte et un ennui sans fin. Non que l'autorisation de pouvoir enfin rentrer dans nos quartiers m'apporte beaucoup de réconfort.

Nous sommes entassés, tous les 1 684, dans les baraquements n° 10 et n° 11. Ils sont divisés en huit grandes pièces. Dans le baraquement n° 10, trois d'entre elles sont réservées au « camp spécial » des Polonais. Cela nous laisse en tout treize pièces de 180 mètres carrés chacune, ce qui aurait dû revenir à 130 personnes par pièce, avec 1,4 mètre carré d'espace vital par tête. En réalité, nous sommes plus serrés encore, parce que certaines pièces sont destinées à d'autres fonctions. L'une sert de bureau à nos dirigeants, d'entrepôt pour les vêtements, les réserves de nourriture et de médicaments, ainsi que d'infirmerie. Dans une autre, il y a plusieurs tuyaux en plomb perforés, d'où s'écoule un filet d'eau froide, où nous pouvons nous laver et faire notre lessive. Nos chefs, leurs familles et amis, soit seulement soixante-dix personnes en tout, résident dans une troisième. En conséquence, les dix pièces restantes doivent contenir jusqu'à cent soixante individus.

---

[120] Brief, interview.

Dans la mesure du possible, les personnes de même origine géographique ou d'opinions politiques ou de tendances religieuses similaires logent ensemble. Les hommes et les femmes sont séparés, quoique souvent les jeunes ne respectent pas cette règle. J'ai le vague souvenir d'avoir occupé le baraquement 10 B, ce qui semble concorder avec le fait que les hommes et les garçons de Kolozsvár étaient rassemblés dans les dortoirs A et B.

Dans chaque pièce, des groupes de quatre lits à trois étages, avec un passage étroit entre eux, occupent l'essentiel de l'espace. À proximité de l'entrée, il y a une table avec quelques chaises et, à l'arrière, un seul WC, que nous sommes tous obligés d'utiliser après la tombée de la nuit, lorsqu'il nous est formellement interdit, sous peine de mort, de sortir pour gagner les latrines, 60 mètres plus loin. Du mirador le plus proche, situé juste à l'extérieur de la clôture d'enceinte, à côté des latrines, un soldat, armé d'une mitrailleuse, nous surveille constamment avec ses jumelles. Le projecteur qui balaie les baraquements du crépuscule à l'aube est particulièrement lugubre. Les souvenirs d'Edith Goldstein sur ce que signifie vivre dans de telles conditions sont très proches des miens :

> « Je dormais dans la couchette supérieure sous le toit incliné. Il était impossible de s'y tenir assis… Il n'y avait ni lumière ni air. Lorsqu'il se mettait à pleuvoir, la pluie s'infiltrait et dégoulinait directement sur mon lit. Je plaçais mon écuelle à l'endroit où la pluie tombait, mais alors elle se mettait à couler ailleurs… À la fin, nos affaires moisissaient. Pas moyen de les aérer, car si j'avais fait sécher quelque chose à l'extérieur, on l'aurait volé aussitôt… Devant les toilettes, il y avait des queues interminables. Les gens étaient frigorifiés et si quelqu'un devait attendre son tour trop longtemps, ça chauffait. »[121]

Dans son journal, Jenő Kolb réussit à restituer en deux tableaux l'ambiance dans les baraques, la nuit. Le premier décrit les différents bruits produits par les dormeurs : « Ils crient, gémissent, parlent, grincent des dents, rient, donnent des ordres… se plaignent, soufflent, ronflent. » Le second fait allusion à notre état de santé de plus en plus déplorable : « Tous respirent différemment et lorsqu'ils se rendent aux latrines, on peut les reconnaître aux sons de leurs fluides, à leurs pas traînants pour y aller, après la soupe. Ce ne sont que des squelettes aux intestins distendus par les gaz et aux vessies enflammées. »[122]

[121] Goldstein, p. 12-13.

[122] Kolb, Jenő, 11 et 21 novembre.

La description par Szidonia Devecseri d'une nuit typique dans son baraquement serait hilarante, si les circonstances n'étaient aussi pénibles. L'épouse du rabbin essaie en vain d'empêcher ses enfants, âgés de 4 et 8 ans, de se battre sur son lit. Ses voisins, réveillés par le vacarme, les injurient. Une femme se met à hurler, parce qu'une souris vient de lui courir sur le visage. Des punaises de lit tombent de couchette en couchette. Une autre dame crie, parce que le petit garçon qui dort au-dessus d'elle a renversé le pot de confiture qui lui sert de pot de chambre. Quelqu'un a la coqueluche. Un gamin supplie sa mère de ne pas le taper parce qu'il a mouillé le lit qu'ils partagent. Elle le frappe malgré tout et il se met à pousser des cris perçants. Une ancienne danseuse de boîte de nuit raconte des histoires salées sur ses anciennes collègues à la professeur de langues, une Juive orthodoxe très distinguée, qui ne sait si elle doit se boucher les oreilles ou éclater de rire. Une femme riche et égoïste a pendu ses vêtements à tous les clous disponibles, n'en laissant aucun pour les autres. Le passage s'achève sur ces mots : « Vingt-quatre heures sur vingt-quatre, il n'y a pas une minute de silence. Au petit matin, le bruit a quelque peu diminué, et j'ai le cœur brisé en songeant aux souffrances bien plus terribles qu'endurent les personnes déportées ailleurs, dont nos êtres chers. »[123]

J'ai, moi aussi, des souvenirs de telles nuits, dont celle où je déclencherai la fureur de l'homme, allongé sur la couchette en dessous de la mienne, lorsque, à mon tour, je l'arroserai avec le contenu de mon pot de confiture. Je me rappelle les lits étroits, superposés jusqu'au plafond, les ampoules nues qui éclairent à peine, les paillasses bosselées, les couvertures rêches dont la rumeur prétendait qu'elles étaient fabriquées avec des cheveux humains. Je me rappelle les punaises et les poux, les reniflements, les toux, les rots, les pets, les soupirs, les gémissements et les hurlements, les disputes à voix basse et les cris d'injures soudains, le bruit constant de la chasse d'eau, le tintement des pots de confiture qui se remplissent, le toit qui fuit, le vent qui rugit dans les fissures des murs, le faisceau du projecteur qui balaie la petite fenêtre à intervalles réguliers, les cris des hommes, les aboiements des chiens au loin. Je me revois allongé dans le froid, l'humidité, l'obscurité et la puanteur. Mais, contrairement aux adultes, je ne me souviens pas d'avoir pensé que nous vivions dans des conditions inhumaines.

Près de la clôture d'enceinte, il y a deux latrines : l'une pour les hommes, l'autre pour les femmes, sur lesquelles donne un mirador. Le papier toilette

[123] Devecseri, Szidonia, p. 37.

est rare et nous devons nous débrouiller avec des pages de livres arrachées ou des bouts d'emballage. Dans le ghetto de Kolozsvár, j'avais déjà surmonté ma gêne d'aller aux latrines en même temps que des dizaines de gens, mais, pour beaucoup, l'expérience demeure traumatisante. J'ignore comment, mais un plant de tomates a réussi à pousser près des latrines à l'extérieur de la clôture. Bien qu'il soit mort longtemps avant notre départ du camp, on y voit un rare signe d'espoir dans cette morosité générale. Shaul Ladány, entre autres, est frappé par cette incongruité : « Je n'oublierai jamais les latrines et leur puanteur, ni le plant de tomates qui poussait à l'extérieur de la clôture à haute tension. »[124]

À la souffrance de vivre dans ces baraquements s'ajoute celle de la faim. Comme ration quotidienne, les Allemands nous donnent environ 330 gr de pain, 15 gr de margarine, 25 gr de confiture, un litre de soupe, 1,5 litre d'ersatz de café et, parfois, quelques morceaux de fromage ou de saucisse. Les enfants de moins de quatorze ans reçoivent des rations supplémentaires et un peu de lait[125]. Nos provisions les complètent, mais elles sont loin de suffire à nos besoins. Pour couronner le tout, avec le temps, les rations comme nos propres réserves s'amenuisent.

Par sa forme et son poids, le pain gris que nous recevons tient de la brique. Les 330 grammes quotidiens peuvent paraître généreux, mais les morceaux, très lourds, ont une valeur nutritive minimale. Certains les divisent en parts égales pour la semaine entière, tandis que d'autres n'ont pas la force d'attendre et les mangent en deux ou trois jours. Il y a des débats scientifiques pour savoir si deux tranches épaisses sont plus nourrissantes que trois fines. On utilise une règle pour garantir l'exactitude. À mesure que la faim augmente, ce pain, tel qu'il est, nous paraît de plus en plus appétissant. Pour Ági Hendell, il est « fait dc boue et de sciure de bois », mais c'est « la meilleure chose que vous ayez jamais goûtée dans votre vie »[126]. Nos dirigeants prélèvent une part de notre ration pour constituer des réserves en cas d'urgence et, afin qu'ils restent frais, remplacent régulièrement les anciens pains par de nouveaux.

Le café, servi au petit-déjeuner le matin très tôt et au dîner, en fin d'après-midi, est fait à partir d'un succédané inconnu. J'entends encore l'un des fonctionnaires officieux de notre baraquement, Jenő Tyroler, criant deux fois par jour : « Café ! Tout le monde en rang ! » On s'exécute, mais ce que l'on nous sert n'a pas grand-chose à voir avec du café, si ce

124 Ladány, p. 38.
125 Anonyme, p. 11-12.
126 Hendell, interview.

n'est la couleur. Pour résumer ce que nous pensons tous, Ben Hersch le qualifie « d'eau noire, parfois chaude, parfois pas – elle n'a pas mauvais goût, elle n'en a tout simplement pas »[127].

La soupe quotidienne arrive de la cuisine du camp dans des marmites de 25 ou 50 litres. Elle se compose de navets non pelés, de betteraves fourragères et de divers autres tubercules et racines que nous n'avons jamais vus, sauf peut-être pour nourrir le bétail. « Nous recevions des trucs qu'on donne aux animaux – je ne sais même pas comment cela s'appelle en anglais. Ils étaient coupés en petits morceaux et encore pleins de terre – ils n'étaient même pas lavés –, voilà ce qu'on nous servait. Mais il fallait bien que l'on mange quelque chose », se souvient Olga Munk[128]. Les bons jours, des pelures de pommes de terre et parfois même de vraies pommes de terre surnagent dans ce brouet. Les jours les plus fastes, quelques bouts de viande surnagent parmi les légumes.

Au début, on était incapable d'avaler cette soupe. On la laissait dans les marmites, on la jetait ou l'on essayait de la passer à nos voisins moins bien lotis, de l'autre côté des barbelés. Mais avec la faim grandissante, nous sommes trop heureux de l'avoir. Edith Goldstein observe avec une pointe de sarcasme : « Au départ, personne ne voulait boire cette mixture. C'était bon pour les cochons, pas pour des êtres humains. Un ou deux jours plus tard, nous faisions tous la queue pour en avoir. »[129] Comme tout le monde, je meurs de faim, mais il y a certains légumes – un genre de navet et une variété de betterave en particulier – que je suis vraiment incapable d'avaler. À la place, mon père me donne une bonne part de sa propre ration.

La distribution de nourriture entraîne toujours de grands conflits. « La malnutrition et la faim permanente rendaient tout le monde irritable et un mot innocent suffisait à déclencher une dispute, même entre amis », écrit l'auteur anonyme de *Die Deportation nach Bergen-Belsen*[130]. Dans son journal, Kolb rapporte les scènes quotidiennes « de tumulte, de confusion, de cris et de bagarres inimaginables pour une assiette de légumes avec quelques rares bouts de viande »[131]. Les souvenirs de Jack Gross sont aussi vifs qu'exacts :

> « Des bagarres éclataient, par exemple, lorsqu'on faisait la queue pour recevoir dans notre écuelle la bouillie de midi et les gens avaient tellement faim

[127] Hersch, interview.
[128] Munk, interview.
[129] Goldstein, p. 13.
[130] Anonyme, p. 23.
[131] Kolb, Jenő, 18 juillet.

qu'ils en venaient à se battre. “Tu lui en donnes plus ! Tu m'as donné moins ! Pourquoi tu l'as mieux servi ? Pourquoi tu le favorises ?” Et ils s'arrachaient mutuellement les choses des mains, et parfois même se volaient. »[132]

Obéissant aux lois de la gravité, les éléments solides restent au fond des marmites. Du coup, chacun veut être servi le plus tard possible, et les bousculades dégénèrent de temps à autre en véritables pugilats. Mais ces explosions de violence momentanées sont moins graves que l'amertume qu'engendre la corruption à grande échelle. L'auteur en colère de *Die Deportation nach Bergen-Belsen* notamment prétend que ceux qui apportent la nourriture, en plus de leurs rations supplémentaires, volent tous les jours entre 30 et 40 litres de soupe, avec la complicité de nos dirigeants, qui eux-mêmes détournent des vivres et permettent aux tailleurs et aux cordonniers de se faire payer très cher en nature leurs indispensables services[133]. Tous ces détails m'échappent, mais, plus d'une fois, j'ai assisté à des bagarres pour de la nourriture et je me souviens de ma stupéfaction, mêlée de fascination, la première fois que j'ai vu le visage ensanglanté d'un éminent avocat après un tel affrontement.

William Stern, qui était un enfant à l'époque, illustre en deux scènes émouvantes comment la faim peut engendrer honte et humiliation. À un moment donné, il raconte sa surprise de voir « un homme respectable, jadis très riche… se lécher les doigts avec lesquels il avait raclé le fond de la marmite, parce que les rations distribuées à chacun ne lui suffisaient manifestement pas ». Ailleurs, il décrit son « profond sentiment de culpabilité » lorsque, courant entre les baraquements pour amener à son père les sandwiches que sa mère avait préparés, « je léchais en catimini un peu de confiture pour satisfaire mon besoin irrésistible de manger quelque chose de sucré, puis tentais d'étaler sur le pain ce qui restait ».[134]

Un jour, quinze barils de moules avariées sont déversés devant les baraquements. Les gens se déchaînent, prenant des poignées de mollusques poisseux et les fourrant dans leurs poches pour les manger loin de la mêlée, avant de retourner se servir. Bien que, selon la formule de Kolb, l'odeur de ce festin exotique soit « aussi nauséabonde qu'un bord de mer à marée basse »[135], je meurs d'envie d'y participer, mais mon père me l'interdit de peur d'une intoxication alimentaire.

---

[132] Gross, interview.
[133] Anonyme, p. 21.
[134] Stern, interview.
[135] Kolb, Jenő, 30-31 octobre.

Avec la faim permanente, la nourriture devient une obsession. La journée, nous ne cessons de parler des grands repas que nous avons pris ou de ceux que nous mangerons dès notre retour à la civilisation ; et la nuit, nous en rêvons. On s'échange des recettes de plats somptueux et l'on accommode certaines de nos rations avec beaucoup d'ingéniosité. Avec le pain, la margarine et la confiture, on se prépare de délicieux « gâteaux » pour les anniversaires et les principales fêtes juives. En revanche, se rappelle Emanuel Mandel, il n'est pas certain qu'« extraire quelques pommes de terre de la soupe et en faire une sorte de salade pour garnir le pain » ait donné des « sandwiches plus nourrissants que si on s'était contenté de la boire »[136].

Les fumeurs souffrent plus que les autres des privations. De temps en temps, nos rations comprennent des cigarettes, mais jamais en quantité suffisante. D'interminables discussions se tiennent pour savoir si les non-fumeurs ont droit aux mêmes quotas que les fumeurs, ou les femmes que les hommes. Une fois, la répartition proposée par nos dirigeants faillit provoquer une révolution. Certains fument des cigarettes reconstituées à partir de vieux mégots, d'autres essaient d'utiliser des feuilles de thé. Les plus dépendants vendent des aliments et des affaires essentiels contre des cigarettes.

Au début, tout commence par du simple troc qui, très vite, se transforme en une économie complexe, calquée sur celle en vigueur dans le monde extérieur. Les biens et les services sont échangés contre d'autres, ou contre des reconnaissances de dettes en dollars américains ou en francs suisses, à rembourser après notre hypothétique libération. Il y a des montées en flèche et des chutes de prix brutales, de l'inflation et de la déflation, des intermédiaires, des agents et des courtiers qui font de plantureux profits. Et les cigarettes sont la monnaie commune.

Malgré les variations de prix, cet extrait du tableau tarifaire dressé par Miriam Buck donne une bonne idée de la valeur marchande des cigarettes et de ce qu'elles permettent d'acquérir[137] :

4 feuilles de papier toilette	1 cigarette
1 dîner	1-2 cigarettes
1 déjeuner	3-4 cigarettes
1 oignon	3 cigarettes
1 boîte de conserve de tomates	5 cigarettes

136 Mandel, interview.
137 Buck, p. 10-11.

1 portion de beurre (30 gr)	8 cigarettes
1 paire de chaussettes en laine	25 cigarettes
1 pain (2 kg)	50 cigarettes
1 paire de chaussures pour femme	150 cigarettes
1 paire de chaussures pour homme	200 cigarettes
1 costume	270 cigarettes

Les tailleurs et les cordonniers tiennent une place prépondérante dans cette économie de services. Comme notre captivité se prolonge, nos habits et nos chaussures commencent à s'user. Beaucoup d'entre nous n'ont emmené que des affaires d'été, persuadés que l'on quittait Budapest pour l'Espagne et la Palestine. À mesure que le temps se refroidit et devient plus humide, les tailleurs et les cordonniers sont de plus en plus sollicités. Les vêtements d'hiver sont taillés dans des couvertures. Des semelles de bois sont façonnées à partir de planches, fournies par les Allemands ou ôtées des lits, puis attachées aux chaussures en piteux état par des lanières de cuir ou de métal découpé dans des boîtes de conserve. Moi-même, j'en ai eu une paire; je me souviens à quel point elles étaient rigides et me donnaient l'impression d'être grand quand j'essayais de les porter. Les artisans sont payés en cigarettes, nourriture et autres marchandises, par les clients, comme dans une entreprise privée, ou par les dirigeants, qui leur allouent des rations spéciales, transformant leur travail en une sorte d'industrie nationalisée. Il y a aussi des amateurs, des femmes qui révèlent des talents inattendus de stylistes. Elles fabriquent de nouveaux vêtements en cousant ensemble des morceaux de vieux tissus ou détricotant des pulls devenus inutilisables pour en confectionner de nouveaux avec la laine récupérée.

Être mieux nourris que la plupart des autres détenus ne nous met pas plus à l'abri de la faim; de même, être en meilleure santé n'empêche pas beaucoup d'entre nous de contracter diverses maladies, qui s'aggraveront avec le temps. Dans son journal, Kolb signale des rhumes et infections intestinales qui se déclarent dès le lendemain de notre arrivée à Bergen-Belsen, les évanouissements, la scarlatine, une hémorragie gastrique, un ulcère à l'estomac, des encéphalites, ainsi qu'une opération gynécologique en août et en septembre[138]. Szidonia Devecseri recense de plus en plus de cas de rougeole, de coqueluche et de problèmes d'estomac[139]. En outre, le

[138] Kolb, Jenő, 10 juillet; 6, 10-11, 28-30 août; 3-4, 13-20 septembre.
[139] Devecseri, Szidonia, p. 4.

groupe compte un certain nombre de malades mentaux. Un jeune garçon, appelé Gyuri Mező, en est l'exemple le plus notable. Il connaît les horaires des chemins de fer hongrois par cœur et les récite à la moindre provocation. Parmi les gens atteints de malformations, il y a deux bossus qui sont aussi des chanteurs liturgiques. Naturellement, les maladies ont des répercussions sur notre moral et sur les relations entre nous. Kolb à nouveau en donne des exemples révélateurs :

> « La plupart sont malades, maigres, affamés et nerveux. Je pense que David a développé des problèmes thyroïdiens à cause de la malnutrition. Ses yeux sont exorbités, il s'emporte facilement et quand il est énervé, il peut même devenir violent. Rosenberg aussi a eu ce genre de comportement, lorsqu'il s'est brouillé avec Federit, puis avec Neumann, mais son ulcère à l'estomac n'a fait qu'aggraver les choses. »[140]

Le manque d'hygiène entraîne des affections de la peau. Mon père et moi, comme beaucoup d'autres, avons attrapé la gale. Les démangeaisons permanentes m'empêchaient de dormir la nuit et me rendaient fou la journée, jusqu'à ce que le Dr Valérie Stark nous guérisse avec une pommade. Après nous avoir inspectés sous toutes les coutures, à mon grand embarras, elle nous recommandera de nous raser de la tête aux pieds. Je revois encore mon père aux prises avec un rasoir de sécurité à la lame émoussée, du savon sans mousse et de l'eau froide, pour suivre la prescription médicale.

Si les épidémies allaient faire rage après notre départ, nous n'avons connu aucune crise majeure. Lorsque la rougeole a commencé à contaminer les enfants et a menacé de toucher les adultes, les médecins ont réussi à la contenir, avant qu'elle ne fasse trop de victimes. Nous avons tous été vaccinés contre le choléra grâce au sérum que nous avions apporté avec nous. En revanche, il n'a pas été possible d'organiser une vaccination générale contre le typhus, parce que, bien que nous possédions le sérum, nous manquions d'alcool chirurgical. Par chance, le typhus, qui tuera des milliers de gens dans les derniers mois du camp, nous a été épargné.

Les services médicaux sont supervisés par un médecin SS, ayant le grade de capitaine. Hormis quelques désaccords ponctuels, il s'entend plutôt bien avec nos docteurs. Dans le camp de l'étoile, occupé par les Juifs hollandais, et contigu au nôtre, il y a une clinique rudimentaire. En dépit de l'interdiction absolue de communiquer entre les deux complexes, nous sommes autorisés à y aller pour nous faire soigner les dents et, dans quelques cas,

[140] Kolb, Jenő, 6 octobre.

des enfants y seront amenés pour être opérés par nos propres médecins. Les docteurs Kalocsay, Hermann et Schwartz, « aidés par le médecin SS », auraient effectué trois opérations de l'oreille moyenne et une des intestins[141].

Dans la mesure où le groupe sélectionné par le Vaada a été constitué de manière à représenter la communauté juive de Hongrie dans son ensemble, il n'est pas surprenant qu'il compte 35 médecins – certains de grande renommée comme le radiologue Ferenc Polgár, le généraliste Sándor Braun et l'ophtalmologue József Hamburg – ainsi que plusieurs pharmaciens. Nous avons aussi des stocks assez importants de fournitures médicales, quoique nous manquions d'équipement et de nombreux médicaments essentiels. Pour ma part, j'ai le souvenir d'un groupe en relative bonne santé, mais peut-être est-ce dû à l'ignorance d'un jeune garçon de onze ans relativement bien portant. Les adultes, conscients de la situation, et les malades, qui souffraient, devaient ressentir les choses tout à fait différemment.

« Surpeuplement, pénuries. De nombreux médecins, pas d'organisation… Difficultés pour recevoir des médicaments », voilà comment Kolb décrit dans son journal les conditions dans lesquelles les praticiens doivent travailler[142]. Néanmoins, beaucoup louent leur engagement, en particulier Judy Jacobs : « Les médecins faisaient de leur mieux pour prodiguer des soins, sachant que – la plupart du temps – il n'y avait ni matériel, ni médicament, ni instrument. »[143] L'attitude du père de Judy Jacobs, le Dr Adalbert Gondos, offre un exemple remarquable des trésors d'ingéniosité nécessaires dans de telles circonstances : « J'avais une infection à la jambe et il n'y avait pas d'antibiotiques ; mon père concocta une pommade sulfurée en mélangeant des pilules de soufre écrasées avec de la vaseline, et cela fonctionna. »[144] Olga Munk, dont le fils avait la dysenterie, rend hommage au dévouement du « merveilleux médecin » qui, au mépris des ordres stricts des Allemands, s'aventura hors de son baraquement, pour l'aider : « Il arriva de nuit, risquant sa tête pour voir mon enfant, lui administra les médicaments qu'il avait apportés, et mon fils survécut. »[145]

Les médecins avaient le pouvoir enviable de réquisitionner de la nourriture. Si, à leur avis, un patient avait besoin d'être mieux nourri, ils

---

141 Anonyme, p. 18.
142 Kolb, Jenő, 25 juillet.
143 Jacobs, interview.
144 *Ibid.*
145 Munk, interview.

pouvaient prescrire des rations supplémentaires. Cela eut sans doute un effet bénéfique sur certains malades, même si quelques-uns en abusèrent, à l'instar d'un jeune garçon de douze ans particulièrement malin. David Kohn fut cloué au lit durant trois semaines avec une grosse fièvre. Un médecin diagnostiqua un état d'extrême faiblesse générale et prescrivit une portion supplémentaire de semoule. David avouera par la suite qu'il s'était « rétabli assez rapidement, mais avait gardé le lit malgré tout »[146]. Quelques années plus tard, il deviendra mon demi-frère, après que des parents auront arrangé le mariage entre sa mère veuve et mon père.

J'eus, moi aussi, pendant quelque temps une poussée de fièvre et mon père craignait que ce ne fût un signe de tuberculose, maladie qui avait tué ma mère. Il prenait ma température deux fois par jour, et cassa plus d'un thermomètre dans l'opération. Homme d'honneur et non-fumeur, mon père remboursait les propriétaires avec des cigarettes, tandis que moi, j'imaginais avec tristesse la nourriture supplémentaire que l'on aurait pu acheter à la place, s'il ne s'était tant soucié des thermomètres.

Il va de soi que, dans un groupe de cette taille, il y aurait, au cours des cinq mois, des naissances et des morts. Trois personnes au moins mourront dans notre camp, et une femme médecin pratiquera un avortement sans le moindre instrument. Huit enfants naîtront – certains dans les baraquements, à la lumière des bougies durant des bombardements – en plus de celui qui vit le jour dans le wagon à bestiaux sur la route du camp[147]. Egon Mayer vivra dans le ventre de sa mère durant notre captivité et naîtra en Suisse en janvier 1945. Il deviendra un éminent professeur de sociologie à l'université de New York, le créateur du site « Kasztner Memorial » et l'auteur de plusieurs chapitres d'un livre sur Kasztner malheureusement interrompu par son décès, en 2004, des suites d'un cancer.

Comme dans d'autres camps de concentration, beaucoup de femmes de notre groupe cesseront d'avoir leurs règles pour des raisons psychologiques ou à cause de la malnutrition. À l'époque, je n'en ai pas conscience, soit parce que je suis trop jeune pour m'intéresser à cela, soit parce qu'on ne parle pas de ces choses-là en public. De toute façon, dans le quartier des hommes, où je vis avec mon père, ce problème n'a pas dû énormément occuper les conversations.

La séparation entre les hommes et les femmes dans les baraquements a certainement une incidence sur la vie sexuelle. À onze ans, je ne connais

---

[146] Kohn, p. 6.

[147] Kasztner parle de trois morts et huit naissances dans *Bericht*, p. 252.

rien non plus sur ce sujet et la plupart des autres témoins le passent en grande partie sous silence. Parmi les jeunes pionniers, filles et garçons logent parfois ensemble et quelques mémoires font de brèves allusions à leur mode de vie libéré. Je me souviens d'avoir entendu parler d'une surveillante SS qui avait piqué une crise de colère, avec injures, jet d'objets et coups à la clé, lorsqu'un après-midi elle trouva un homme dans la baraque des femmes. J'imagine aujourd'hui, quoique je n'en aie eu aucune idée alors, qu'elle avait dû les trouver ensemble dans un lit. Vers le début de notre séjour, Kolb écrit dans son journal : « Des jeunes hommes et femmes dorment ensemble la nuit. Il y aura beaucoup de naissances, car nous n'avons pas de contraceptifs. Les besoins sexuels s'expriment. On songe sérieusement à instituer un jour officiel pour le sexe. »[148] Plus tard, il fait allusion à ce qui se passe lors des raids aériens, quand les lumières sont éteintes : « En général, on passe les deux dernières heures dans l'obscurité totale – les discussions s'arrêtent, on se déshabille dans le noir complet. Sur le plan érotique, cela offre pas mal d'avantages, qui sont mis à profit. »[149] Mais dans l'ensemble, l'activité sexuelle semble avoir été assez limitée. L'absence d'intimité en est la raison la plus évidente, mais le stress, la dépression ou la malnutrition ont dû jouer un rôle. Selon certaines rumeurs, les rations alimentaires contenaient du bromure pour nous calmer, mais cela paraît peu vraisemblable.

Autonomie

En tant que groupe privilégié, nous jouissons d'une certaine autonomie à l'intérieur du camp. En général, les gardes SS ne pénètrent dans notre enceinte que pour le *Zählappell* quotidien. J'en revois encore deux en particulier, présents également dans plusieurs mémoires. L'un est grand et a mauvais caractère. Il ne manque aucune occasion de nous insulter et de nous intimider ; on le déteste. Comme il a un bec-de-lièvre ou une cicatrice à la suite d'un quelconque accident, nous l'appelons « Bouche fendue ». « Betar » est son second surnom, en référence à l'une des organisations sionistes de droite les plus violentes. L'autre louche, est petit et aussi aimable que peut l'être un gardien de camp de concentration. Il a toujours une pipe à la bouche et les autres Allemands se moquent fréquemment de

148 Kolb, Jenő, 12-13 août.
149 *Ibid.*, 6 octobre.

lui. Nous l'appelons « Popeye ». Son second pseudonyme était « Mizrahi », du nom d'un parti religieux sioniste.

Beaucoup d'entre nous se souviennent de « Popeye » avec affection. Lors d'un appel, il s'aperçoit de l'absence d'une jeune fille, qui ne supporte plus de rester les pieds dans les flaques avec ses chaussures trouées. Le lendemain, il lui tend un sac en papier contenant une autre paire, usagée mais encore mettable, de plus ou moins sa pointure. Parfois, il apporte de la nourriture aux enfants ou de vieux journaux aux adultes. Une autre fois où je suis dans mon lit avec de la fièvre, il entre dans le baraquement pour compter ceux qui manquent à l'appel et me donne une petite tape d'encouragement dont je me souviens encore aujourd'hui. Personne ne connaissait son vrai nom et je n'ai jamais réussi à savoir ce qu'il est devenu après la guerre. Certains mémoires, dont celui d'Alex Barzel, prétendent que c'était un espion anglais qui informait les services secrets britanniques sur l'effort de guerre allemand[150]. Mais Popeye était une exception. Joseph Berger raconte un incident beaucoup plus représentatif. Un jour où Berger, qui avait sept ans à l'époque, envoya son ballon par-dessus la clôture, le gardien le lui rendit, mais non sans l'avoir au préalable crevé avec sa baïonnette[151].

Il y a aussi des gardiennes SS, censées vérifier l'ordre et la propreté des baraques. Il en est une que nous détestons, plus encore que « Bouche fendue ». C'est une jolie blonde, d'une vingtaine d'années, mais « ses yeux étaient durs comme l'acier et sa bouche affichait un rictus malveillant, plein de mépris et de haine », écrit Miriam Buck. Elle ne nous appelle que « sales Juifs ». Elle giflera un enfant de trois ans, parce qu'il ne s'est pas levé dès son entrée dans le baraquement ; elle déchirera avec un rire cruel le livre de prières d'une vieille dame. Si les couvertures de nos lits ne sont pas parfaitement tirées, « c'était avec un plaisir manifeste qu'elle faisait s'abattre sur nous une avalanche de punitions (suppression de rations de pain) ». Buck était « scandalisée de voir des professeurs d'université, des médecins de renommée mondiale, de vénérables rabbins à longues barbes se mettre au garde-à-vous, chapeau à la main, pendant que la jeune fille les dévisageait avec arrogance et les couvrait d'insultes les plus obscènes »[152]. Lili Szondi-Radványi se souvient de ses hurlements, le jour où elle trouva une tasse sale : « Je vais vous briser. Si vous ne vous ressaisissez pas dans

---

150 Wiehn, p. 285.
151 Berger, p. 14-15.
152 Buck, p. 13-15.

les huit jours, vous porterez l'étoile jaune et irez travailler. »[153] Kolb fait sans doute référence au même personnage lorsqu'il écrit dans son journal : « Des gants en fourrure blanche, de hautes bottes, une veste d'uniforme, une jupe-culotte, la casquette enfoncée sur la moitié de son visage, une démarche chaloupée, charmeuse, elle siffle, crie, est pleine d'entrain, bazarde des assiettes, menace de supprimer le beurre, fiche en l'air les lits, raconte comment elle a frappé deux personnes en pleine figure dans une autre partie du camp. »[154] Aucun témoignage ne donne le nom de cette femme SS, mais il est possible que ce spécimen corresponde à la tristement célèbre Irma Grese, venue d'Auschwitz à Bergen-Belsen avec Kramer, le commandant du camp, et pendue avec lui par les Britanniques peu après la fin de la guerre.

En vertu de l'autonomie négociée pour nous par Kasztner, les ordres du commandant du camp sont communiqués à nos dirigeants qui nous les transmettent et règlent les détails pratiques de notre vie quotidienne. En fait, notre groupe est organisé comme un État miniature, avec un gouvernement, des partis politiques, une hiérarchie de fonctionnaires, un système judiciaire, une force de police, une constitution écrite, des élections, des intrigues, des pistons, des faveurs mutuelles, bref tout ce qui caractérise une démocratie. Le seul hic est que nous sommes tous prisonniers d'un État nazi non démocratique, susceptible de supprimer du jour au lendemain nos privilèges et de nous envoyer à Auschwitz. Le sérieux avec lequel cette assemblée de gens sans défense, au seuil de l'extermination, se prend au jeu de la vie politique, avec des ordres du jour, des procès-verbaux, des motions, des amendements, des points de procédure, des interventions du président et des votes, est aussi absurde que nécessaire pour conserver notre dignité. C'est une comédie qui nous permet de tenir le coup, pour autant que l'on arrive à oublier qu'elle peut virer au tragique à tout moment.

À Bergen-Belsen, les hommes élus à Mosonmagyaróvár continueront à diriger nos affaires selon le règlement adopté à l'époque. Ce ne sera pas une partie de plaisir. Il y a constamment des conflits, aussi bien politiques que personnels. Il règne la pire méfiance entre le contingent de Kolozsvár, qui comprend la plupart des dirigeants sionistes, et celui de Budapest, qui est majoritaire. Les querelles entre les organisations de jeunesse, surtout de gauche, et les personnalités bien établies, plutôt à droite, sont également

---

153 Szondi-Radványi, p. 47.

154 Kolb, Jenő, 28 novembre.

fréquentes, tout comme les disputes entre les factions les plus religieuses et celles qui le sont moins. Les 22-23 juillet, un « comité d'action » de 26 membres et un « comité exécutif » de six sont élus. Moshe Rosenberg, Ferenc Kauders, Hillel Danzig, Jenő László, Éli Kohn et József Fischer, son président, siègent au comité exécutif. C'est Fischer qui tranche les questions litigieuses par décret.

Après de longs débats, une liste impressionnante de nouvelles règles est acceptée au mois d'octobre[155]. Figurant sur six pages dactylographiées très denses, ces vingt-cinq clauses sont considérées comme notre Constitution. Ces dispositions complexes, rédigées dans un jargon administratif pédant, semblent davantage adaptées à un petit État qu'à un groupe de moins de 1 700 Juifs enfermés derrière des barbelés et à la merci des SS. Mais ce texte nous offre – du moins aux adultes – une occupation et matière à débattre. Il nous donne aussi l'illusion de contrôler notre propre destinée et nous prémunit contre l'anarchie.

La Constitution est fondée sur le principe que notre groupe doit être dirigé selon « l'esprit national juif » – c'est-à-dire la ligne sioniste. Elle prévoit que notre gouvernement a un pouvoir discrétionnaire absolu sur nos « compétences, expertises et biens à l'intérieur du camp ». Il devra être élu à bulletins secrets et composé d'un président du camp, de deux adjoints et de quinze autres membres. Dix sous-comités, ayant chacun un champ de responsabilité, s'occuperont de tous les aspects de notre vie : l'administration centrale et locale, l'ordre public, l'économie, le ravitaillement, la santé, l'éducation, la religion, le bien-être social. Leurs responsables seront désignés par l'exécutif en son sein. Un comité de surveillance sera également installé. Il comprendra trois membres ne faisant pas partie du comité exécutif. En tant que chef du camp (*Lagerältester* ou *Judenältester*, en allemand), József Fischer sera doté de pouvoirs particulièrement étendus. Le maintien de l'ordre sera confié à une force de police interne, et toute infraction, sanctionnée – suppression de rations alimentaires ou obligation de dormir à même les planches du lit, entre autres. Les requêtes (par exemple pour les médicaments), les plaintes (contre la police) et les appels (contre des sanctions) devront suivre des procédures précises.

À la mi-novembre, le projet est accepté et c'est l'heure de passer au vote. Après une campagne animée, émaillée de longs discours, de manifestes et de débats, cinquante-deux électeurs, désignés par les nombreux partis politiques présents dans notre groupe, votent pour la formation du

155 Tábori Szervezeti Szabályzat [Organisation du camp].

nouveau gouvernement. Si l'on se base sur la liste quelque peu inexacte de Kolb, il comprend 21 membres, dont certains *ex officio* : József Fischer, Dov Braun, Jenő Laszló, Ferenc Kauders, József Gottlieb, Dezső Hermann, Ferenc Pártos, József Weinberger, Adolf Schlesinger, Béla Zsolt, Jenő Kolb, László Somogyi, Lajos Gottesmann, Alex Vas, Moshe Rosenberg, Ede Márton, György Polgár, Sándor Leitner, Leo Stein, Eduard Izsák et Lipót Blau[156]. Peu après, les sous-comités sont mis sur pied : Kolb prend la tête du celui consacré à l'éducation et la culture. Dans l'ensemble, les nouveaux élus sont les mêmes que les anciens responsables, et les choses suivront leur cours comme avant.

Comme l'on peut s'y attendre, les plaintes contre les dirigeants pour injustice, manœuvres d'intimidation, népotisme ou corruption pure et simple seront nombreuses. Je pense que, dans une certaine mesure, ils servirent de boucs émissaires, rendus responsables des difficultés du camp ; néanmoins, étant donné les circonstances, il serait étonnant qu'ils n'aient commis aucun abus de pouvoir. Les accusations les plus virulentes se trouvent dans *Die Deportation nach Bergen-Belsen.* Elles me paraissent exagérées, mais peuvent contenir une parcelle de vérité, même si le ton constamment amer trahit, chez ce mémorialiste anonyme, une profonde rancune personnelle.

Selon cet inventaire acrimonieux, Fischer nomma ses partisans à tous les postes clés de l'administration. À leur tour, ils se comportèrent comme des despotes absolus. La clique au sommet profitait de repas somptueux, alors que tous les autres mouraient de faim ; les personnes responsables du bien-être général détournaient les produits de première nécessité pour leurs copains, et les rations destinées à tous étaient vendues à ceux pouvaient payer en devises fortes et objets de valeur ; les membres de l'exécutif plaçaient leur nom en haut des listes des départs anticipés ; la police interne intimidait la communauté par des descentes inopinées et des sanctions sévères. Voici comment le critique anonyme résume ses allégations :

> « La direction veillait à ce qu'il règne un climat de terreur permanent dans le camp. La liberté d'expression était bannie et toute critique, punie. "Le pouvoir en place" n'avait de cesse de prêcher la solidarité, alors qu'eux-mêmes ne cherchaient qu'à satisfaire leur intérêt personnel. »[157]

Bien qu'à mon avis cet auteur poursuive une revanche personnelle et noircisse le tableau, d'autres témoins font des commentaires plus nuancés

[156] Kolb, Jenő, 18 novembre.
[157] Anonyme, p. 11.

mais tout aussi critiques qui attestent du fort mécontentement qui sourdait sous la surface. Kolb soupçonne plusieurs membres du gouvernement d'avoir vendu des réserves de nourriture du groupe au marché noir et d'avoir tenté de camoufler leurs affaires louches en couvrant d'autres coupables ou en accusant des innocents[158]. Il note aussi que beaucoup de médicaments reçus de la Croix-Rouge peu avant notre libération ne furent pas disponibles pour la communauté, mais le furent soudain pour des acheteurs solvables[159]. Hermann Adler ajoute que les trois quarts du Starkosan, un complément alimentaire offert par la Croix-Rouge pour nous tous, se retrouvèrent dans la réserve privée de certains dirigeants qui tirèrent également profit de la vente du pain communautaire, en principe mis de côté pour tout le monde[160].

Il est impossible de prouver la véracité de ces accusations. Kolb a probablement raison de dire que partout se commettaient de grosses irrégularités plutôt que de s'en prendre uniquement aux dirigeants : « pas beaucoup d'honnêteté, manque d'ordre, manque de système, un tranquille mépris des règles »[161]. Mais en admettant que ce fût là l'ambiance générale, nos aînés et nos supérieurs ne firent rien pour l'améliorer. Edith Goldstein condamne leur attitude en une courte litote : « Les dirigeants du camp ne se mêlaient pas aux autres. »[162] Beaucoup leur reprochaient en effet le confort physique relatif qu'ils s'étaient assuré et la manière hautaine et autoritaire avec laquelle ils traitaient tous les autres. Plusieurs témoins se souviennent de l'odeur du vrai café que l'on préparait derrière les portes closes de leurs quartiers comme d'un symbole de l'éternel fossé qui sépare les chefs de leurs sujets, même dans notre misérable situation.

CULTURE

Plusieurs membres de notre groupe appartiennent à l'élite intellectuelle et artistique de la communauté juive hongroise, et la relative grande quantité de bagages que nous avons amenée comprend des livres, du papier et des objets religieux. Comme nous ne sommes pas obligés de travailler, une vie culturelle rudimentaire, mais active, se développe dès le départ dans notre complexe.

---

[158] Kolb, Jenő, 13 et 27 novembre.
[159] *Ibid.*, 1er décembre.
[160] Adler Hermann, p. 1.
[161] Kolb, Jenő, 2-4 août.
[162] Goldstein, p. 25.

Des livres en tout genre – études philosophiques et historiques, écrits religieux, classiques de la littérature hongroise et étrangère – sont lus à haute voix lors de sessions collectives ou prêtés par leurs propriétaires gracieusement ou en échange de cigarettes ou de nourriture. Une grande partie de notre modeste réserve de papier est utilisée à des fins bureaucratiques – règlements, ordres du jour, procès-verbaux de réunions, comptes rendus de débats d'audience – mais le reste sert à des activités plus artistiques et créatives. Les événements culturels se succèdent sans relâche, allant du simple divertissement aux projets éducatifs ambitieux. Plusieurs personnalités de premier plan se détachent dans ma mémoire et d'autres témoins confirment leur présence.

Le plus éminent des psychologues de notre groupe est Léopold Szondi, le fondateur de l'école de « la psychologie du destin ». Il passe le plus clair de son temps à développer ses théories, donner des cours, conseiller des patients et affiner son fameux « test de Szondi ». Je fis partie de ceux, nombreux, qui eurent à choisir les images les plus et les moins attirantes de malades mentaux de toutes sortes, pendant qu'il traçait un graphique évaluant ma personnalité sur la base de mes choix. J'ai pris beaucoup de plaisir à le faire, même si tous ces visages me paraissaient aussi repoussants les uns que les autres.

Pour s'occuper, István Irsai, un graphiste renommé, décore les baraquements à l'occasion des fêtes juives, prépare des affiches pour nos élections et dessine des cartes postales ironiques sur des aspects caractéristiques de notre camp – les miradors, les baraquements, les lits superposés, les marmites en métal, les carottes sauvages non comestibles, les rations de pain qui diminuent, les vêtements en patchwork, le rêve de Palestine – toujours vus à travers les barbelés.

Le célèbre écrivain et journaliste Béla Zsolt donne des conférences sur la littérature, l'histoire et la politique ; il analyse l'évolution de la guerre à l'aide de bouts de journaux ou d'informations fournies par les gardiens en échange de cigarettes, qu'en tant que plus gros fumeur de notre groupe il déteste pourtant céder. Rassemblant ses admirateurs autour de lui, il leur promet des postes dans le gouvernement qu'il dirigera après la guerre, lorsque, après notre retour en Hongrie, il serait Premier ministre. Mon père est censé devenir son ministre des Finances. Zsolt n'accédera jamais au poste de Premier ministre, mais il sera malgré tout élu député au Parlement. Il mourra peu de temps après avoir écrit *Kilenc koffer* [Neuf valises], son grand mémoire sur la Shoah, que j'ai eu le privilège de traduire en anglais de nombreuses années plus tard, sous le titre de *Nine Suitcases*.

Deux chanteurs professionnels, Dezső Ernster (qui deviendra sociétaire du Metropolitan Opera de New York) et Hanna Brand (la sœur de Joël), donnent des récitals dans les baraquements, souvent dans l'obscurité, après l'extinction des feux. George Bishop rend un hommage particulièrement chaleureux à Ernster : « Au milieu de la nuit résonnait soudain cette voix merveilleuse chantant Verdi ou Wagner pour tous ces gens désespérés et affamés... De son lit, il chantait pendant dix à quinze minutes, et c'était magnifique. »[163] Kolb se souvient d'une troisième chanteuse, à l'audace réconfortante : « Les vendredis sont terribles, il n'y a pas d'électricité et il fait noir dès 16 h... Mais dans notre baraquement, Margit Salgó chante du jazz. »[164] Faire partie de la chorale est l'une des activités culturelles les plus populaires. Les membres des mouvements de jeunesse sionistes interprètent les chants en hébreu de leurs différentes formations politiques. D'autres entonnent des chansons folkloriques ou à succès en yiddish ou en hongrois. Pour des raisons évidentes, les instruments sont très rares, mais Kolb dit avoir joué du violon une ou deux fois. Comme il ne peut jouer, le pianiste Tamás Blum donne des cours sur l'histoire de la musique.

Deux membres du groupe récitent des poèmes de mémoire, le soir, quand nous sommes allongés dans le noir : Erzsi Palotai, une romancière, célèbre surtout pour ses lectures de la poésie hongroise moderne, et Hermann Adler, poète lui-même, qui signale que, lorsqu'il se produisait, il était payé « des miettes de pain »[165]. Un autre poète, Ferenc Ábrahám, publiera ses textes, dont ceux écrits à Bergen-Belsen, sous le titre *Rabságban* (En captivité). C'est une édition unique dans la mesure où il n'y a qu'un seul exemplaire confectionné à partir de boîtes de margarine et de conserves, et de bouts de fil de fer. Il est à présent conservé au musée du Mémorial de Bergen-Belsen. À l'époque, on pouvait l'emprunter pour quelques cigarettes ou un repas.

Certains événements sont spontanés ; d'autres, au contraire, sont planifiés avec soin et orchestrés par nos dirigeants. Par exemple, à la mi-octobre, des représentants de chaque chambrée des deux baraquements se rencontrent pour discuter de l'organisation de soirées culturelles. Ils notent qu'il y a déjà des conférences et des discussions dans les chambres 10 B, 10 C, 11 B et 11 C, qu'on donne des leçons de chant dans la 10 A et que dans la 10 C, des cours de religion ont lieu toute la journée. L'issue de la rencontre n'est pas connue[166].

---

[163] Bishop, interview.

[164] Kolb, Jenő, 8 novembre.

[165] Adler, Hermann, p. 15.

[166] Kolb, Jenő, 16-21 octobre.

Avec autant d'intellectuels juifs entassés sur quelques centaines de mètres carrés, il y a forcément beaucoup de conférences et de débats. Les conversations d'adultes ne m'intéressent pas, mais partout où je vais, des groupes de gens sont en train d'écouter un orateur ou de débattre, à l'extérieur quand il fait beau et dans les salles communes exiguës quand arrivent le froid et l'humidité. La plupart des mémoires mentionnent ces leçons. Edith Goldstein évoque ces « jeunes, vieux, religieux, laïcs, artistes, chanteurs, journalistes, psychologues, médecins et toutes sortes de gens intéressants qui donnaient des cours »[167]. Le journal de Kolb regorge de listes détaillées et de commentaires critiques. En voici un court exemple : « Dov Braun fait un exposé sur la biologie, Bulk sur la sociologie, Hermann sur la structure de la société », suivi deux jours plus tard par « la mauvaise conférence de Szabó sur le militarisme »[168].

Les causeries et débats ont souvent des motivations politiques. Kolb lui-même est actif dans « Gordonia », un mouvement travailliste sioniste non marxiste. Il mentionne entre autres une série d'exposés qu'il organise avec ses amis « gordoniens » dans le but de créer un climat intellectuel favorable au sionisme : « L'antisionisme grandit. Pour contrer cela, nous organisons un cycle de conférences culturelles : le développement de l'idée sioniste (Jenő Kolb, Dezső Weiss, Ede Márton, József Hamburg). » Il énumère ensuite les thèmes des autres orateurs : « Farkas Engel : "Les mouvements intellectuels au XIXe siècle" ; Komlós : "Le destin tragique de la communauté juive hongroise" ; Buk : "La route de deux mille ans" ; Dov Braun : "Buber" ; Mandel : "La littérature hébraïque". Le séminaire de Lajos Márton : "L'histoire de la Palestine à l'époque de la Bible" ; une soirée Chernishevski ; une soirée yiddish dans les baraquements des femmes, etc. »[169]

Le 2 novembre, on célèbre l'anniversaire de la déclaration Balfour, qui avait promis aux Juifs un foyer national en Palestine. Au cours de la journée, József Fischer commémore cette date historique en prononçant un discours en hongrois et en hébreu devant l'exécutif. Dans la soirée, des débats et discussions se déroulent dans toutes les chambres des deux baraquements.

Toutes les activités ne sont pas politiques. À l'initiative de Szondi, un « groupe d'étude », comprenant des intellectuels de tous bords, est mis sur pied afin « d'humaniser l'individu et de tenter d'humaniser les

167 Goldstein, p. 14-15.
168 Kolb, Jenő, 28 et 30 juillet.
169 *Ibid.*, 7-12 septembre.

masses »[170]. Chaque membre doit réfléchir à la signification du concept d'humanisme dans un domaine donné (religion, philosophie, droit, littérature, art, sociologie), avant d'en débattre. Szondi lui-même parle longuement du concept d'humanisme dans la psychologie profonde. Mais très vite le propos de départ est oublié. Kolb se plaint de l'abandon de cet objectif commun : « Trois jours de discussions sous la pluie et le gel…, et pas un mot sur l'humanisme – ils parlent tous de leurs propres centres d'intérêt et de leurs passe-temps favoris… Fischer défend le sionisme ; Polgár, les valeurs communes ; Zsolt qualifie le nationalisme de syphilis et de lèpre. »[171]

Nous avons aussi des divertissements plus légers. Pour citer Szidonia Devecseri, « en dépit de tout… misère, doute, désespoir, nous essayons parfois de faire entrer un peu de gaîté dans nos baraquements »[172]. Je me souviens en particulier d'une série de saynètes que je n'ai pas totalement comprises mais néanmoins appréciées énormément, allongé sur mon lit dans l'obscurité. C'était « radio Ajvé » (Radio Oyvay), une parodie des cabarets politiques et littéraires sophistiqués d'Europe centrale. Avec ses fausses informations, ses sketches satiriques et ses chansons humoristiques, le spectacle tournait en dérision les membres les plus en vue de notre groupe, les gardes allemands, la nourriture, les latrines, le climat, les querelles entre partis politiques et bien d'autres sujets d'actualité, y compris une fois au moins un numéro de Ferenc Ábrahám, que Kolb a trouvé « spirituel, mais un peu trop osé »[173]. Les blagues sur certains personnages appelés « SSK » me déconcertèrent. Je savais qu'elles étaient grossières et avaient quelque chose à voir avec les surveillantes allemandes, mais c'était tout. J'ai découvert depuis lors que ce « SSK » était l'abréviation hongroise de « putain SS », mais j'ignore toujours précisément ce que les blagues en disaient.

Le groupe compte environ trois cents enfants et trente enseignants et, peu après notre arrivée, il est décidé d'organiser des cours. Le 21 août, l'école pour la majorité néologue ouvre officiellement ses portes, suivie de près par un *heder* et une *yeshiva* pour la minorité orthodoxe. En théorie, l'école est obligatoire une à deux heures par jour, mais la présence aléatoire des élèves et la pénurie de matériel éducatif la rendent moins performante que les organisateurs ne l'espéraient. Par beau temps, les cours se

170 *Ibid.*, 11 octobre.
171 *Ibid.*, 8 novembre.
172 Devecseri, Szidonia, p. 8.
173 Kolb, Jenő, 24 juillet.

donnent à l'extérieur où la possibilité d'écrire avec son doigt ou un bâtonnet dans le sable compense le manque de papier. Avec l'arrivée de l'automne, les classes sont transférées à l'intérieur des baraquements surpeuplés et l'élan se perd peu à peu. Je dois admettre que je ne me souviens pas être allé à l'école à Bergen-Belsen. L'une des institutrices, Lili Szondi-Radványi, exprime très bien les difficultés d'enseigner dans de telles conditions :

> « Je prends mon journal – le seul manuel à ma disposition – sous mon matelas et me dirige vers une table à l'autre coin du baraquement, où se tient l'école. Hélas ! tous les élèves n'ont pas de crayon, et le papier est un luxe. Certains enfants ne viennent pas au cours, car ils ont les pieds gelés, d'autres n'ont même pas de chaussures. Seuls six à huit élèves sur quinze sont présents… Nous commençons par faire des additions, ce qui ne nécessite ni papier ni crayon. Un enseignant moderne a l'habitude d'inventer des exercices en rapport avec le quotidien. Je demande combien il y a de cantiniers, si chacune des cinq pièces du baraquement des hommes en fournit six, ou combien il y a de décilitres de soupe par personne s'il y a cinquante litres à partager et cent personnes dans la pièce. »[174]

Kolb fournit un témoignage désabusé sur le succès limité que rencontre même une enseignante extraordinairement motivée et énergique :

> « Mme Kudelka fait des plans, édicte des règles, organise ; elle ne peut vivre sans s'activer… Hier elle a fait passer des examens : les cinq meilleurs enfants ont reçu des éloges. Ils ont presque tout oublié et parviennent à peine à lire ou faire des additions. Leur mémoire est confuse, comme celle des adultes. Ils ne se préoccupent que de choses terre-à-terre et peuvent difficilement se projeter dans le futur, c'est-à-dire dans une vie normale. »[175]

Une part importante de l'éducation est consacrée au sionisme. Pour les plus jeunes, la méthode consiste à jouer et s'amuser. C'est du moins ainsi que le voyait Ági Hendell, qui a dix ans à l'époque : « Chaque après-midi, quelqu'un du groupe sioniste rassemblait les enfants ; il nous enseignait l'hébreu, nous faisait chanter et nous occupait. »[176] Mais l'objectif est plus ambitieux. Les mouvements sionistes – l'Hachomer Hatzaïr, à gauche, le parti religieux Mizrahi, le Bétar, pour la droite révisionniste, et d'autres – entendent éduquer, sinon endoctriner les enfants à la vie de pionnier en Palestine, chacun selon son idéologie propre.

---

[174] Szondi-Radványi, p. 49-50.

[175] Kolb, Jenő, 8-9 novembre.

[176] Hendell, interview.

Ce n'est pas du goût de tout le monde. Beaucoup réprouvent l'incessante propagande sioniste, et les orthodoxes leur reprochent en outre leur mépris des valeurs religieuses. « Comme c'était un groupe sioniste – nous étions obligés de suivre des leçons d'hébreu, d'apprendre à connaître la Palestine et sa géographie, mais pas la Torah, car on n'apprenait que ce qui touchait aux objectifs sionistes », raconte Jack Gross, qui avait quatorze ans à l'époque[177]. Pour les jeunes qui ne sont ni orthodoxes ni sionistes, Kolb fait remarquer : « les jeunes de la bourgeoisie non sioniste voulaient aussi s'occuper : art, musique, littérature, etc. ». Il détaille le programme d'un « séminaire de la jeunesse », qui comprend, entre autres, « la physiologie du corps humain », « une introduction à la littérature hébraïque », « la littérature dans l'entre-deux-guerres », « une histoire de la musique » et « l'histoire juive »[178].

Parmi les activités les plus fréquentes, il y a les cours de langues pour adultes comme pour enfants. Étant donné le rôle dominant des sionistes dans un groupe censé s'installer en Palestine, les leçons d'hébreu sont les plus populaires, mais les cours d'anglais, de français et même d'allemand attirent aussi beaucoup de monde. Edith Goldstein, un professeur très polyvalent, qui enseigne ces quatre langues, a emporté dans ses bagages des dictionnaires d'anglais, de hongrois, d'allemand, de français et de latin.

En revanche, l'éducation physique est en grande partie absente. Dans notre situation – sans même parler du manque d'infrastructures sportives –, nous n'avons ni le désir ni l'énergie de faire beaucoup d'exercice. De surcroît, les intellectuels juifs, si nombreux parmi nous, ne sont pas particulièrement portés sur le sport. Néanmoins, surtout dans les premiers mois de notre captivité, les groupes de jeunes jouent au volley-ball, font de la gymnastique et de la danse folklorique, activités parfois interrompues par des gardes acariâtres. Certains pionniers fabriquent des armes rudimentaires avec des planches de lits et des bouts de fils barbelés volés et s'entraînent dans la salle de bains. Ce n'est pas censé être un jeu, mais plutôt une préparation à l'autodéfense, au cas où les SS tenteraient de nous assassiner avant l'arrivée des Alliés. C'est bon pour le moral des jeunes, mais cela revient plus ou moins à faire de la boxe dans le vide.

Naturellement, tout cela ne nous offre qu'un répit éphémère face aux souffrances du camp. Au fur et à mesure que nos conditions psychologiques et physiques se détériorent, nos activités culturelles diminuent.

177 Gross, interview.
178 Kolb, Jenő, 31 juillet.

Cependant, tant qu'elles dureront, elles contribueront beaucoup à soutenir notre moral. Hermann Adler écrit laconiquement : « On se sentait des êtres humains. »[179] Vera John-Steiner recourt à la même image : « Je sentais que j'appartenais à un peuple, plutôt que ce à quoi ils essayaient de nous réduire, à savoir des animaux. »[180] Ces activités nous aident en effet à conserver notre dignité et notre santé mentale au milieu de cette misère noire et de ces privations. Mais si nous n'avions pas été sauvées au moment où nous l'avons été, la culture, quelle qu'en soit la richesse, n'aurait pas suffi à préserver notre humanité.

Religion

Bien que la majorité du groupe ne soit pas croyante, beaucoup s'accrochent aux rituels juifs, par foi, sens de la tradition ou profond désespoir. Nous célébrons les grandes fêtes, prions et étudions les textes religieux. Les objets de culte que nous avons pu amener avec nous – les rouleaux de la Torah, les bibles, les copies du Talmud, les châles de prières (*talit*) et les phylactères (*téfiline*) – sont très utilisés.

Pour les grandes fêtes, les baraquements sont transformés en synagogues temporaires. La plus grande est l'infirmerie, dont les patients sont évacués pour l'occasion. Des étoiles de David découpées dans du carton ornent les ampoules nues. Le brûleur d'un chauffe-plats posé à l'intérieur d'une boîte de conserve représente la lumière éternelle. Les murs sont tapissés d'affiches artisanales portant des inscriptions religieuses. Une section pour les femmes est séparée par un rideau et des couvertures sont étalées sur le sol en béton à la façon des tapis orientaux. D'autres pièces sont également décorées, mais de manière moins flamboyante.

Lors de Rosh Hashana (Nouvel an) et de Yom Kippour (jour du Grand Pardon), les deux fêtes majeures du calendrier juif, on souffle dans une corne de bélier, le *shofar*, à certains moments du service. Nous en avons un avec nous dont le propriétaire réclame 300 cigarettes pour la location. Finalement, il acceptera une boîte de sardines et le *shofar* fera le tour des synagogues improvisées. Dans le complexe polonais voisin, les travailleurs forcés s'arrêtent pour écouter et prier jusqu'à ce que les gardiens les renvoient au travail sous les coups et les injures. Certains témoignages

179 Adler, Hermann, p. 15.
180 John-Steiner, interview.

affirment qu'un *shofar* et une Torah seront échangés entre le quartier hollandais et le nôtre, par l'intermédiaire du garde surnommé « Popeye » ou « Mizrahi », mais j'ai tendance à croire que cela fait partie des nombreux mythes que la vie de camp avait tendance à créer.

Les célébrations les plus ferventes se déroulent durant les deux jours de Rosh Hashana. Chaque congrégation ou parti politique a sa propre synagogue improvisée et, dans un coin des baraquements, des tables de fortune autour desquelles partager le repas. Le premier jour, le sermon « très marquant » du rabbin Adolf Silberstein suscite beaucoup d'émotion et un sentiment général de bienveillance et de solidarité, mais le « prêche extrêmement faible et verbeux » du rabbin Tibor Fettmann qui lui succède gâchera l'atmosphère. Quand le courant sera soudainement coupé, Kolb prononcera un discours dans le noir, appelant à « lutter contre la méchanceté humaine et nos propres mauvaises actions ». Viendra ensuite un récital de poésie et de chants qui se poursuivra jusqu'à « minuit dans la nuit claire et étoilée ». Au même moment, dans une autre pièce, le rabbin Salomon Strasser, âgé de 82 ans, pleure tout au long de son sermon et sa congrégation pleure avec lui. Le deuxième jour, les festivités sont interrompues par un appel qui durera une heure et demie, mais après une « célébration calme avec les *chalutzim* », Kolb pourra parler rétrospectivement d'une « très belle soirée »[181]. Même l'auteur de *Die Deportation to Bergen-Belsen* adopte pour une fois un ton plus serein et met l'accent sur les aspects joyeux de la fête, tout en n'oubliant pas la douleur qui ne nous quitte jamais longtemps : « Ces jours-là, tout le camp était uni, réconcilié et en harmonie, tous les différends étaient réglés, nous nous réjouissions et pleurions ensemble. »[182]

Lors des célébrations hebdomadaires du shabbat – le vendredi soir ou le samedi – les divisions au sein du groupe apparaissent au grand jour. Les plus profondes opposent orthodoxes et néologues, sionistes et non-sionistes, assimilés et traditionalistes, même s'il y a de nombreux recoupements. Comme mon père se tenait à l'écart de ces célébrations, je n'en ai pas de souvenirs précis. Mais trois témoignages peuvent donner un aperçu de la diversité des pratiques. Ester Jungreis, la fille d'un rabbin, se souvient d'une paisible cérémonie orthodoxe en famille.

> « Mon père nous rassemblait au milieu de la nuit, pour que personne ne s'en aperçoive et il se mettait à chanter très doucement *Shalom Aleichem* (La

[181] Kolb, Jenő, 17-20 septembre.

[182] Anonyme, p. 24.

paix soit avec vous) et récitait le *kiddouch* (sanctification). C'était très très beau. Et, tous les jours, mon père prélevait une petite part de ses rations, et les mettait de côté pour les shabbats afin que nous sachions que c'était shabbat. »[183]

À l'opposé, Kolb décrit la « célébration socialiste » organisée par l'Hashomer Hatzaïr, une semaine après notre arrivée à Bergen-Belsen, quand les « prières », les « discours », les « chants, et même les danses, jusque tard dans la nuit » offriront un « splendide shabbat derrière les barbelés ». Un gardien allemand menacera d'apporter « une mitrailleuse la prochaine fois » ; pourtant, la scène se reproduira, quoique avec plus de discrétion, les semaines suivantes[184]. Kolb reconnaît que les fêtes des groupes tant laïques que religieux pouvaient créer un sentiment de « liberté en dépit des grillages »[185]. En revanche, il est beaucoup moins indulgent pour ceux qui n'appartenaient à aucun des deux camps. Il qualifie de décadente une réunion tapageuse de femmes assimilées : « une atmosphère de café avec de la musique, des chansons hongroises, des marches, des hurlements, des cris. Rien à voir avec l'ambiance qui règne dans les baraquements des pionniers *chalutz*. »[186] Il ne parvient pas à comprendre que ces divertissements bruyants n'étaient qu'une autre manière de lutter contre l'abattement.

Quatre des principaux rites de passage traditionnels – circoncision, bar mitzvah, mariage et funérailles – se dérouleront aussi durant notre séjour au camp. Le premier garçon à être circoncis est né pendant un raid aérien et le rituel aura lieu pendant un autre, avec de nombreux spectateurs, assistant fascinés à l'admission symbolique de l'enfant dans l'Alliance dans un des lieux les plus maudits jamais créés par l'homme. Quelques semaines plus tard, au moment où le deuxième garçon est sur le point d'être circoncis, le gardien brutal surnommé « Betar » interrompra la cérémonie. Lorsqu'on lui expliquera ce qui se passe, il ordonnera : « C'est un acte sacré, continuez. »[187]

Plusieurs garçons, arrivés à l'âge de treize ans, fêteront leur bar mitzvah. Les cérémonies, qui incluent des lectures et commentaires de passages de la Torah devant les fidèles, ainsi qu'un discours à l'issue du repas, se passent dans l'une ou l'autre des synagogues temporaires, parfois sous l'œil plus ou moins bienveillant de gardiens curieux. L'un de ces

---

183 Jungreis, Ester, interview.

184 Kolb, Jenő, p. 15, 19-21.

185 *Ibid.*, 2-4 août.

186 *Ibid.*, 8-10 octobre.

187 *Ibid.*, 12 octobre, 14-15 novembre.

garçons est Yehuda Blum. Dans son discours, il utilise l'expression : « l'an prochain à Jérusalem » et, aussi improbable que puisse alors paraître cette prophétie, elle se réalisera pour beaucoup d'entre nous[188].

Il n'y aura aucun mariage dans le camp, mais un jeune couple de Kolozsvár se fiancera trois semaines environ après notre arrivée. Étant donné notre situation, j'ignore si c'était un acte de foi délibéré et provocateur dans l'avenir ou un geste utopique susceptible de se terminer aussi bien par la mort que par un mariage après la libération.

Le premier enterrement est celui d'Eva Breslauer, le 9 août. Dépressive depuis le traumatisme de Linz, où, comme aux autres femmes, on lui rasa la tête, elle meurt d'une pneumonie à l'âge de 17 ans. On la lave et l'habille de blanc, comme le veut la tradition, et une grande foule se rassemble pour lui faire ses adieux. Voir son cercueil tiré par la charrette qui, en temps normal, transporte les ordures, est consternant, mais tout le monde est profondément ému. Deux semaines plus tard, lorsque meurent un enfant de dix mois et une femme de 67 ans, Kolb notera dans son journal : « L'émotion est beaucoup moins grande que pour Breslauer. »[189]

En toute logique, vu le grand nombre de croyants, il y a beaucoup de rabbins, représentant tous les courants, des Réformés aux ultra-orthodoxes. Le plus éminent d'entre eux est le rabbin hassidique de Szatmár, Joël ou Jajlis Teitelbaum. Bien qu'il doive sa vie à l'entreprise sioniste de Kasztner, il déteste le sionisme et, après la libération, il émigrera aux États-Unis plutôt qu'en Palestine. Je me souviens de lui comme d'un personnage distant mais fascinant, entouré de quelques dizaines de disciples fervents, qui s'efforçaient de le protéger des épreuves de Bergen-Belsen. Ils étaient arrivés avec une énorme caisse remplie d'aliments casher et leur propre cuisinier qui était autorisé à préparer les repas du rabbin dans la cuisine du camp, même s'il se nourrissait principalement de pain et de pommes de terre en robe des champs. Quand nos dirigeants imposèrent à tous les hommes de se raser la barbe pour réduire les risques d'attraper des poux et éviter de provoquer les Allemands, il sera le seul autorisé à conserver la sienne, à condition de s'entourer la tête d'une écharpe comme s'il avait une rage de dents. Il avait l'habitude de se rendre aux latrines pendant l'appel, de sorte que nous devions attendre plus longtemps dans le froid avant que les gardiens n'admettent que personne ne s'était évadé. Comme ses disciples restaient entre eux et prenaient des grands airs, ils

[188] Blum, 1997, p. 18.
[189] Kolb, Jenő, 20 août.

n'étaient pas appréciés du reste du groupe. Mais lui avait un charisme indéniable. Pour citer Yehuda Blum : « Ce n'était pas un homme ordinaire, que vous l'aimiez ou non. »[190]

J'ajouterai que, lorsque mon père avait des décisions difficiles à prendre, souvent au sujet de mon éducation, il demandait l'avis de Teitelbaum. Cela pourrait laisser penser qu'il avait besoin d'un guide spirituel, mais il prenait aussi conseil auprès de Szondi. N'étant ni religieux ni adepte de la psychologie, il jugeait sans doute sage de ne rien laisser au hasard.

Les orthodoxes vénéraient Teitelbaum comme un saint. La confiance sereine inspirée de sa foi était peut-être son trait de caractère le plus saillant. Alors que la plupart d'entre nous à un moment ou à un autre perdions courage, il semblait savoir qu'en fin de compte aucun mal ne pouvait l'atteindre, et ce sentiment déteignait sur son entourage. Comme l'explique Jacob Gross, l'un de ses disciples les plus dévoués : « Son esprit était inébranlable. Il nous fortifiait et nous donnait du courage… il souriait tout le temps et nous disait que tout se passerait bien… Dieu nous aiderait. »[191]

Quelqu'un de cynique pourrait dire que Teitelbaum avait toutes les raisons d'être calme et confiant, puisqu'il était l'une des personnalités les plus privilégiées de notre groupe, lui-même relativement privilégié. Mais il avait véritablement des ressources intérieures peu communes et un magnétisme irrésistible. Beaucoup se rappellent avec étonnement son comportement à Sim'hat Torah, la fête célébrant les rouleaux sacrés. Même Kolb est impressionné. Il loue la procession des enfants portant la Torah autour du camp, et condamne le pique-nique officiel organisé par Fischer pour les notables, y voyant un « événement insipide typiquement bourgeois ». Lorsqu'il décrit la performance de Teitelbaum, il perçoit l'exaltation spirituelle communicative : « L'ambiance est extatique. Le rabbin danse autour de la pièce. Les hassidim chantent et applaudissent jusqu'à l'épuisement. Beaucoup regardent comme s'ils étaient au théâtre. À 8 h, les lumières s'éteignent. Les chants et les danses continuent. Tout se termine à la lueur des chandelles. »[192]

La nourriture que nous recevons place parfois les orthodoxes devant un étrange dilemme. Exemple caractéristique de l'irrationalité ou de l'hypocrisie du système nazi, une partie de notre soupe quotidienne est censée être casher. La lettre « K » est peinte sur certaines marmites qui contiennent en général des légumes sans viande. Cela suffit à apaiser la conscience de

[190] Blum, 1997, p. 20.
[191] Gross, interview.
[192] Kolb, Jenő, 8-10 octobre.

la plupart des orthodoxes, mais Teitelbaum n'y touchera jamais. Cependant, de temps en temps, des bouts de viande flottent dans la marmite « casher », sans doute parce que le « K » y a été inscrit par erreur. Quand cela arrive, certains orthodoxes ne déjeunent pas, alors que d'autres, plus heureux que réalistes, remercient leur bonne étoile de leur avoir procuré de la viande casher. Quant aux saucisses ou au boudin noir que nous recevons quelquefois, les adultes orthodoxes les échangent ou les donnent à leurs enfants. Comme les plus jeunes, plus encore que les adultes, ont besoin d'être correctement nourris, les règles religieuses les autorisent à manger ces mets interdits, mais certains se sentent tellement coupables qu'ils peuvent à peine les avaler.

La maladie des barbelés

Malgré nos privilèges et nos efforts pour conserver une existence civilisée, notre séjour de cinq mois à Bergen-Belsen sera marqué par un déclin physique et psychologique continu. Notre isolement est une source constante de souffrance. Nous sommes entourés de gens, enfermés dans les autres complexes, mais communiquer avec eux est strictement interdit. Il y aura malgré tout quelques contacts furtifs. Les patients ou les médecins qui fréquentent l'infirmerie du camp des Hollandais ou les cantiniers qui nous rapportent nos repas de la cuisine parviennent à échanger quelques mots avec les autres détenus. Parfois, des messages sont griffonnés sur les murs des douches. Des conversations rapides sont échangées à travers les barbelés de même que des notes, de la nourriture ou des cigarettes. Cependant, ces contacts n'arrivent pas vraiment à atténuer notre sentiment d'être coupés du reste de l'humanité.

En principe, nous ne pouvons recevoir aucune information sur l'actualité, mais certaines nouvelles filtrent. Quelques gardiens, par gentillesse ou contre des cigarettes, nous en donnent ou nous remettent des bouts de journaux, provenant pour l'essentiel du quotidien nazi le *Völkischer Beobachter*. De temps à autre, nous recevons des lettres de parents ou d'amis, même si elles mettent longtemps à nous parvenir et disent peu de choses pour passer la censure. Lorsque nous apprenons que Horthy a interdit les déportations le 7 juillet, beaucoup d'entre nous commencent à penser que nous nous sommes inutilement livrés aux mains des Allemands. Les nouvelles sur la tentative d'assassinat contre Hitler, le 20 juillet, et l'avance des armées alliées nous donnent de l'espoir, mais nous font également craindre des combats aux alentours du camp. Le coup d'État de Szálasi, le 15 octobre, nous amène à penser que nous sommes peut-être mieux lotis dans un camp de concentration allemand qu'en Hongrie sous la domination des Croix fléchées. Les adultes spéculent en permanence sur ce qui peut se passer à l'extérieur, mais le mélange peu fiable de faits, de rumeurs et de fantasmes apporte plus de déception que de soulagement.

Le ciel nous fait rêver en nous rappelant l'existence d'un autre monde. Plus la guerre progresse, plus grandes sont les formations d'avions alliés qui survolent le camp pour bombarder Hanovre et d'autres villes allemandes. Leur bourdonnement sourd et régulier, qui doit paraître si menaçant aux Allemands, est un régal pour nos oreilles. Si les avions volent la nuit, nous nous amassons autour des petites fenêtres du baraquement pour regarder le ciel s'illuminer au loin lors des explosions, tandis qu'à l'extérieur les gardes furieux nous font signe de retourner nous coucher. Les adultes me repoussent sans cesse, mais, en général, je parviens à profiter suffisamment du spectacle pour être excité et heureux. Lorsqu'ils volent de jour, les avions lâchent des milliers de rubans argentés, que je m'empresse de ramasser avec d'autres enfants sans comprendre qu'ils sont destinés à brouiller les radars allemands. Pour les adultes, ces bombardements portent la promesse de la survie et de la liberté, et je partage leur allégresse. Mais à la fin des raids, quand les avions retournent vers leurs bases, nous nous sentons aussi malheureux qu'auparavant.

Alors qu'un rayon de soleil ou une rumeur encourageante peuvent nous remonter le moral, avec le temps qui passe sans le moindre signe d'une libération imminente, la faim, le froid, la maladie, les frustrations et la peur nous pèsent. En juillet, quinze jours à peine après notre arrivée à Bergen-Belsen, Kolb note l'effet démoralisant des poux et de la gale sur notre amour-propre : « Le désespoir se répand, car chacun se demande comment nous avons pu tomber si bas en si peu de temps. »[193] Au début août, il se plaint : « ni propreté, ni ordre, ni organisation, et un mépris tranquille de toutes les consignes »[194]. Durant la première semaine d'octobre, il observe notre déclin continu, soulignant les frictions interpersonnelles, les comportements antisociaux et la dégradation de la santé :

> « L'état nerveux des gens et leur comportement moral se détériorent chaque jour davantage. Tension proche du point de rupture, disputes bruyantes et insultes à propos d'un lit, du poêle, de l'emplacement d'une lampe ou d'une

[193] *Ibid.*, 23 juillet.
[194] *Ibid.*, 2-4 août.

cuillerée de confiture. Tout est volé – le vol n'est même plus considéré comme un péché… La plupart sont malades, épuisés, affamés et nerveux. »[195]

À la mi-octobre, Kolb écrit sur ce qu'il appelle « la maladie des barbelés… excitation nerveuse, méfiance, querelles, dépression, perte des inhibitions morales ». Parmi les causes possibles, physiques ou psychologiques, il mentionne : « la perte de poids brutale, environ 10 à 15 kg par personne, une augmentation de la fonction thyroïdienne, la faim constante, l'incertitude, la promiscuité, l'absence totale d'intimité (non au profit du collectif mais au prix d'une perte douloureuse d'individualité au sein de la masse), les désordres sexuels, etc. »[196].

Pour certains, le manque d'intimité – même dans nos lits, sans parler des latrines communes – est plus pénible qu'à d'autres : « Si on voulait pleurer, on ne pouvait le faire que la nuit, et même alors on se retrouvait soutenu par cinquante personnes au moins, sur les cent cinquante qui dormaient et ronflaient dans le baraquement, que vos pleurs avaient réveillés. »[197] La promiscuité forcée engendre l'agressivité. Les disputes augmentent à mesure que les gens deviennent « irritables, querelleurs et nerveux, les parents avec leurs enfants, les amis entre eux et même les étrangers entre eux »[198]. Loin d'encourager l'altruisme et le respect, ces conditions inhumaines nous rendent plus anti-sociaux : « Le camp révélait le pire de ce qu'il y a dans les individus. Les gens volaient, mentaient, manipulaient – autant de choses qu'ils ne font pas dans des circonstances normales. »[199] La pression permanente nous pousse à nous en prendre à nos compagnons d'infortune : « Quand les gens sont de bonne humeur, ils sont amis. Mais quand les choses commencent à vraiment se gâter, ils deviennent méchants les uns envers les autres. »[200] La colère ne se limite pas aux individus. Il y a aussi des conflits entre – et au sein même – des factions politiques, religieuses et sociales. Les socialistes se disputent avec les capitalistes, les fondamentalistes avec les athées, les jeunes *chalutzim* avec les vieux bourgeois, l'Hachomer Hatzaïr de gauche avec le Betar de droite, ou les orthodoxes du mouvement Mizrahi, le petit mais puissant groupe de Kolozsvár, avec le plus grand mais moins influent contingent de Budapest. Les néologues considèrent les orthodoxes comme des rustres fanatiques, tandis

195 *Ibid.*, 6 octobre.
196 *Ibid.*, 14-15 octobre.
197 Gador, p. 7.
198 Devecseri, Szidonia, témoignage, p. 6.
199 Jacobs, interview.
200 Gross, interview.

que les orthodoxes traitent les néologues d'apostats impies. Les sionistes voient les non-sionistes comme des traîtres, et les non-sionistes qualifient les sionistes de tyrans chauvins. Ces querelles soulèvent des débats passionnés et entraînent des brouilles, souvent suivies de réconciliations et de nouvelles altercations.

Les événements qui se produisent dans les autres sections du camp affectent aussi le moral. De plus en plus de détenus dans un état pitoyable sont transférés depuis d'autres camps à Bergen-Belsen. En septembre, 3 000 Hongroises arrivent d'Auschwitz, épuisées, affamées, en tenue de prisonniers avec un numéro tatoué sur le bras. Elles sont d'abord installées dans le camp de tentes, où elles dorment par terre sans matelas ni couvertures. Elles n'ont ni latrines ni médicaments, et très peu d'eau. Une de nos gynécologues, Vali Stark, est chargée de les examiner et de pratiquer plusieurs avortements. Elle n'a pas le droit de leur parler, mais réussit à recueillir des bribes d'informations qui seront complétées par d'autres méthodes discrètes. Leurs histoires nous bouleversent profondément. Je ne découvrirai qu'après la guerre que mes cousines Goldi et Helen faisaient partie de ce groupe.

Contrairement à nos gardiens, ceux du camp de l'étoile, voisin du nôtre, n'ont pas reçu l'ordre d'épargner les détenus et nous sommes témoins de nombreux mauvais traitements. Pour reprendre les mots de Miriam Buck : « Les gens étaient brutalisés et roués de coups de poing et de pied jour après jour. C'était un sentiment terrible de rester là sans rien faire en voyant de vieilles femmes frappées au visage, car elles ne pouvaient supporter de rester des heures debout pendant les appels. »[201] J'aimerais penser que nous étions encore capables de compassion vis-à-vis de gens traités de la sorte, mais il était naturel de nous inquiéter de notre propre avenir, comme le reconnaît Judy Jacobs : « Ce à quoi nous assistions nous sapait le moral, car nous pensions : "voilà ce à quoi nous allons ressembler, voilà ce qui va nous arriver"[202] ».

À la mi-novembre, les conditions extérieures commencent à devenir extrêmement déprimantes. À partir de 5 h, il fait nuit, il ne cesse de pleuvoir, le vent souffle presque en permanence et la température ne dépasse pas un ou deux degrés. Nous sommes affamés, nos vêtements et nos chaussures sont trempés durant le *Zählappell* et même les plus solides d'entre nous ont des problèmes d'estomac ou la grippe. Nos espoirs de libération

201 Buck, p. 13.
202 Jacobs, interview.

s'amenuisent rapidement. Nous essayons de passer le plus de temps possible allongés passivement sur nos lits, ce qui ne fait qu'aggraver notre apathie et notre découragement : « L'inactivité en tant que telle est dégradante », écrit Miriam Buck[203].

Kolb relate deux petits incidents qui illustrent de manière poignante le désert émotionnel dans lequel nous vivons. Dans la salle d'eau, il entend une femme dire : « Je pense à mon ancienne vie comme à un rêve évanescent, tous ses contours s'estompent devant mes yeux. » Faisant les cent pas dans le camp avec sa femme Edith dans un vent glacial, il évoque de vieux souvenirs et songe à ceux qui ne sont pas en captivité : « Tous les autres ont un présent, tandis que le passé et le futur sont sans substance ; nous, nous avons un passé et je considère le futur comme une réalité, mais nous n'avons vraiment pas de présent. »[204] Beaucoup devaient partager « le sentiment d'ennui, doublé de la crainte de mourir » qu'éprouvait Eliezer Cohen[205]. Edith Goldstein, sans minimiser ni exagérer l'épreuve, relativise assez bien sa souffrance et celle des autres : « Ce par quoi je suis passée n'était pas Auschwitz, mais c'était une humiliation profonde. »[206] Enfin, Willy, l'auteur inconnu, retrace notre vie dans le camp avec une telle justesse et une telle force que je cède à l'envie de le citer assez longuement :

> « Les provisions que nous avions emmenées s'épuisaient ; la nourriture du camp devenait de plus en plus exécrable et les portions de plus en plus réduites. Les gens maigrissaient à vue d'œil et les fumeurs souffraient encore plus à cause du manque de tabac. Je logeais avec des intellectuels : des dizaines de médecins de toutes spécialités, des professeurs, des hommes de lettres, des ingénieurs civils, et ainsi de suite. Néanmoins, la propreté corporelle comme celle des baraquements révélaient un manque honteux du sens le plus élémentaire de l'hygiène que je n'aurais jamais cru possible. L'air dans le baraquement était insoutenable. Rester à l'extérieur était impossible, car il pleuvait tout le temps ou presque. En outre, moi-même, si soucieux de la propreté de mon corps et de mon lit, j'avais découvert que j'avais des morpions depuis des semaines. La dermatologue du baraquement des femmes m'avait rapidement guéri avec un simple désinfectant. Mais je conservais un dégoût intérieur. Dégoûté de moi-même, des baraquements, de la nourriture et surtout des gens… Lorsque je recevais mon repas – c'était infâme –, l'odeur seule m'irritait tellement que je ne pouvais l'avaler… Quand j'entrais dans le baraquement et sentais l'urine, les exhalaisons, la saleté et la pourriture, j'avais l'estomac qui se retournait. Je vomissais

---

203 Buck, p. 5.
204 Kolb, Jenő, 3 novembre.
205 Cohen, Eliezer, interview.
206 Goldstein, p. 27.

encore et encore… Ma femme se sacrifiait en vain, en échangeant ses rations de misère je ne sais combien de fois contre du lait, des boîtes de conserve et du pain pour moi… J'étais devenu trop faible pour me lever de ma couchette, et durant les longues heures où je restais allongé dans ce dépotoir bruyant et puant, mes pensées étaient tournées vers ma mère, dont j'ignorais le sort, et je me torturais en me reprochant de ne pas m'être suffisamment occupé d'elle et de ne pas l'avoir emmenée avec moi. »[207]

Avec le temps, les enfants commencent à prendre de mauvaises habitudes. Les adultes essaient de nous maintenir dans le droit chemin en organisant des activités – scolaires, religieuses, politiques – mais petit à petit elles s'étiolent. Kolb note que les « enfants pâtissent de la nervosité de leurs parents mais eux-mêmes, en retour, les rendent nerveux »[208]. Il attribue leur « comportement de rustre » à « une mauvaise éducation » et au « mauvais exemple ». Toutes les tentatives échouent pour leur apprendre à saluer les adultes, les forcer à rester calmes de temps en temps et les convaincre qu'« eux aussi doivent faire preuve d'un minimum d'éducation et de politesse »[209]. Un groupe d'orphelins polonais est particulièrement difficile. Certains ont déjà des années de camps derrière eux, d'autres ont été témoins de toutes sortes d'atrocités. De ce fait, ils sont maltraités et pleins de haine envers tout et tout le monde. Ági Hendell analyse la manière dont le comportement des adultes privait les enfants de modèles et de sens du respect :

> « Nous observions simplement les adultes et la vitesse à laquelle ils perdaient leur sang-froid et leur humanité. Tout ce qu'on nous avait raconté sur les adultes, qu'ils savent tout, qu'ils sont sages et qu'il faut les écouter, s'était en quelque sorte évaporé à Bergen-Belsen, parce que leur comportement n'était pas très brillant… Nombre d'entre eux, tels que des avocats ou des hommes d'affaires, considérés comme des citoyens exemplaires, ne se comportaient pas comme nous, enfants, l'attendions. »[210]

« Nous ne savions pas comment gérer cette situation où nos parents avaient perdu toute autorité », résume Yehuda Blum[211].

Au début, nous jouions à des jeux classiques avec plus ou moins de discipline, mais nous finirons par nous en lasser. Je me souviens que je

207 Inconnu, p. 3.
208 Kolb, Jenő, 13-20 septembre.
209 *Ibid.*, 23-25 octobre.
210 Hendell, interview.
211 Blum, 1997, p. 16.

restais couché sur mon lit une bonne partie du temps, rêvant de nourriture, de la Palestine, et plus tard de la Suisse. Kolb regardait sa petite fille et ses amis rejouer l'histoire de notre groupe, en commençant par le départ de Budapest, puis en insistant sur le *Zählappell*, avant de s'essouffler avec d'autres scènes de la vie à Bergen-Belsen sans arriver à trouver un dénouement concluant. Les garçons avaient un autre jeu, un peu moins orthodoxe, dont je suis peut-être à l'origine. Les jours de beau temps, les gens avaient l'habitude de s'asseoir au soleil, le dos appuyé sur le mur extérieur des latrines. De l'autre côté se trouvait l'urinoir. Nous tentions de faire pipi par-dessus le mur pour doucher ceux qui prenaient un bain de soleil. Je ne sais plus si nous y parvenions, mais c'était drôle, le temps du jeu.

Peut-être était-ce inévitable que nous soyons devenus des enfants livrés à eux-mêmes. Il est possible cependant que nous ayons mieux supporté l'épreuve que les adultes, essentiellement parce que nous n'avions pas conscience de notre situation désespérée. Je me souviens d'avoir eu peur, mais aussi d'avoir eu le sentiment de participer à une aventure, dont la peur faisait partie. Et, bien sûr, j'étais avec mon père et, à onze ans, je pouvais encore croire – quand bien même à tort – qu'il me protégeait.

Au mois d'août, notre déclin progressif sera brièvement interrompu par un nouveau rebondissement.

Le groupe du mois d'août

Dès notre arrivée à Bergen-Belsen, nous avons commencé à rêver à notre libération et aux éventuels progrès de Kasztner dans ses négociations avec les SS à Budapest. Dans notre impatience, nous voyons des signes d'espoir dans les événements les plus insignifiants. Un jour, un soldat allemand emporte la fiche alphabétique de tous nos noms. Un autre, le commandant allemand pénètre dans notre camp, accompagné de deux civils, et dit à Fischer que nous allons bientôt partir. Tout cela poussera chacun à tenter fébrilement de faire valoir un droit, de se trouver un appui dans l'espoir d'être autorisé à partir avant tous les autres. Mais le temps file et rien ne se passe.

Soudain, l'après-midi du 16 août, on nous rassemble pour un second appel. La nouvelle se répand : « Krumey est là. Nous partons. » Ce sera vrai jusqu'à un certain point. Hermann Krumey est effectivement arrivé. Entouré de quelques officiers SS et de certains de nos dirigeants, il se tient face à nous, une liste à la main. Miklós Speter, l'adjoint de Fischer, se met à la lire. Bien moins longue que nous l'espérions, elle contient les noms des trois cents heureux élus qui vont partir pour la Suisse.

La manière dont cette liste a été constituée n'a jamais été très claire. À l'origine, selon le rapport de Kasztner, elle a été compilée par le RSHA à Berlin et contenait 500 noms, surtout d'enfants et de personnes âgées, plus les noms de quelques hommes en âge de porter les armes. Certaines recommandations de Kasztner avaient été prises en compte, mais Eichmann a ensuite réduit le nombre de personnes autorisées à partir à trois cents. Les familles de Brand et Kasztner devaient rester à Bergen-Belsen comme otages[212]. Beaucoup de noms sur la liste commençaient par A ou B, mais globalement il ne semblait y avoir eu aucun critère de sélection précis. Dans certains cas, des enfants étaient séparés de leurs parents, des femmes de leur mari. L'auteur anonyme de *Die Deportation nach Bergen-Belsen* prétend que l'un des dirigeants ôta seize personnes de la liste originale pour les remplacer par des membres de sa propre famille[213].

Cette annonce est suivie d'un vacarme infernal où se mêlent joie et fureur. Krumey est assailli par des centaines de personnes l'implorant de les ajouter sur la liste. László Devecseri et sa femme Boris le supplient de laisser partir leur famille car leur bébé, Tamás, est gravement malade de la dysenterie. Krumey y consent, mais les grands-parents ne peuvent suivre. Le père de William Stern fait la même requête, mais lorsqu'il énumère les trente membres de sa famille, Krumey le frappe au visage et refuse. Les failles dans la méthode d'identification allemande permettent à plusieurs personnes de la liste d'être remplacées par d'autres. Les différents groupes politiques, notamment les jeunes pionniers, ont leurs propres priorités – par exemple, enfants, femmes enceintes ou militants particulièrement méritants – et certains de leurs membres figurant sur la liste originale se retirent volontairement ou sur ordre de leurs chefs, en faveur d'autres qui prennent leur place et leur identité. Il y aura des cas admirables d'abnégation, mais aussi d'amères disputes. Finalement, avec l'accord de Krumey, la liste passera de trois cents à trois cent dix-huit.

Tandis que les chanceux font leurs bagages, les autres restent là à les regarder avec envie. Certains laissent à ceux qui restent leur nourriture, leurs cigarettes, leurs médicaments et leurs vêtements. D'autres emmènent tout ce qu'ils possèdent. Il y aura encore d'autres disputes, d'autres réconciliations et d'autres échanges de place. Ceux qui sont sur le point de s'en

212 Kasztner, *Bericht*, p. 162-163.
213 Anonyme, p. 15.

aller cessent de s'excuser et de cacher leur joie, tandis que ceux qui restent commencent à souhaiter qu'ils soient déjà partis.

Enfin, le 18 août en début d'après-midi, les trois cent dix-huit franchissent la barrière et prennent la route que nous avions suivie jusqu'au camp six semaines plus tôt. Nous apprendrons plus tard qu'ils passèrent deux jours et demi dans des wagons à bestiaux avant d'atteindre la frontière suisse, à Bâle, le 21 août. Ils seront logés pendant trois semaines à l'hôtel Bellevue de Montreux qui était désert, puis transférés aux Avants, un village tout proche. En novembre, la plupart seront dispersés dans des centres suisses pour réfugiés, tandis que d'autres qui en ont les moyens emménageront dans des appartements privés.

Après leur départ, nous sommes à la fois soulagés et anéantis. Yehuda Blum, par exemple, s'en souvient comme « d'une des expériences les plus traumatisantes » de sa vie : « J'avais le sentiment d'avoir été en quelque sorte condamné à mort. »[214] Je deviens pénible à force de demander sans arrêt à mon père pourquoi nous n'avions pas été sélectionnés. Avant de quitter Bergen-Belsen, Krumey nous a assuré qu'à notre tour nous pourrons partir d'ici quelques semaines. Cela nous redonne de l'espoir, mais, comme le temps passe sans que nous n'ayons plus aucune nouvelle, nous nous sentons de plus en plus mal. « Nous étions apathiques et inquiets ; 1 300 personnes déçues qui, en dépit des mauvaises expériences, des mensonges et des tromperies, s'accrochaient à la dernière chose qui leur restait, l'espoir », se souvient Miriam Buck[215]. « Krumey promit qu'un deuxième convoi partirait dans deux semaines, et six semaines plus tard, le reste du camp. Mais deux semaines, quatre semaines, six semaines s'écoulèrent, et la promesse resta lettre morte. Les gens étaient terriblement déprimés », écrit David Kohn, alors âgé de douze ans[216]. Je me persuadais qu'il fallait rester calme, mais, parfois, je tremblais littéralement d'impatience, de colère et d'impuissance.

La perspective d'autres départs nous pousse pourtant à faire des projets. Au milieu « de pressions et manœuvres incessantes pour obtenir des faveurs particulières », les dirigeants constituent des listes et fixent des priorités[217]. Dans les organisations politiques et religieuses, par exemple, les débats sur les mérites respectifs de la fidélité au parti et de l'utilité pour la Palestine comme critères de sélection décisifs dégénèrent bientôt en

214 Blum, « Erinnerungen », p. 13.
215 Buck, p. 8.
216 Kohn, p. 6.
217 Devecseri, Szidonia, p. 4.

altercations. La présentation par Fischer des règles précisant les catégories et le nombre de personnes retenues entraîne encore plus de disputes, tant au sein des différents échelons de l'administration qu'entre les membres du groupe en général. Tout cela empoisonne l'atmosphère durant des semaines et sera, par une sorte d'ironie, une totale perte de temps, puisqu'en fin de compte, nous partirons tous ensemble en décembre.

Ne pas savoir comment progressent les négociations de Kasztner est l'une des nombreuses raisons de notre malheur. Parmi les quelques rares messages qu'il parvient à nous envoyer figurent deux lettres, l'une à son beau-père, l'autre à sa femme[218]. Dans la première, rédigée le 2 août en allemand et transmise par Krumey, il informe Fischer qu'« il a été décidé d'autoriser pour le moment cinq cents d'entre vous à poursuivre leur voyage jusqu'en Espagne ». Il lui explique qu'« il revient à la direction du camp la mission délicate de constituer la liste » et que « plutôt que de choisir les personnes d'ici, nous préférons vous donner la ligne à suivre » :

> « Un quota correspondant à leur nombre doit être réservé aux jeunes *chalutzim*, aux orthodoxes et aux gens de Kolozsvár. Cela vaut aussi pour les sionistes. Vous ne devez pas oublier de garantir une place à ceux qui ont contribué à fournir de la nourriture et de l'équipement pour le convoi. Les familles avec des enfants en bas âge sont prioritaires. »

Rien ne prouve que nos dirigeants aient effectivement préparé une telle liste. Toutefois, la lettre de Kasztner nomme spécifiquement quelques personnes ou familles à inclure ; certaines feront effectivement le voyage ; d'autres, pas. Le dernier paragraphe contient une référence codée à sa récente arrestation et un vague message d'encouragement pour ceux d'entre nous qui resteront à Bergen-Belsen : « Je viens de rentrer d'une excursion de neuf jours et, soit dit en passant, je suis en bonne santé. J'espère qu'il en va de même pour vous. Je vous prie de transmettre mes salutations à tous nos amis et dites-leur que nous espérons que leur tour viendra bientôt. »

La seconde lettre de Kasztner, écrite en hongrois à sa femme, et datée du 11 août, reflète les hauts et les bas qu'il a connus tout au long de ses négociations éprouvantes avec Eichmann. Il dit sa déception face à la tournure des événements qui nous ont menés à Bergen-Belsen et non en Espagne : « Je n'ai jamais imaginé que votre voyage se passerait comme

[218] Zsuzsi, la fille de Kasztner, m'a aimablement permis de consulter ces deux lettres, de même que d'autres documents en sa possession. Le 22 juillet 2007, elle a remis l'ensemble de ces documents à Yad Vashem.

ça et je regrette qu'il en soit advenu ainsi. » Il n'anticipe manifestement pas la décision d'Eichmann de garder sa famille en otage à Bergen-Belsen, lorsqu'il réconforte Bogyó : « J'estime que d'ici une semaine tu ne seras plus dans ce camp. » Et il semble confiant dans l'avenir de ceux qui ne feront pas partie du premier groupe à quitter le camp : « Malheureusement, il n'a pas été possible d'obtenir le départ de tous, mais tu dois les rassurer : ce n'est qu'une question de temps. Les autorités qui ont votre sort entre les mains ont expressément déclaré que votre convoi s'en irait d'une manière ou d'une autre. Ces autorités ne nous ont jamais déçus. J'espère que le tour du second groupe viendra bientôt. »

Ce genre de lettres pouvait de temps en temps nous soulager de notre sentiment d'isolement, même si elles suscitaient de faux espoirs. Les cinq cents personnes avaient été ramenées à 318 et le tour des autres vint plus tard que ce que Kasztner espérait.

Chapitre 9

UNE NÉGOCIATION SERRÉE

L'ACCORD PROVISOIRE

Tandis que nous nous remettons difficilement du choc de notre arrivée à Bergen-Belsen, les Juifs de Budapest jouissent d'un bref sursis. Fin juin, début juillet, le pape Pie XII et le roi Gustave V de Suède demandent personnellement au régent Horthy d'arrêter les déportations et, le 26 juin, le président Roosevelt menace de dures représailles si elles ne cessent pas sur le champ. Le 2 juillet, Budapest subit le pire bombardement allié de la guerre et, le 7, Horthy donne enfin l'ordre direct de mettre un terme aux déportations. La campagne de haine se poursuit, mais 200 000 Juifs de Budapest échapperont à cette épreuve particulière, même si beaucoup trouveront la mort d'autres manières.

Les Allemands et la canaille hongroise voudraient que les déportations reprennent le 5 août, mais Horthy refuse. Une nouvelle date, acceptée par les Allemands et le gouvernement Sztójay, est fixée au 25. Cependant, des représentants de la Suède, du Portugal, de l'Espagne, de la Suisse et du Vatican réclament un « arrêt définitif » de ce « processus inhumain »[219] et, le 24 août, Horthy fait savoir à l'ambassadeur allemand Veesenmayer que les Juifs ne pourront être déplacés qu'à l'intérieur du territoire hongrois. Le lendemain, le gouvernement avertit officiellement l'ambassadeur que les déportations sont interdites. Le même jour au petit matin, un câble de Himmler somme Winkelmann, le chef des unités de sécurité allemandes en Hongrie, de stopper tous les préparatifs. On ne sait pas exactement ce qui l'a poussé à donner une telle consigne. Peut-être est-ce les progrès

[219] Cité dans Braham, 1994, p. 914-915.

accomplis dans les négociations entre Kasztner, Becher et Mayer à la frontière suisse ? C'est en tout cas ce qu'ont soutenu Kasztner et Becher et, si c'est exact, ce fut en effet une énorme victoire.

Néanmoins, la défection de la Roumanie qui, le 23 août, abandonne l'Axe pour se rallier aux Soviétiques y est certainement pour quelque chose. Le 25 dans la soirée, Wisliceny convoque Kasztner et lui dit : « Vous avez gagné. Les équipes se retirent. »[220] Il lui explique que le *Judenkommando* a reçu l'ordre de quitter Budapest, car Himmler veut éviter toutes nouvelles persécutions des Juifs susceptibles d'attiser des sentiments anti-allemands et d'inciter la Hongrie à suivre l'exemple roumain. Mais Eichmann ne s'en va pas pour autant. Il demeure dans le pays, attendant une opportunité pour relancer les déportations. Il ne devra pas patienter longtemps.

Durant quelques semaines, un nouveau gouvernement hongrois, sous la conduite d'un nouveau Premier ministre, Géza Lakatos, poursuit une politique antisémite plus modérée. La fin des déportations a neutralisé la pire persécution. Certes, les Juifs sont toujours arrêtés, torturés ou tués, mais au moins ne sont-ils plus assassinés en masse. Le 15 octobre, ce répit connaîtra une fin dramatique avec le coup d'État des Croix fléchées.

À l'époque où, immobilisés sur une voie de garage à Mosonmagyaróvár, nous tournions et retournions l'énigme Auspitz-Auschwitz dans tous les sens, Kasztner rendait visite à Eichmann pour connaître la raison de notre retard. Celui-ci prétendit que notre groupe était devenu trop grand pour le camp de Strasshof et qu'il avait télégraphié des instructions afin que le train nous emmène dans un autre « camp privilégié », appelé Auspitz. Cependant, comme ce dernier ne convenait pas non plus, il nous avait redirigés vers Bergen-Belsen. L'avancée des Alliés en France rendait en effet impossible de nous acheminer vers l'Espagne comme prévu, mais, étant donné la malhonnêteté notoire d'Eichmann, il n'est pas exclu qu'il ait planifié le retard à Mosonmagyaróvár et, par conséquent notre captivité, afin de se ménager d'autres occasions de chantage et d'extorsion. C'est à partir de ce moment que Becher commence à prendre la place d'Eichmann à la tête de la négociation. Quoique partenaire douteux, Kurt Becher jouera un rôle décisif dans la réussite des opérations de Kasztner[221].

---

220 Kasztner, *Bericht*, p. 176-177.

221 Pour des informations détaillées sur les négociations décrites dans ce chapitre, voir Kasztner, *Bericht*, p. 146-246 ; Biss, p. 71-103 ; McClelland, 1982 ; Bauer, 1994, p. 196-238 ; Bauer, 1997 ; Braham, 1994, p. 1088-1101.

Le 5 juillet, presque deux mois après le début de la funeste mission « des marchandises contre du sang » de Joël Brand, le Vaada de Budapest reçoit enfin « l'accord provisoire » d'Istanbul. Se présentant comme les mandataires officiels de l'Agence juive, Barlas, Brand et deux autres personnes assurent qu'une solution sera trouvée pour obtenir le matériel réclamé par les Allemands, aussitôt que la partie juive sera convaincue du sérieux de l'offre allemande. Dans l'attente d'un accord définitif, ils s'engagent à verser chaque mois aux Allemands un million de francs suisses pour l'arrêt des déportations, 400 000 dollars américains par convoi de 1 000 personnes autorisées à émigrer en Palestine, et un million de dollars par convoi de 1 000 personnes autorisées à partir dans d'autres pays. Ils promettent aussi de laisser aux Allemands la moitié de la nourriture, des vêtements et des médicaments qu'ils seront autorisés à livrer dans les ghettos et les camps.

Kasztner utilise ce faux document manifeste pour convaincre Eichmann et Becher que « nos amis à l'étranger » sont prêts à conclure un marché de grande envergure. Il explique que Brand n'a pu obtenir les camions avant tout parce qu'Eichmann a envoyé les Juifs devant servir de « monnaie d'échange » à Auschwitz où ils ont été gazés. Il lance l'idée d'une rencontre en terrain neutre entre un représentant du Reich et de hauts dirigeants juifs, pour négocier le sort non seulement des Juifs hongrois mais aussi de tous les autres, prisonniers des Allemands. Il fait valoir que, pour donner à ces tractations une chance de succès, les Allemands devront fournir « des gages de leur bonne volonté » en permettant à notre groupe de Bergen-Belsen de partir pour un pays neutre. Il ajoute que « toute perspective de réussite serait compromise si les Juifs de Budapest étaient déportés entre-temps »[222].

Ayant reçu l'accord de Himmler, Becher commence à préparer une réunion à Lisbonne avec Joseph J. Schwartz, le délégué du Joint en Europe, et Eliahu Dobkin, un membre de la direction de l'Agence juive. Toutefois, Eichmann est déterminé à poursuivre la « solution finale ». Le 17 juillet, il avertit Kasztner que, si Brand ne rentre pas immédiatement, nous serons emmenés de Bergen-Belsen à Auschwitz et « passés au laminoir », c'est-à-dire gazés sur-le-champ. Biss se souvient de Kasztner, qu'il n'avait jamais vu pleurer, lui disant « les larmes aux yeux, que tout était perdu »[223]. Une lettre écrite peu de temps auparavant à Nathan Schwalb à Genève confirme le désespoir grandissant de Kasztner :

[222] Kasztner, *Bericht*, p. 149.
[223] Biss, p. 91.

> « Le rêve d'une vaste opération est terminé ; des centaines de milliers sont partis à Auschwitz, en ignorant jusqu'au dernier moment ce que c'était et ce qui s'y passait. Nous, qui savions, avons tenté d'agir mais, après trois mois et demi de lutte acharnée, je dois avouer que cela s'est apparenté davantage à assister à l'implacable déroulement d'une tragédie, sans pouvoir faire quoi que ce soit pour l'arrêter… L'effondrement fut si rapide et brutal que… les actions de sauvetage et de secours n'ont pu soutenir la cadence ; même les pensées étaient trop lentes ; je ne peux vous décrire l'extermination ni son impact, je ne peux que les ressentir. »[224]

Mais Kasztner n'est pas homme à se laisser abattre. Il retrouve bien vite son énergie et retourne au combat. En juillet et août, il rencontre différents officiers SS. On peut lire dans son journal fragmentaire les comptes rendus de certaines réunions qu'il dictait à sa secrétaire à son retour. Comme ces notes étaient destinées à lui servir d'aide-mémoire, il n'y a aucune raison de mettre en doute leur véracité. En voyant la manière dont il négociait avec une bande de génocidaires sans merci pour sauver des vies, on est stupéfait par sa capacité à paraître calme et confiant, alors qu'il devait trembler de peur, de frustration et de haine.

Le premier entretien entre Kasztner et Becher figurant dans ces carnets a lieu le 15 juillet, probablement dans le bureau de Becher plutôt qu'au quartier général d'Eichmann. Il s'ouvre sur une remarque de Becher : « Maintenant, nous sommes en terrain neutre. » « Je ne vois ici aucune neutralité, mais seulement un territoire ennemi », réplique Kasztner. Il se plaint ensuite que toute la population juive des provinces hongroises a été déportée et au moins 300 000 personnes exterminées, en dépit des assurances d'Eichmann et Wisliceny qu'il n'y aurait ni ghettoïsation ni déportation, et que tout serait « gelé » en attendant l'issue des négociations. Il prévient Becher qu'une rencontre au sommet à Lisbonne n'aura d'intérêt que si les exterminations sont immédiatement arrêtées. Puis, il demande notre libération : « Prolonger le séjour de 1 600 personnes à Bergen-Belsen n'aidera certainement pas les discussions à l'étranger. » Il s'ensuit une altercation, chaque partie accusant l'autre de n'avoir pas respecté ses engagements. Becher promet de discuter de notre sort avec Himmler, mais il se demande si Kasztner ne risque pas de se désintéresser des négociations une fois sa famille à l'abri. Kasztner lui assure qu'il n'est pas animé par « des motivations personnelles ou familiales »[225].

[224] Cité dans Bauer, 1994, p. 196.
[225] Kasztner, *Journal*.

De tels échanges sont caractéristiques de l'ambivalence de la relation entre Kasztner et Becher. Chacun essaie de bluffer, de tromper et d'exploiter l'autre, mais, avec le temps, une certaine intimité, pour ne pas dire amitié, semble s'être développée entre eux. Kasztner en est venu à voir en Becher un allié contre Eichmann, tout en sachant que Becher pouvait à tout moment, si l'envie lui en prenait, le réduire à sa merci. De son côté, Becher était prêt à extorquer aux Juifs tout ce qu'il pouvait – par la menace, le chantage, la duperie, ou par des promesses et des concessions – mais, pour survivre, il devait montrer des résultats à Himmler et, à cet effet, il avait besoin de Kasztner. Si Kasztner était au courant d'éventuels crimes de guerre commis par Becher avant d'être affecté en Hongrie, il devait les ignorer pour le bien de sa mission.

Peu après sa conversation avec Becher, Kasztner est kidnappé. Le 18 juillet, alors qu'il rentre chez lui à pied de la rue Kolumbusz, il est arrêté par deux hommes en civil. S'exprimant en allemand avec un accent hongrois, ils se disent envoyés par Eichmann et lui demandent de les suivre. Lorsqu'il refuse, trois autres personnes, parlant hongrois, le poussent dans une voiture. Menotté, les yeux bandés, il est emmené à la gendarmerie de Gödöllő, à trente kilomètres de Budapest. Là, il est interrogé trois heures durant sur les relations du Vaada avec les SS et sur la rançon payée pour nous. Il est détenu quatre jours dans un dépôt à l'atmosphère étouffante, avant d'être conduit à l'inspection générale de la gendarmerie à Ungvár (aujourd'hui Oujgorod en Ukraine), où le capitaine Leo Lulay, un adjoint de Lázló Ferenczy, le chef de la gendarmerie hongroise, l'interroge à nouveau sur le marché passé avec les Allemands et l'origine des fonds versés. Il lui demande aussi s'il est un espion américain. Lulay comme Ferenczy seront exécutés pour leurs crimes peu après la guerre.

Lulay affirmera plus tard que Ferenczy lui avait donné l'ordre de tuer Kasztner s'il refusait de divulguer le contenu de ses négociations avec les Allemands. Kasztner acceptera de coopérer, mais Lulay eut l'impression qu'« il n'était pas tout à fait sincère »[226]. On ne sait pas exactement tout ce que Kasztner dit à Lulay, mais, cinq jours plus tard, il est ramené à Budapest et interrogé par Ferenczy en personne. Celui-ci lui intime l'ordre de ne pas révéler à Eichmann par qui il a été enlevé. Lors de son entretien suivant avec Eichmann, Kasztner prétendra ne rien savoir, car il avait eu les yeux bandés en permanence, et Eichmann ne cherchera pas plus loin. Sur la route du retour d'Oujgorod, Kasztner est profondément bouleversé en apercevant les signes des déportations récentes :

[226] Lulay, « Nyilatkozat ».

> « Dans la région subcarpatique – qui comptait autrefois la plus forte densité de population juive en Hongrie –, nous avons traversé des villes désertes et des villages abandonnés. Les bureaux, ateliers et magasins aux enseignes juives fermés, les synagogues silencieuses, tout nous rappelait qu'ici la vie juive avait été anéantie. »[227]

Kasztner retrouve Becher et Eichmann une nouvelle fois le 2 août. Becher les informe que Himmler est toujours prêt à permettre à des Juifs d'émigrer, en échange de marchandises, et a aussi donné l'autorisation à 500 membres de notre groupe de Bergen-Belsen de partir pour un pays neutre. Les autres suivront bientôt. Eichmann s'incline à contrecœur devant l'ordre de Himmler, mais prévient qu'il n'autorisera aucun départ avant que ne soit fixée la date de l'entrevue entre Becher et les « représentants de la communauté juive internationale »[228].

Kasztner devait donner à József Fischer des instructions pour la distribution des 500 places conformément aux directives antérieures du Vaada. Comme nous l'avons vu, Kasztner le fait immédiatement, en envoyant une lettre que Krumey apporte à Fischer à la fin du mois d'août, lorsqu'il vient à Bergen-Belsen pour libérer un contingent réduit à 318 personnes. Eichmann ajoute que le reste du groupe pourra suivre d'ici quelques semaines, à condition que Brand revienne d'Istanbul. « Je n'ai pas l'habitude de laisser des Juifs émigrer par avion courrier allemand »[229], dit-il à Kasztner. En réalité, Eichmann est déterminé à achever pour le 15 septembre la déportation de tous les Juifs de Hongrie, dont ceux de Budapest, comme il l'a promis et, par conséquent, il fait tout ce qu'il peut pour rompre son accord avec Kasztner et se soustraire aux ordres de Himmler.

La rançon pour notre groupe sera traitée par Eichmann aussi sournoisement que tout le reste. Les comptes doivent être approuvés par Biss, pour le Vaada, et par l'*Obersturmführer* (lieutenant) Karl Grabau, pour les SS. La question du taux de change pour les millions de pengős et les objets de valeur déjà donnés aux Allemands est cruciale. Le Vaada maintient que la rançon de 1 000 dollars par tête a été livrée dans les trois valises pleines que Kasztner, Offenbach et Hansi Brand ont remises à Klages le 20 juin. Becher le nie et demande d'autres paiements en « marchandises ». Le Vaada répond par un « bluff suisse » et présente à Becher une lettre de crédit d'un montant équivalant à trente semi-remorques, qui, prétend-il, ont été livrés,

227 Kasztner, *Bericht*, p. 154-155.
228 *Ibid.*, p. 157.
229 *Idem.*

mais qui ne quitteront en fait jamais la Suisse. Il certifie aussi que deux camions, remplis de peaux de mouton en provenance de Bratislava, attendent d'être récupérés, mais, lorsque quelques mois plus tard un envoyé de Berlin viendra les chercher, il ne les trouvera pas. En revanche, le Vaada a bien fourni 15 000 kg de café périmé entreposé dans le port libre de Budapest et payé par le Joint. « Les marchandises furent en partie livrées à Becher et en partie promises, et les négociations avec Eichmann pour libérer les Juifs se sont poursuivies sur cette base », se rappelle Hansi Brand[230].

Bien que la rançon ait été effectivement versée, Eichmann refuse de nous autoriser à quitter Bergen-Belsen. Comme le note Kasztner avec ironie, tout à coup Eichmann « s'inquiétait » pour nos vies. Les Alliés approchaient de Paris et les lignes de chemin de fer allemandes étaient continuellement bombardées. « Que se passera-t-il si le train est touché par une bombe britannique ou américaine ou s'il reste coincé sur la route ? », demande-t-il à Kasztner. « Croyez-vous que le Reich n'a rien d'autre à faire en ce moment que de protéger les Juifs ? »[231] Kasztner pense plutôt qu'Eichmann souhaitait nous garder, afin de soutirer une plus forte rançon aux organisations juives, bien qu'il soit possible aussi qu'ayant reçu l'argent, il caressait l'idée de faire sauter notre train et d'en rejeter la responsabilité sur les bombes alliées. Quoi qu'il en soit, Kasztner rétorque à Eichmann que le Vaada prend la responsabilité de ce qui pourrait arriver et il suggère qu'au lieu d'essayer de gagner l'Espagne *via* la France, nous pourrions nous diriger, à moindre risque, vers la Suisse.

Durant la détention de Kasztner, Schwartz a abandonné l'idée de retrouver Becher à Lisbonne, parce qu'en tant que citoyen américain il lui est interdit de communiquer avec des Allemands. De son côté, Becher prend la décision de ne pas y aller, parce qu'on l'a prévenu que les Britanniques pourraient tenter de le prendre en otage en territoire neutre. C'est à ce moment que Saly Mayer – que Schwartz avait recommandé à Kasztner pour toutes négociations ultérieures – entre pleinement en scène.

En tant que représentant de l'American Jewish Joint Distribution Committee en Suisse, Mayer a reçu l'autorisation du War Refugee Board d'entamer des discussions afin de gagner du temps en faveur des Juifs, mais il lui est interdit de prendre le moindre engagement financier ou politique. En 1944, le Joint avait mis à sa disposition 6,5 millions de dollars,

---

230 Brand, Hansi, « Testimony ».

231 Kasztner, *Bericht*, p. 151-152.

dont 3,8 pour les réfugiés en Suisse et 2,7 pour l'aide aux Juifs européens. Il n'a aucuns fonds pour payer des rançons et le Joint lui a explicitement demandé de temporiser et d'essayer d'obtenir des concessions de la part des Allemands, sans rien leur donner en retour.

La coopération entre Mayer et Kasztner sera loin d'être paisible. Leurs divergences sont dues en grande partie à un conflit de personnalités. Tandis que Mayer reprochera à Kasztner son imprudence et sa négligence, Kasztner verra en Mayer un esprit étroit, dépourvu de compréhension ou de compassion. Mayer est un citoyen suisse honnête et droit, Juif orthodoxe, rude, entêté et irritable. Manquant de finesse, enclin à faire la morale et à donner des leçons, ce n'est pas la personne idéale pour assumer une tâche qui requiert diplomatie, imagination, souplesse, audace, voire franche malhonnêteté pour la bonne cause. Néanmoins, compte tenu de sa marge de manœuvre, il obtiendra de réels succès. Si Kasztner sera frustré par le refus de Mayer de faire des promesses extravagantes aux nazis, le délégué du War Refugee Board en Suisse, Roswell McClelland, loue l'extraordinaire tactique dilatoire de Mayer qui consiste à « parler, promettre, flatter, sous-entendre, menacer » et « faire miroiter aux nazis des marchandises et de l'argent » alors qu'il n'a presque rien à offrir[232]. Selon Kasztner, davantage de Juifs auraient pu être sauvés si Mayer s'était montré plus audacieux, mais rien ne dit que des promesses clairement irréalistes n'auraient pas été contre-productives. À vrai dire, la contribution de Mayer sera beaucoup plus positive que ce que Kasztner pourra ou voudra bien admettre. Yehuda Bauer, l'éminent historien des négociations entre Juifs et nazis, a probablement raison lorsqu'il écrit que ce qui a été accompli « aurait été inconcevable sans les manœuvres dilatoires de Mayer, même si Kasztner et Biss, qui exploitèrent toutes les brèches, jouèrent également un rôle clé »[233].

À la suite de l'annulation de la rencontre entre Becher et Schwartz à Lisbonne, Kasztner s'arrange pour qu'à la place, le premier retrouve Mayer à la frontière suisse. Le 12 juillet – date à laquelle il ne reste plus aucun Juif dans les provinces hongroises –, Kasztner demande à Becher de confirmer que les 200 000 Juifs de Budapest ne seront pas déportés. « La ville restera tranquille jusqu'à la fin de nos pourparlers. Si l'issue des discussions est négative, la situation dans la ville pourrait devenir critique », répond Becher[234]. Dès lors, étant donné les faibles chances d'obtenir les marchandises réclamées par les Allemands, Kasztner n'a d'autre choix

---

232 McClelland, « Report », p. 46.
233 Bauer, 1994, p. 195.
234 Cité *ibid.*, p. 217.

pour « préserver la tranquillité de la ville » que de faire traîner les discussions aussi longtemps qu'il le peut. Pour amener les Allemands à épargner la vie d'autant de Juifs que possible d'ici la fin de la guerre, il faut arriver à les persuader qu'un énorme marché peut être conclu, soit avec la communauté juive internationale, soit avec les Alliés. Mais pour que les Alliés jouent le jeu, il faut qu'on leur montre que les Allemands sont prêts à laisser aux Juifs la vie sauve contre rétribution. Notre libération de Bergen-Belsen constituerait le signal attendu et un pas décisif vers le sauvetage de beaucoup plus de vies encore. Kasztner essayera désespérément de persuader Mayer de l'aider à tromper Becher, mais Mayer a ses propres instructions et sa méthode personnelle, qui ne correspondent pas à ce que Kasztner attend.

Au moins une promesse

Le 25 avril déjà, le Vaada a informé Mayer de ses négociations avec Wisliczeny. Décrivant la situation de plus en plus précaire des Juifs de Hongrie, il a demandé au Joint deux millions de dollars en cas d'accord. Le 4 mai, Mayer répond que « les Allemands devraient apporter une preuve tangible qu'ils s'améliorent et notamment qu'ils stoppent les déportations des Juifs de France ». « En d'autres termes, si nous apprenons les bonnes manières aux méchants nazis, il serait prêt à nous aider », observe Kasztner avec amertume. De façon un peu simpliste, il accuse Mayer et les Juifs du monde libre de ne pas s'empresser de porter secours à ceux qui sont aux mains des Allemands par manque d'empathie et de solidarité : « Ils étaient là-bas, nous étions ici ; ils n'étaient pas directement concernés, nous étions immédiatement touchés. Ils faisaient de la morale, nous avions peur de mourir. Ils avaient pitié et se croyaient impuissants. Nous voulions vivre et nous pensions qu'il devait être possible de nous sauver. »[235] Quelques semaines plus tard, Kasztner, Mayer, Becher et quelques autres entament une série de réunions que l'on pourrait qualifier de farce grotesque, en des circonstances moins tragiques. Pendant ce temps, Eichmann, qui a quitté Budapest, attend son heure à la campagne.

La première entrevue est fixée au 21 août. Comme Mayer n'a pu obtenir de visa d'entrée en Suisse pour Becher, elle devra se tenir à la frontière germano-helvétique. Les notes de Kasztner sur sa conversation avec

---

[235] Kasztner, *Bericht*, p. 170.

Klages le 18 août mettent en lumière le mélange d'abattement et de détermination avec lequel il appréhende les événements à venir, sentiment qu'il éprouvera la plupart du temps. Il dresse l'inventaire des redoutables obstacles qui l'attendent. Étant donné l'avancée des Alliés en France, « la route de l'Espagne est désormais exclue » : la Suisse « n'acceptera pas d'accueillir un grand nombre de Juifs » et il n'y a aucun moyen « d'importer des marchandises de l'étranger ». Cela laisse peu d'espoir, mais il est décidé à lutter encore, quoi qu'il arrive : « Quelle que soit l'ampleur des difficultés, cet accord doit être conclu, car il n'y a pas d'autre solution. »[236]

Le 19 août, Kasztner et Becher quittent Budapest, accompagnés du *SS Haupsturmführer* Max Grüson, l'adjoint de Becher, et de Wilhelm Billitz, un Juif converti, directeur du conglomérat industriel Manfred Weiss, que Becher avait confisqué à ses propriétaires, la famille éponyme. Lorsqu'ils arrivent à leur hôtel à Bregenz, le 20 août, ils sont rejoints par Krumey, qui revient de Bergen-Belsen où il a supervisé le départ du premier contingent de notre groupe. Il rapporte qu'Eichmann a réduit de cinq cents à trois cents le nombre de détenus autorisés à partir et exigé le maintien en détention des familles de Kasztner et Brand. Avec son accord, 318 personnes ont quitté le camp le 18 août et arriveront à Bâle trois jours plus tard, soit le 21. En dépit de ce nombre infime comparé aux millions qui périront, c'est un événement capital, comme l'écrit Kasztner :

> « Au moins, c'était un premier pas. Trois cent dix-huit personnes étaient libres. C'étaient les premières – non seulement du camp de Bergen-Belsen mais de la masse des Juifs qui croupissaient sous le joug hitlérien – à traverser les frontières d'un État neutre en tant que groupe constitué et de taille conséquente, et ce, sous les yeux du monde entier. »[237]

Par hasard, la première rencontre entre Mayer et Becher a également lieu le 21 août, à la frontière germano-suisse – sur un pont au-dessus du Rhin entre la ville autrichienne de Höchst et la ville suisse de Sankt Margrethen, pour être précis. Mayer s'est fait accompagner de deux conseillers, Marcus Wyler, son avocat, et Pierre Bigar, un représentant de la Fédération suisse des communautés juives. Becher et ses acolytes ne sont pas autorisés à pénétrer en territoire helvétique et Mayer décline son invitation à le suivre dans le bureau des douanes allemandes. La rencontre ne démarre pas sous de bons auspices, et l'inquiétude de Kasztner augmentera au fil des discussions.

---

236 Kasztner, Journal.

237 Kasztner, *Bericht*, p. 173.

Becher se présente comme le représentant de Himmler, autorisé à discuter des questions relatives aux Juifs avec les représentants des Alliés et de « la communauté juive internationale », afin de trouver un accord fondé sur des « considérations économiques ». Le destin des Juifs de Budapest menacés de déportation, notamment, dépendra du type de sacrifice que les Alliés et la communauté juive internationale accepteront de faire pour eux. Becher demande alors si Mayer est prêt à accepter l'offre allemande d'échanger un million de Juifs contre dix mille camions. Mayer réplique qu'il est venu à cette réunion uniquement en qualité de délégué du Fonds de soutien suisse aux réfugiés et qu'il ignore tout de cette offre ; néanmoins, il contactera les autorités compétentes. Il ajoute que « la déportation des Juifs de Budapest ne serait pas une catastrophe en soi, mais que les Allemands doivent enfin mettre un terme à ces maudits gazages ». Becher s'engage à convaincre Himmler de le faire et fait remarquer que les Allemands ont déjà prouvé leur bonne foi en autorisant 318 membres de notre groupe à quitter Bergen-Belsen pour la Suisse. Il promet que les autres suivront bientôt et demande ce que Mayer peut lui offrir en contrepartie. Celui-ci suggère « de l'argent », bien que le Joint lui ait formellement interdit de prendre le moindre engagement, mais Becher réclame des « marchandises ». Lorsque Mayer fait appel à son humanité, Becher réplique : « Je ne peux négocier sur cette base. »[238] Mayer répète qu'il contactera les autorités compétentes, mais Becher, furieux, accuse Kasztner de l'avoir fait venir à la frontière suisse sous de faux prétextes. Billitz sauve la situation en proposant aux deux parties de prendre le temps de réfléchir, et Becher accepte une nouvelle rencontre la semaine suivante. Ce qui se passe par la suite fait l'objet de vives controverses.

Le 25 août, Becher télégraphie à Himmler un rapport détaillé. Selon ses propres termes, Mayer a reconnu le sérieux de la proposition allemande grâce « au fait qu'à ce moment précis 300 articles traversaient la frontière ». Difficile de dire si l'utilisation du terme « article » pour parler d'êtres humains est l'expression de son propre mépris pour les Juifs ou fait écho à celui de Himmler. Comprenant qu'il sera impossible d'obtenir des camions des Alliés occidentaux, il recommande que les Allemands demandent d'autres marchandises susceptibles d'être fournies par des États neutres, comme du « chrome, du nickel, des roulements à billes, des instruments de mesure, des machines-outils, du tungstène, de l'aluminium, etc. ». Il détaille la marche à suivre : « a) s'assurer l'accord et la couverture de l'autorité

[238] *Ibid.*, p. 175.

suprême américaine sur le principe ; b) déterminer le montant total des devises étrangères nécessaires pour conclure l'affaire ; c) planifier le programme d'approvisionnement ; d) spécifier les marchandises qui peuvent être livrées immédiatement ». Il répète la mise en garde de la partie juive : « En cas de nouvelles déportations vers le Reich, les autorités décisionnaires ne considéreront pas les négociations comme sérieuses et donc elles échoueront. » Et il conclut : « Sur la base de ces informations, je vous saurai gré de m'accorder la permission de poursuivre les pourparlers. »[239] La brève réponse de Himmler, datée du 26 août, s'achève sur ces mots : « Sur la base de vos informations, je vous ordonne et vous permets de continuer à négocier. »[240]

Après la guerre, alors qu'il est détenu par les Américains, Becher prétendra que ce sont les progrès dans les discussions à la frontière suisse qui ont convaincu Himmler de suspendre les déportations de Budapest[241]. Ce point de vue est souvent contesté. Le télégramme de Himmler ordonnant à Winkelmann de stopper les préparatifs a été envoyé à 3 h du matin le 25 août. À 11 h 15, le même jour, l'ambassadeur d'Allemagne à Budapest demande, par câble également, confirmation au ministre des Affaires étrangères Ribbentrop de l'ordre de Himmler, qu'il reçoit dûment par la même voie[242]. Or, Becher télégraphie son rapport à Himmler le 25 août à 18 h 10. Donc l'interdiction par Himmler de poursuivre les déportations précède de plusieurs heures le compte rendu de Becher. Cependant, il se peut que ce dernier, à un moment ou à un autre, entre le 21 et le 25 août, ait vu Himmler ou lui ait parlé au téléphone. Dans ce cas, son télégramme n'aurait fait que confirmer ses points d'accord avec Kasztner dont il aurait informé Himmler oralement. Le plus grand défenseur de cette hypothèse est Yehuda Bauer qui conclut : « Il apparaîtrait ainsi que ces discussions, initiées et soutenues par Kasztner, furent la cause directe du sauvetage des Juifs de Budapest. »[243] Les adversaires de la thèse de Becher prétendent, au contraire, que le souci de Himmler n'était pas de conclure le marché avec Kasztner, mais plutôt d'empêcher une montée de l'hostilité anti-allemande en Hongrie ou d'améliorer son image aux yeux des pays neutres et des Alliés. Cela n'exclut cependant pas que le rapport de Becher – et donc la proposition de Kasztner – ait aussi contribué à l'arrêt des déportations.

---

239 Cité dans Dinur, p. 58-60.
240 *Ibid.*, p. 62.
241 Emmenegger, art. 13.
242 Cité dans Dinur, p. 60.
243 Bauer, 1994, p. 221.

Au cours des semaines suivantes, Kasztner presse Becher « presque tous les jours » de libérer notre groupe de Bergen-Belsen, mais celui-ci refuse d'en faire la recommandation à Himmler sans une réponse satisfaisante venue de Suisse sur l'ensemble de l'accord. Pour faire bouger les choses, Kasztner suggère que les Allemands nous permettent de poursuivre notre voyage et autorisent en outre, contre une rançon de 100 dollars par tête, 2 500 Juifs de Budapest à émigrer. Becher transmet la proposition à son chef qui lui répond par télégramme : « La partie adverse doit avoir perdu la tête. L'entrée d'un Juif en Amérique coûte mille dollars. Le départ d'un Juif d'Europe coûte également mille dollars – Himmler. »[244]

Début septembre, Kasztner et Grüson rencontrent à plusieurs reprises Mayer et ses conseillers sur le pont à Sankt Margrethen, pendant que Becher attend des nouvelles à Bregenz, la ville voisine. Mayer refuse systématiquement de donner les assurances que Kasztner essaie d'obtenir de lui. Kasztner est excédé par ces tergiversations, même si, en tant que tactique pour gagner du temps, elles ont leur avantage. Il est à peu près certain que Becher a compris que Kasztner le mène en bateau, mais il a besoin de montrer à Himmler une preuve, même bancale, que les choses progressent. Lors d'une de leurs rencontres, Mayer signale que les autorités américaines lui ont donné pour instruction de ne pas dire « non » aux propositions allemandes. Lorsque Kasztner lui demande si cela implique la possibilité d'une réponse positive, Wyler intervient au nom de son client : « Non. On nous a seulement ordonné de ne pas dire non. » Grüson intervient alors : « Monsieur Mayer, je vous en conjure, faites-leur une promesse. Sinon, mon patron, Kurt Becher, ne pourra rien faire pour les Juifs et les gazages recommenceront. Juste une promesse ! Ce ne sont que des mots ! Vous aurez du temps pour l'honorer. Et d'ici là beaucoup de choses peuvent arriver. » Mayer réplique : « Je ne promets que ce que je peux tenir. »[245] En réalité, il promettra parfois plus qu'il ne pouvait tenir, mais d'une manière plus prudente que ne pouvait apprécier Kasztner avec ses méthodes cavalières.

Quand Becher apprend ce qui s'est passé, il dit : « Je suis désolé, mais je ne peux faire plus pour les Juifs que ce que M. Saly Mayer est disposé à faire. » Il lui faudra un télégramme avec un « oui » très clair de Mayer pour le persuader de reprendre les négociations. Celles-ci devront se tenir en territoire suisse plutôt que sur un pont et il exige de recevoir un visa

244 Kasztner, *Bericht*, p. 193.
245 *Ibid.*, p. 178.

suisse. À ce moment, Kasztner a, lui aussi, perdu tout espoir d'arriver à un accord, il espère seulement gagner du temps : « Tant que Himmler campait sur ses positions et que l'Occident persistait à refuser et à se méfier, ces négociations ne pouvaient, au mieux, qu'être un exercice de bluff entre les deux parties. »[246]

Fin août, une révolte contre les Allemands éclate en Slovaquie. Eichmann y trouve le prétexte pour relancer le programme de déportation des 23 000 Juifs restants dans ce pays. Kasztner presse Becher d'intervenir auprès de Himmler, mais celui-ci refuse étant donné le manque de progrès à la frontière suisse ; il ajoute qu'il pourrait changer d'avis, s'il reçoit de Mayer un engagement sans ambiguïté. Malgré les nombreux télégrammes de Kasztner, il devra attendre la fin septembre pour que Mayer réponde qu'il est prêt à ouvrir un compte pour les nazis dans une banque suisse. Le 28 ou le 29 septembre, Kasztner rencontre à nouveau Mayer et Wyler à la frontière suisse. Cette fois, il est accompagné du *Sturmbannführer* Herbert Kettlitz, qui a remplacé Grüson. Mayer accepte de promettre de l'argent à Becher pour sauver les Juifs slovaques. Kasztner informe Becher que le Joint versera 15 millions de francs suisses aux conditions suivantes : « 1. Que cesse l'opération contre les Juifs slovaques ; 2. Qu'aucun Juif de Budapest ne soit déporté ; 3. Que le reste du groupe toujours à Bergen-Belsen soit autorisé à quitter l'Allemagne immédiatement. »[247]

Vers cette époque, Kasztner commence à croire que notre libération est proche. Deux de ses lettres écrites le 6 octobre, l'une à sa femme et l'autre à son beau-père, traduisent sa frustration devant les atermoiements d'Eichmann, mais aussi ses espoirs de la fin prochaine de notre captivité[248]. « On n'a cessé de nous répéter que tôt ou tard vous pourriez partir, puisque nous avions rempli nos obligations. Mais, dès le moment où votre départ a été lié à une négociation plus large, sa date a été repoussée », explique-t-il dans son courrier à Fischer. Il fait allusion à un projet « d'un autre convoi de 200 personnes » qui aurait dû suivre les 318, parties au mois d'août, et aurait inclus la famille de Fischer ; ce convoi « n'est pas parti parce qu'entre-temps est née l'idée de négocier la libération de l'entièreté du groupe ». Faisant référence à Mayer sous le nom de code « Oncle », il termine sur une note optimiste en annonçant de façon détournée, afin de tromper la censure, notre libération imminente : « Les négociations avec l'Oncle sont maintenant dans une phase décisive. La

[246] *Ibid.*, p. 179.
[247] *Ibid.*, p. 187.
[248] Lettres communiquées par Zsuzsi Kasztner.

délégation chargée de conclure le contrat se rendra probablement chez l'Oncle au milieu ou à la fin de la semaine prochaine. Il y a de réelles chances pour que le contrat soit enfin finalisé. » Malheureusement cette perspective s'éloignera et nous devrons passer deux mois de plus à Bergen-Belsen, alors que le rude automne s'installera dans la lande de Lunebourg.

À sa femme, Kasztner écrit, bien sûr, sur un mode plus personnel. Il est inquiet pour sa « santé fragile », mais il l'exhorte à soutenir le moral de tous : « Continue dans le futur proche à veiller à ta santé physique et psychique comme tu l'as fait jusqu'à présent et assure-toi que la famille et le reste de la compagnie ne perdent pas confiance. En mon absence, c'est ta tâche et ton principal devoir. » Il escompte une décision sur notre libération « au cours de la prochaine semaine » mais il a aussi un plan en cas d'échec : « Si contre toute attente, votre départ s'avérait impossible, je vous rejoindrai. » La rejoindre – et nous rejoindre tous – pouvait bien signifier la mort et Kasztner semblait prêt à une telle issue. Dans un post-scriptum pour sa mère et son frère, il ajoute : « Mes pensées vont à maman, Ernő et tout le convoi, dont j'ai le destin en main, la plus grande responsabilité qui puisse être donnée à un homme. »

Kasztner était peut-être un joueur, mais il était véritablement engagé dans la mission qu'il avait acceptée.

Un important succès

L'accalmie dans les persécutions des Juifs hongrois prend fin le 15 octobre, avec l'annonce par Horthy d'un cessez-le-feu sur le front russe. Ferenc Szálasi, le chef du parti ultra-fasciste des Croix fléchées, avec une unité de blindés allemands prête à l'épauler, dépose le régent et se déclare Premier ministre et chef de l'État. Avec la nomination d'Emil Kovarcz, au poste de ministre de la Mobilisation générale, et de Gábor Vajna, à celui de l'Intérieur, deux des plus farouches antisémites se trouvent en charge des affaires juives. Le régime de terreur qui s'ensuit fera des dizaines de milliers de victimes.

Deux jours après le coup d'État, le 17 octobre, Eichmann refait son apparition à Budapest. Il est ivre, comme souvent à cette époque, lorsqu'il convoque Kasztner dans le bureau de Becher : « Eh bien, vous voyez, je suis de retour ! », jubile-t-il, puis il enchaîne :

> Les Juifs de Budapest seront évacués, à pied cette fois. Nous avons besoin de nos moyens de transport pour d'autres choses. Mais si vous nous fournissez suffisamment de camions, nous pourrons les utiliser pour cette évacuation. Ou peut-être cela ne vous convient-il pas ? Vous avez peur, hein ? Surtout ne me débitez plus vos contes de fées américains. Maintenant nous allons travailler vite et bien, d'accord ? »[249]

Alors qu'Eichmann est déterminé à éliminer les derniers Juifs de Budapest, Becher s'efforce d'obtenir l'aval de Himmler pour arriver à d'autres accords. Le 25 octobre, après de nombreux échanges de télégrammes avec Mayer, Kasztner peut remettre à Becher et Kettlitz leur visa d'entrée en Suisse. Le 2 novembre, Becher arrive à Zurich et annonce que Himmler a autorisé notre groupe à quitter Bergen-Belsen. Lors d'une réunion à l'hôtel Walhalla à Saint-Gall, le 4 novembre, il explique que Himmler est prêt à négocier le départ vers la Suisse d'autres groupes de détenus dans des camps de concentration allemands et d'accorder à certaines catégories de Juifs le statut d'étrangers privilégiés, d'internés civils ou de prisonniers de guerre, afin qu'ils soient pris en charge par la Croix-Rouge. En retour, il réclame la « livraison immédiate des marchandises prévues »[250]. On pense que de son côté Becher a offert de laisser émigrer des centaines de milliers de Juifs – mais pas en Palestine – contre 20 millions de francs suisses payables dans les deux ou trois semaines[251].

Le 5 novembre, une rencontre extraordinaire a lieu à l'hôtel Savoy Baur en Ville à Zurich. En violation de l'interdiction pour les Alliés d'avoir le moindre contact avec des officiels nazis, Becher, en présence de Kasztner et Mayer, est introduit auprès de Roswell McClelland, le délégué du War Refugee Board (WRB) américain en Suisse. À Budapest, le WRB collabore avec la mission helvétique et la Croix-Rouge, pour apporter de l'aide aux Juifs cachés et utiliser les réseaux diplomatiques et de propagande pour contribuer à rendre publiques les horreurs qui ont lieu à Auschwitz. L'une des principales tâches de McClelland est d'obtenir du Département d'État l'autorisation de transférer des fonds en Hongrie pour les opérations de secours et de sauvetage du Joint Distribution Committee. Avec un peu d'imagination, Becher peut dire à Himmler qu'il a réussi à surmonter le refus des Alliés de négocier avec les Allemands et qu'il est en train de parler affaires avec un important responsable américain. Kasztner, pour sa

249 Kasztner, *Bericht*, p. 205.
250 *Ibid.*, p. 208.
251 Bauer, 1994, p. 226.

part, nourrit l'espoir que l'implication apparente d'un officiel américain de haut rang encouragera Himmler à faire des concessions significatives en faveur des Juifs. Qualifiant par erreur McClelland de quaker, voici comment il décrit leur rencontre à l'hôtel :

> « Le War Refugee Board aurait difficilement pu mandater délégué plus digne : McClelland, un quaker, un humaniste par excellence, était un diplomate discret, extrêmement cultivé, au courant de la tragédie des Juifs d'Europe dans tous ses détails. Face à lui, Becher, soucieux du prestige du Troisième Reich, incarnation de la pensée mécanique, dévoué à une cause perdue mais à la recherche de quelque chose qu'il n'osait pas encore formuler. »[252]

Becher a obtenu l'accord préalable de Himmler pour cette rencontre. On ignore dans quelle mesure McClelland agit sur ordre ou de sa propre initiative. En tout cas, il explique qu'il est prêt à autoriser le Joint à déposer vingt millions de francs (cinq millions de dollars) en Suisse, que le Troisième Reich pourra utiliser pour acquérir les marchandises soumises à autorisation d'exportation par les autorités helvétiques, autorisation dont il facilitera l'obtention. En échange, il exige que les Allemands mettent fin aux persécutions et respectent « la vie de tous les civils entre leurs mains, sans distinction de race, de religion ou de nationalité »[253]. Becher s'engage à transmettre la proposition de McClelland à Himmler. Kettlitz restera en Suisse pour acheter les marchandises.

Mayer montre à Becher un télégramme, signé par le secrétaire d'État américain, Cordell Hull, selon lequel le Département d'État autorise le Joint à transférer cinq millions de dollars en Suisse pour des opérations de secours supervisées par le War Refugee Board. Toutefois, il se garde de dire à Becher que l'argent ne pourra être dépensé sans le consentement de Washington. McClelland, de son côté, télégraphie un résumé des discussions au WRB et au Département d'État, le 16 novembre. La réponse lui parvient cinq jours plus tard : « Aucun fonds de quelque origine que ce soit ne doit être utilisé pour répondre à une telle offre. »[254] Kasztner lui-même qualifie cette proposition de « bluff à vingt millions de francs »[255].

Dans son témoignage au cours du procès d'Eichmann, Becher prétendra qu'il n'a jamais été dupe des stratagèmes utilisés par les Juifs ; malgré

---

252 Kasztner, *Bericht*, p. 209.
253 *Ibid.*, p. 210.
254 Cité dans Braham, 1994, p. 1098.
255 Kasztner, *Bericht*, p. 211.

ces manœuvres, il a continué à négocier, car il considérait que c'était le seul moyen d'arracher à Himmler des concessions en faveur des victimes. Il se peut que Becher ait effectivement suspecté les Juifs de bluffer, mais ce n'est pas vraiment par souci humanitaire qu'il décida de coopérer. Avec l'avancée rapide des Soviétiques vers Budapest, il devait se rendre compte que la guerre était perdue et commencer à craindre pour sa propre vie. Comme le pense Kasztner, la rencontre avec McClelland, jointe à l'offre fallacieuse de Mayer, permit à Becher d'imaginer faire un grand coup diplomatique au dernier moment ou au moins de sauver sa peau à l'approche de la débâcle :

> « Il pouvait désormais dire à Himmler qu'il avait réussi à établir un contact personnel avec un envoyé spécial de Roosevelt. À ce contact étaient associés de vagues et inexprimables espoirs – un désir secret de rapprochement politique et un éventuel alibi personnel – qui ne firent que croître avec l'aggravation de la situation du Troisième Reich sur le champ de bataille. »[256]

Mayer espère que la promesse des vingt millions de francs suffira à persuader les Allemands de placer les camps de concentration sous la protection de la Croix-Rouge jusqu'à l'effondrement final du Reich. Kasztner veut utiliser l'implication apparente d'une haute autorité américaine pour soutirer à Himmler des concessions bien plus importantes. Après la rencontre avec McClelland, il prépare une liste d'exigences qu'il présente à Becher au moment où tous deux s'apprêtent à quitter la Suisse. Elle contient entre autres l'interdiction de la déportation des Juifs de Budapest et de Slovaquie, le statut de prisonniers de guerre pour tous les Juifs aux mains des Allemands, l'accès de la Croix-Rouge à tous les camps de concentration, la libération de notre groupe et des autres détenus de Bergen-Belsen. Après un débat passionné, Becher accepte de recommander à Himmler de ne pas déporter de Budapest les hommes de moins de seize ans et de plus de cinquante, les femmes de moins de seize et de plus de quarante ans, ainsi que les personnes gravement malades. C'est beaucoup moins que ce que veut Kasztner, mais si Himmler accepte, cela sauvera les plus vulnérables.

À peine est-il arrivé sur le sol allemand que Becher confisque le passeport de Kasztner. Les Allemands lui avaient accordé une série de privilèges – exemption du port de l'étoile, liberté de mouvement, protection contre les autorités hongroises et, plus étonnant encore, autorisation de se rendre

---

[256] *Idem.*

à plusieurs reprises en Suisse – dans le seul but de l'instrumentaliser, et le geste de Becher est là pour lui rappeler qu'il est toujours entièrement à leur merci. Néanmoins, durant le long trajet en voiture jusqu'à Budapest, Becher lui parle d'égal à égal. Il tente notamment de prendre la défense de Himmler. Il qualifie le *Reichsführer* d'homme au bon cœur, qui n'est pas un génocidaire[257], mais qui a été contraint de prendre des mesures antijuives qu'il n'a jamais voulues. Il fait en outre allusion aux intrigues menées contre lui-même par Kaltenbrunner et la Gestapo. Il doit aussi songer à Eichmann qui a fait tout ce qu'il a pu pour saper ses actions et sa position de favori de Himmler. À la fin du voyage, Becher assure Kasztner que, suite à sa rencontre avec McClelland, il conseillera à Himmler d'ordonner la fin de l'extermination des Juifs. De surcroît, il confirme que les seuls Juifs qui seront déportés de Budapest seront les hommes et les femmes capables d'exécuter des travaux forcés.

Ils arrivent dans la capitale le 8 novembre. Le même jour, Eichmann commence à rassembler les Juifs de la ville dans la briqueterie Ujlaki, dans la banlieue de Óbuda, afin de les envoyer en Autriche au cours des tristement célèbres « marches de la mort ». Kasztner en appelle à Becher et, le lendemain, Eichmann libère les enfants, les vieillards et les malades. Les 30 000 restants, dont 70 % de femmes, seront forcés de marcher jusqu'à la frontière autrichienne, à quelque 180 kilomètres de là. Ils marcheront pendant six ou sept jours, sous la pluie et la neige, sans nourriture, sans vêtements adéquats, passant les nuits dehors, harcelés par des soldats SS et des militants des Croix fléchées. Des milliers mourront d'épuisement et des centaines, à bout de force, incapables d'avancer, seront exécutés. Le 13 novembre, Eichmann ordonne la déportation de tous les enfants de plus de dix ans. Kasztner prévient Becher, qui téléphone à Eichmann et le menace d'envoyer un télégramme à Himmler s'il n'arrête pas de s'immiscer dans ses affaires. Eichmann retire son ordre et les marches seront suspendues pendant quelques jours.

Après la guerre, Becher s'attribue quasiment tout le mérite pour l'arrêt des marches. Il soutient que l'ordre de Himmler est le résultat de ses protestations et de celles de Winkelmann, le chef de la police. Il prétend également avoir incité l'*Obergruppenführer* Hans Jüttner à en faire autant. Cependant, les délégués de la Croix-Rouge, du Vatican et des pays neutres ont, eux aussi, exhorté Szálasi à mettre fin aux marches. La contribution

[257] *Ibid.*, p. 217.

de Kasztner et Becher fut peut-être importante, mais ce ne fut pas la seule tentative pour améliorer le sort des déportés.

Le 21 novembre, Eichmann essaye de persuader Kasztner de l'aider à rafler 65 000 à 70 000 Juifs supplémentaires pour les envoyer en Autriche. Devant son refus, il le met en garde : « Le Reich s'est engagé à ne plus liquider de Juifs. Mais où est la contrepartie ? Les Américains ne cherchent qu'à gagner du temps… Je suis prêt à respecter votre accord avec Becher tant que je ne découvre pas que l'autre partie nous trompe. » Avec son audace habituelle, Kasztner réplique : « Les Américains sont au courant de tout. Ils savent pour la Slovaquie, ils savent pour les marches forcées. Ce sont eux qui seraient en droit de considérer que toutes les concessions offertes par l'Allemagne envers les Juifs sont du bluff. »[258] Les marches reprennent quelques jours plus tard et durent jusqu'au début du mois de décembre. Le Vaada ne peut rien faire d'autre que fournir des médicaments et un peu de nourriture aux victimes. Soixante-seize mille hommes, femmes et enfants endureront cette terrible épreuve. Presque vingt mille périront.

Les négociations en Suisse piétinent. Le 18 novembre, Becher reçoit un télégramme de Kettlitz faisant état de l'absence de progrès après plusieurs jours de discussion avec Mayer : « Toujours pas reçu d'argent. Sans cesse de nouvelles objections. Suis convaincu qu'accord impossible ou non souhaité car volume total indisponible. »[259] Becher est furieux. Il avertit Kasztner que, sans réponse positive sur les 20 millions de francs, Himmler rompra probablement les négociations, et il lui demande d'envoyer un télégramme à Mayer pour l'en informer. Le lendemain, il prend l'avion pour rencontrer Himmler à Berlin. Sans attendre la réponse de Mayer, Kasztner téléphone à Becher et lui fournit une explication – totalement fausse : « J'ai pour instruction de vous faire savoir que les 20 millions de francs sont disponibles. Le retard tient exclusivement à des détails techniques d'ordre financier. Saly Mayer et ses supérieurs travaillent jour et nuit pour venir à bout des ultimes difficultés. L'idée que le paiement n'est pas prévu est sans aucun fondement. »[260]

À ce moment-là, Becher ne croit plus aux promesses de Kasztner, mais doit faire comme si de rien n'était. À ce stade de la partie, reconnaître devant Himmler qu'il s'est laissé berner par les Juifs pourrait très bien lui coûter la vie. D'un autre côté, si ces négociations visent à se présenter – et

[258] *Ibid.*, p. 236-237.
[259] *Ibid.*, p. 234.
[260] *Ibid.*, p. 235.

éventuellement Himmler avec lui – comme le sauveur des Juifs, accepter le bluff de Kasztner est la meilleure conduite à suivre. Comme l'écrit Yehuda Bauer, pour Kasztner, Becher est le seul moyen d'« accéder à Himmler et d'adoucir le sort des Juifs » et, pour Becher, Kasztner est devenu « une sorte d'assurance vie en chair et en os »[261].

Le 27 novembre arrive un nouveau télégramme de Kettlitz : « N'ai pu parler à Saly Mayer depuis dix jours. Refuse de me prendre au téléphone. Inutile de rester en Suisse. Faites-moi rentrer s'il vous plaît. »[262] Lors de leur rencontre suivante, Kasztner et Becher sont rejoints par Eichmann qui jubile : « Eh bien, je l'avais vu venir. J'ai prévenu Becher je ne sais combien de fois de ne pas se laisser mener par le bout du nez. » Il fixe un ultimatum à Kasztner : « Envoyez un télégramme en Suisse pour régler la question. Si je n'ai pas de réponse positive dans les 48 heures, je ferai liquider toute cette saleté juive de Budapest. »[263] Coincé, Kasztner ne peut qu'invoquer un malentendu. Billitz, présent aussi, lui suggère de se rendre à la frontière suisse pour voir Mayer. Becher approuve immédiatement, comme finit par le faire Eichmann qui repousse au 2 décembre la date butoir pour recevoir une réponse par télégramme, faute de quoi, menace-t-il, de nouvelles opérations seront entreprises contre les Juifs à Budapest. Eichmann annonce ensuite que notre groupe quittera bientôt Bergen-Belsen, mais menace de garder la famille de Kasztner en otage pour s'assurer qu'il n'essayera pas de fuir. Kasztner refuse de se rendre à la frontière suisse, si sa famille n'est pas autorisée à nous accompagner. Finalement, Eichmann accepte avec réticence sa promesse de revenir quoi qu'il arrive : « Brand m'avait promis la même chose… Mais écoutez-moi bien, si vous aussi, vous restez à l'étranger, il n'y aura aucune pitié. Vos Juifs le paieront. »[264]

Pendant tout ce temps, Kasztner a continué à harceler Becher pour notre libération de Bergen-Belsen. Alors que celui-ci lui avait dit que l'autorisation avait déjà été accordée le 24 octobre, rien ne s'était passé. À la mi-novembre, Krumey télégraphie de Vienne que notre départ est repoussé en raison de « problèmes de transport » et fixé entre le 28 et le 30 novembre, ce qui sous-entend de nouvelles tentatives de chantage. En réponse à la demande de Kasztner, Becher lui permet d'envoyer ce message à Bogyó *via* le service de courrier spécial de la SS : « Dr Kasztner envoie ses affectueuses pensées à sa femme et l'informe que le groupe

---

[261] Bauer, 1994, p. 228.
[262] Kasztner, *Bericht*, p. 243.
[263] Ibid., p. 244.
[264] Ibid., p. 245.

partira avant peu. Il espère la voir bientôt. » Le commandant du camp, Adolf Hass, lui transmet le message le 18 novembre, en y ajoutant ses propres salutations. « On peut facilement imaginer l'effet du télégramme sur le groupe, qui avait déjà perdu tout espoir de libération », écrit Kasztner[265].

Le 26 novembre, Becher revient radieux du quartier général de Himmler. « J'ai gagné sur toute la ligne », annonce-t-il à Kasztner. Il rapporte que le *Reichsführer* a donné les ordres suivants après avoir lu le mémorandum qu'il lui avait soumis : cessation immédiate de l'extermination des Juifs et démantèlement des chambres à gaz ; rations alimentaires identiques à celles des « travailleurs de l'Est » pour les Juifs travaillant dans le Reich ; admission des malades juifs dans les hôpitaux, avec les « Aryens » si nécessaire ; arrêt des marches forcées de Budapest. Becher en personne a transmis ces ordres à Kaltenbrunner, ainsi que l'instruction de Himmler de les communiquer à tous les commandants de camps de concentration et unités de la Gestapo. « J'espère maintenant que McClelland appréciera la coopération de Himmler. Vingt millions de francs est une somme ridicule, comparée à ce que j'ai obtenu », dit-il à Kasztner[266]. À nouveau, en l'absence de preuve tangible, il est difficile de juger de la véracité de ses affirmations.

Le 28 novembre, Kasztner et Billitz quittent Budapest en voiture, accompagnés du *SS Hauptsturmführer* Erich Krell, un des adjoints de Becher. Krell a pour stricte consigne de télégraphier le 2 décembre à Becher, pour lui faire savoir si Mayer a versé les vingt millions. Comme le départ de notre groupe est imminent, il a aussi pour ordre de nous garder en détention si ce n'est pas le cas. Le 29 novembre, les trois hommes arrivent à la frontière pour y apprendre que Mayer a attendu deux heures et est reparti à Saint-Gall. Kettliz signale que non seulement l'argent n'a toujours pas été versé, mais qu'en outre il a reçu l'ordre de quitter la Suisse dans un délai de 24 heures. Le 1er décembre, en dépit de ces questions toujours en suspens, un câble du RSHA informe le poste-frontière SS à Bregenz que nous devrions quitter Bergen-Belsen le 4, pour atteindre la frontière suisse deux jours plus tard, où l'on devrait nous laisser quitter l'Allemagne sans difficulté.

Ironie du sort, c'est le 1er décembre également que, dans un hôtel de Sankt Margrethen, Mayer annonce à Kasztner qu'il est hors de question de

[265] *Ibid.*, p. 241.
[266] *Ibid.*, p. 243.

déposer les vingt millions. Tout au plus pourrait-il lui-même en réunir quatre, en violation des instructions des autorités suisses et américaines. Il offre de se retirer des négociations au profit de la Croix-Rouge, mais Kasztner l'en dissuade. De retour de Bregenz, il explique à Krell et Kettlitz que dire la vérité à Becher ferait le jeu de Eichmann, alors qu'il est de leur devoir d'aider Becher à gagner du temps. Il leur assure que les problèmes avec les Alliés ne sont que temporaires et la conséquence de la reprise des déportations en Slovaquie, des marches forcées de Budapest et du retard dans la libération de notre groupe de Bergen-Belsen. Dès que nous serons libérés, l'humeur de l'autre partie changera immédiatement et l'argent sera disponible. Entre-temps, Krell et Kettlitz doivent couvrir Becher. Krell intervient : « Donc vous voulez que nous envoyions un télégramme mensonger à Budapest ? J'aimerais bien. Mais est-ce que vous réalisez que ce serait mettre notre tête sur le billot ? »[267] Finalement, il télégraphiera à Becher qu'un premier versement de cinq millions a été fait, mais que de nouvelles difficultés ont surgi avec les Alliés à cause de la détention prolongée de notre groupe.

Le 4 décembre, Becher prend note « provisoirement » du rapport de Krell et confirme que la vie des Juifs, entre-temps rassemblés dans des ghettos à Budapest, sera préservée. Cependant, si les 15 millions restants ne sont pas déposés « la situation deviendra intenable ». Krell et Kettlitz demandent à Kasztner une preuve que les cinq millions ont bien été transférés. Le 5 décembre, à Sankt Margrethen, Mayer dit à Krell qu'il a reçu plus tôt de Kettlitz un ultimatum de 48 heures. Il a averti ses supérieurs qui ne souhaitent pas s'engager dans des discussions « mécaniques » mais « examineront » la question des cinq millions[268].

Après cette réunion frustrante, Kasztner retourne à Bregenz pour attendre l'arrivée de notre train, car nous avons effectivement quitté Bergen-Belsen le 4 décembre, comme l'annonçait le câble du 1er décembre du RSHA. En attendant, il écrit à son ami Hillel Danzig, qui a rallié la Suisse avec le groupe du mois d'août. C'est une lettre émouvante, mais aussi importante, car elle donne un aperçu des espoirs et des projets de Kasztner. Montrant plus d'émotion qu'à l'accoutumée, il avoue : « J'ose à peine imaginer le moment où je retrouverai mes proches. » Sur un plan plus pratique, il raconte que le « boss » – qui doit être Himmler – a accepté l'« avance » et attend la suite des événements. Dans la perspective de sa rencontre avec

---

267 *Ibid.*, p. 250.
268 *Ibid.*, p. 251.

Saly Mayer et son propre « compagnon » – probablement Becher –, il se demande ardemment : « Ne serait-il pas possible *maintenant* de sauver tout et tout le monde ? » Il mentionne Chaim Weizmann, le Rabbi Steven Wise et le Congrès mondial juif comme alliés possibles, et supplie Danzig et Nathan Schwalb de s'efforcer par tous les moyens de faire progresser la négociation, « maintenant qu'un succès important apparaît enfin »[269]. À la lecture de cette lettre, il est impossible de douter qu'il cherche à sauver beaucoup plus de vies que celles de sa propre famille et de ses amis ou de notre prétendu « groupe de VIP ».

Le 6 décembre, retenant toujours son souffle à Bregenz, Kasztner écrit une lettre à sa femme Bogyó, dans laquelle transparaissent ses sentiments profonds, tandis qu'il se bat pour nous sauver :

> « Cela fait cinq mois que je ne t'ai vue. J'ai eu une vie très remplie, avec plus qu'assez de soucis, de problèmes et de travail. Malgré cela, j'avais l'image de Bergen-Belsen sans cesse à l'esprit. J'essayais de me représenter le camp plutôt que de penser à toi, parce que moins que quiconque, tu es née pour subir cela… Lors du bombardement de Hanovre, lorsque l'offensive occidentale se rapprochait de toi, tu n'as pas quitté mes pensées. J'étais torturé à l'idée que le groupe puisse souffrir. L'éventualité que quelque chose t'arrive m'était insupportable. J'ai regretté des milliers de fois de t'avoir laissé partir. »

Il la félicite pour son comportement dans le camp : « Je sais à quel point tu peux être forte dans les situations difficiles. J'ai appris que, durant le voyage et dans le camp, tu t'es surpassée. Prends soin de cette autre Bogyó, la vraie. » Utilisant le terme hébreu signifiant « s'élever », expression commune pour dire « émigrer en Palestine », il la presse de songer à s'y installer aussi vite que possible, même si en fin de compte ils resteront encore deux ans et demi en Suisse après la guerre : « Fais ton Aliyah. L'Europe ça suffit[270] ». Si l'on garde à l'esprit les circonstances dans lesquelles cette lettre a été écrite, nul ne le blâmera d'idéaliser et Bogyó et la Palestine.

Aux environs de 19 h le 6 décembre, notre train arrive à Bregenz. Hermann Krumey nous accompagne. Pendant ce temps à Sankt Margrethen, une dispute a éclaté entre Krell et Kettlitz. En cause, selon Kasztner, l'incapacité de Saly Mayer d'apporter la preuve que les cinq millions ont été déposés pour Becher. En outre, Krell conteste l'estimation faite par

---

[269] Lettre communiquée par Zsuzsi Kasztner.
[270] *Idem.*

Kasztner de la rançon déjà versée à Becher. Il est possible qu'à cette étape tardive, Eichmann ait menacé de nous envoyer à Auschwitz. En tout cas, Krell est d'avis de nous laisser poursuivre notre voyage vers la Suisse, tandis que Kellitz est contre. Finalement, ils disent à Kasztner que nous pouvons partir.

À 21 h, nous partons pour Lustenau où l'on nous transfère dans un train suisse, chaud et bien éclairé. József Fischer et Kasztner signent tous deux un récipissé pour la « livraison de 1 368 Juifs »[271]. Le chiffre est inexact – 1 368 en décembre et 318 en août représentent un total de 1 686. Comme je l'expliquerai plus loin, notre groupe comptait en tout environ 1 670 personnes. Mais lorsque notre train traverse le pont sur le Rhin vers la Suisse, peu après minuit, aucun d'entre nous n'a la tête à la comptabilité.

Après notre départ, Kasztner et Krell se retirent dans le bureau des douanes à Lustenau, pour se mettre d'accord sur les comptes définitifs de notre rançon. Le débat se poursuit sur la valeur des devises hongroises et étrangères, des bijoux, de l'or et autres objets précieux, déjà remis aux SS cinq mois plus tôt. Pour le Vaada, Endre Biss, Shulem Offenbach et un bijoutier juif avaient évalué l'ensemble à 7,2 millions de francs suisses. Pour les SS, l'estimation de Grüson et de deux experts joailliers allemands se monte à 3,2 millions. Alors que l'évaluation juive couvre plus que la rançon exigée pour notre groupe, les Allemands ont réduit la leur d'un million de francs, ce qui leur laisse de la marge pour des revendications supplémentaires. Selon les calculs de Kasztner, le Vaada a droit à quatre cents vies supplémentaires. Krell maintient que le Vaada doit encore aux SS 65 000 dollars. Les choses en sont toujours là lorsqu'ils reviennent au petit matin à Bregenz.

Eichmann soupçonnait Kasztner de vouloir peut-être rester en Suisse avec sa famille, mais il se trompait. Kasztner retournera en captivité en Allemagne pour poursuivre ses efforts de sauvetage. On peut imaginer à quel point il a dû être tenté de choisir la sécurité et le confort dans un pays libre plutôt que les épreuves, l'humiliation et la menace constante de la mort dans une dictature monstrueuse. Mais il a tenu bon en dépit des exhortations de Bogyó pour qu'il reste avec elle. Ce qu'il lui écrira trois semaines après son arrivée en Suisse restera valable jusqu'à la fin de la guerre, quatre mois plus tard : « Sois forte et courageuse. Tu sais qu'en ce moment il n'y a rien d'autre à faire que ce que je fais. »[272]

---

[271] Kasztner, *Bericht*, p. 252-253.

[272] 27 décembre 1944, lettre communiquée par Zsuzsi Kasztner.

Chapitre 10

De Bergen-Belsen jusqu'en Suisse

Sur des charbons ardents

Après le départ, en août 1944, du premier groupe de 318 personnes, des rumeurs commencent à circuler sur l'imminence de notre libération, mais aucune ne se concrétisera. Nous interprétons et réinterprétons les faits les plus anodins – la convocation de Fischer par le commandant du camp, la visite de notre complexe par trois Allemands à l'air important, un soldat récupérant les fiches avec nos noms – comme autant de signes possibles de notre délivrance prochaine, mais rien ne se passe. Certaines lettres de Kasztner suscitent de grandes espérances, sans jamais apporter de soulagement immédiat. Septembre et octobre s'écoulent et, d'un jour à l'autre, nos espoirs fluctuent à mesure que nous oscillons entre optimisme et désespoir extrêmes.

Début novembre, les rumeurs s'intensifient quelque temps ; toutefois, en l'absence d'autres nouvelles et avec, en guise de réponse à nos questions, « le silence glacial ou le sourire cruel » des gardes allemands, pour reprendre les mots de Miriam Buck, notre condition physique et mentale décline rapidement : « La rechute dans le désespoir fut terrible, il y eut de plus en plus de malades, le camp ne fut plus qu'un immense hôpital. »[273]

Le 13 novembre, Krumey fait son apparition dans notre enceinte. Il est accompagné d'un autre officier SS et d'un civil. Aujourd'hui encore j'ignore qui ils étaient, mais l'on entendra l'un d'eux demander à Jenő László, un membre de notre exécutif interne, comment nous nous en tirons. À part le froid, nous allons bien, répond László. « Ne vous en faites

---

[273] Buck, p. 15. Pour d'autres détails sur nos derniers mois à Bergen-Belsen et notre séjour en Suisse, voir principalement : Kolb, Jenő, novembre-décembre ; Anonyme, p. 27-31 ; Blum, 1997, p. 21-23 ; Blum, 2003, p. 15-18 ; Hasson, p. 6-7 ; Kohn, p. 6-7 ; Zsolt, p. 381-400 ; Rahe, « Kasztner-Gruppe », p. 21 ; Wenck, p. 333-335.

pas, dans quinze jours vous serez en Suisse », lui déclare l'Allemand[274]. Les visiteurs informent ensuite de manière plus officielle nos dirigeants que, dans huit à dix jours, nous suivrons la route des 318. Plus tard, l'officier SS surnommé « Bouche fendue » dira à Fischer, en parlant au passé, comme s'il faisait ses adieux : « Il y a eu quelques accrocs, mais dans l'ensemble nous n'avons pas de reproches à vous faire. »[275] Fischer lui retournera le compliment.

Le 18 novembre, Haas, le commandant du camp, transmet à Fischer un message pour Bogyó Kasztner : « Dites-lui que son mari lui envoie ses affectueuses pensées et que moi aussi je la salue. D'ici deux semaines, elle sera à ses côtés. » « Kasztner va venir ici ? », demande Fischer. « Non, c'est elle qui va le rejoindre », répond Haas. La réaction de Fischer diffère selon les témoins. En fonction de qui l'on croit, il aurait demandé : « Et les autres ? » ou « Et moi ? ». Quoi qu'il en soit Haas répliquera : « Les autres aussi, tout le monde s'en va. » À ces mots, notre moral remonte à son niveau du 13 novembre : « À nouveau la même scène ; en quelques secondes tout le camp est debout, en liesse »[276], écrit Jenő Kolb dans son journal. Pas pour longtemps. Même si les rumeurs se prolongent quelques jours, nous n'apprenons rien de précis. Kolb note en date du 22 novembre : « Les gens ont le moral à zéro. Ils nous ont vraiment fait un sale coup. Au lieu de nous laisser dans notre léthargie… cette nouvelle a bouleversé nos vies, nous a galvanisés et maintenant tout le monde a replongé dans les profondeurs du désespoir. »[277]

Cependant, le 23, notre moral remonte une fois de plus de manière spectaculaire avec l'arrivée de colis de nourriture, de vêtements chauds, de cigarettes et de chocolats pour les familles de Kasztner, Brand et Offenbach. Nous y voyons un bon présage et la situation nous paraît encore meilleure le lendemain avec la distribution de 88 lettres à différents destinataires. Deux d'entre elles sont de Kasztner : l'une pour Fischer, l'autre pour Bogyó, toutes deux datées du 18 novembre.

Dans son courrier à Fischer, Kasztner annonce que l'heure de notre départ semble venue. Nous « aurions dû nous mettre en route à la fin du mois d'octobre, mais, à cause de problèmes de transport, cela ne pourra se faire qu'à la fin de ce mois-ci ». Il explique que nous devrons rester en Suisse jusqu'à l'issue de la guerre, car il est devenu impossible de

[274] Anonyme, p. 28.
[275] Kolb, Jenő, 13 novembre.
[276] *Ibid.*, 18 novembre.
[277] *Ibid.*, 22 novembre.

rejoindre la Palestine ; son allusion aux « problèmes de transport » renvoie en réalité aux tentatives de chantage d'Eichmann. La lettre à Bogyó est plus courte et plus personnelle. Bien que Kasztner se garde d'exprimer ses sentiments, car il sait que la censure lira chaque ligne, le coriace adversaire des SS nous apparaît ici comme un mari, un fils et un frère dévoué :

> « Mes pensées t'ont accompagnée jour et nuit. Je sais combien cela a été difficile pour toi de tenir le coup, avec ta santé et ta sensibilité. J'espère que tu as été suffisamment forte... Maintenant tu es sur le point de partir. Je serai avec toi, et peut-être pas seulement en pensée... Attends-moi et n'oublie pas ce que tu m'as promis. Embrasse ma mère et mon frère pour moi. »[278]

C'est particulièrement émouvant de lire qu'il songe à rejoindre Bogyó en Suisse, si l'on garde à l'esprit que, dès le moment où il nous aura accompagnés en lieu sûr, il replongera dans les horreurs de l'Allemagne pour tenter d'en sauver d'autres.

Dès réception de la lettre, Fischer convoque une réunion extraordinaire de nos instances dirigeantes, afin de commencer à préparer notre voyage. L'on raconte à présent qu'un train Pullman est prêt pour notre départ et que notre dernier repas est en train de cuire dans la cuisine du camp. « Tout le monde est excité, pas le moindre pessimiste dans le camp », observe Kolb pince-sans-rire[279].

Le 25 novembre, il se produit comme un miracle. Nous recevons de la Croix-Rouge de Genève soixante caisses de nourriture, de médicaments, de vitamines et, surtout, 1 300 boîtes d'un produit appelé « Starkosan ». C'est du chocolat vitaminé en poudre, enrichi d'éléments nutritifs. Je n'ai jamais oublié avec quel plaisir je m'en suis gavé et j'ai été particulièrement heureux de voir mes souvenirs d'enfance confirmés de manière aussi éloquente dans le journal d'un adulte comme Kolb :

> « Pour la première fois en cinq mois, une saveur civilisée : le chocolat ! Les vieux et les enfants en sont devenus quasiment ivres : ils le mangent à la cuillère, sec, sur du pain, avec du beurre, de l'eau, de la confiture, mélangé à du glucose, etc. Il y a quelque chose de changé chez les gens. Leurs visages gais et apaisés, leur volubilité, leur optimisme... et à la tombée de la nuit, le Starkosan, dont on est censé prendre trois petites cuillérées par jour, est terminé dans la plupart des cas. »[280]

---

[278] Lettres communiquées par Zsuzsi Kasztner.
[279] *Ibid.*, 24 novembre.
[280] *Ibid.*, 26 novembre.

Aujourd'hui encore, quand des survivants de notre groupe se retrouvent, tôt ou tard quelqu'un commence à s'extasier sur le « Starkosan ». Ce fut l'un des indices les plus agréables que notre destin prenait un meilleur tour, même s'il nous fallait plus d'une crise de gloutonnerie pour récupérer de cinq mois de privations.

Les Allemands sont aussi épatés que nous par cette abondance et, très vite, ils en réclament une part. Le 27 novembre, le commandant du camp demande à notre chef, à qui il donne du « cher Fischer », de laisser les médicaments pour les autres détenus, après notre départ. Fischer promet de le faire et ajoute que le reste de ceux que nous avions apportés avec nous sera également mis à sa disposition.

Quoique cette requête nous paraisse un signe encourageant, Fischer ne peut rien nous dire de plus que, dans le meilleur des cas, nous quitterons le camp « la semaine prochaine »[281]. Notre euphorie laisse la place à une profonde morosité. Il ne faudra pas plus d'un jour pour que Kolb écrive : « Le moral est au creux de la vague. Il n'y a plus de Starkosan. Aucune nouvelle de notre départ, beaucoup de patients ont des maux de tête et d'estomac. Me revoilà entouré de squelettes dans cette salle d'eau que je pensais avoir vue pour la dernière fois. »[282] Trois jours plus tard, il n'écrit que six mots : « J'attends. L'espoir se meurt. »[283]

C'est à ce stade de découragement que, tôt dans la matinée du 3 décembre, on nous réveille pour nous annoncer soudain que nous partons le lendemain. C'est l'« hystérie totale », pour reprendre les mots de Shoshana Hasson[284]. Dans l'anarchie et la précipitation, nous préparons nos bagages et, à midi, nous les avions traînés jusqu'à l'entrée du camp pour vérification, comme on nous l'avait ordonné. Il pleut à verse. Au milieu du contrôle, on nous dit de retourner dans notre enceinte en conservant nos paquets les plus légers et de laisser les autres à l'entrée. Certains documents, photos et outils sont confisqués. Pour moi, à ce moment-là, les choses auraient pu virer à la catastrophe. Dans un acte de bravade, j'avais passé un petit tube de vitamines à travers le grillage, à l'un des visages émaciés du camp hollandais, voisin du nôtre. À peine l'avais-je fait que j'ai eu l'impression d'avoir été repéré par un gardien. Pris de panique, j'ai couru me cacher sous un lit dans mon baraquement jusqu'à ce qu'il fût devenu évident que personne ne m'avait poursuivi. Je ne saurai jamais

281 *Ibid.*, 27 novembre.
282 *Ibid.*, 28 novembre.
283 *Ibid.*, 1er décembre.
284 Hasson, p. 6.

si un garde m'avait effectivement vu ou si je fus victime de mon imagination.

Quoique trop jeune pour comprendre tout à fait ce qui se passait, je me souviens avoir partagé les hauts et les bas du reste du groupe quand, à un rythme effréné, l'espoir cédait la place au désespoir. Je me rappelle aussi à quel point nous avons été bouleversés lorsque plusieurs personnes furent déplacées de notre enceinte vers d'autres sections du camp pour rester en captivité en Allemagne.

Le 18 novembre, lorsque le commandant Haas avertit pour la première fois Fischer de notre départ imminent, Andreas Kassowicz, sa femme et leurs trois enfants furent emmenés dans le camp des Neutres, où étaient détenus des Sud-Américains et des Espagnols, parce que, à leur arrivée, Kassowicz et sa famille s'étaient déclarés roumains. Or, les Allemands avaient décidé de maintenir les Roumains en détention en vue d'un éventuel échange contre des Roumains d'origine allemande. Cet échange n'aura jamais lieu. J'ai déjà expliqué à quel point mon père s'était torturé l'esprit pour savoir s'il devait ou non nous présenter comme roumains, étant donné nos origines transylvaines, avant de décider finalement de nous déclarer hongrois comme tous les autres. S'il avait suivi l'exemple des Kassowicz, il est probable que ni lui, avec sa blessure de guerre, ni moi, âgé de onze ans, n'aurions vécu pour voir la fin du conflit. Kassowicz mourra quelques jours après la libération, mais sa famille survivra.

Deux autres familles connaîtront un tel coup du sort. Eugen Kertész et Alexander Weiss avaient découvert que leurs filles, déportées à Auschwitz, se trouvaient maintenant dans le camp des femmes de Bergen-Belsen. Lorsque nous recevons notre ordre de départ, ils supplient Kramer, le nouveau commandant du camp, de permettre à leurs enfants de se joindre à notre groupe, prétendant les avoir rencontrées par hasard en se rendant à la douche. Pour les punir de leurs contacts illicites, Kramer transférera les parents au camp de l'étoile, tandis que les filles resteront dans celui des femmes. Kertész mourra avant la libération ; Weiss et Mme Kertész peu après.

Huit autres personnes sont séparées du groupe et déplacées dans le camp de l'étoile : la mère, la sœur et quelques proches parents de Joël Brand. Ils sont contraints de demeurer sur place, pour satisfaire le désir d'Eichmann de se venger de l'échec de Brand à Istanbul. La plupart survivront, mais la mère de Brand mourra quelques jours après sa libération.

Cela me ramène à la question des chiffres. Bien que plusieurs listes aient été compilées pendant et après notre captivité, aucune n'est correcte.

Kasztner affirme qu'au départ de Budapest, le 30 juin, nous étions 1 684[285]. Comme je l'ai déjà dit, personne ne sait exactement combien de passagers le train transportait lorsqu'il quitta la gare de triage de Rákosrendező, ni combien en sont descendus ou y sont montés avant qu'il n'atteigne la frontière autrichienne, mais 1 684 est le nombre le plus vraisemblable de personnes arrivées à Bergen-Belsen[286]. On admet en général que le groupe parti pour la Suisse au mois d'août comptait 318 individus. Lorsque le reste arrive à la frontière helvétique en décembre, Kasztner et Fischer signent un reçu pour 1 368 individus. Ce qui fait un total de 1 686. Le bon de réception semble avoir pris en compte les dix-sept malheureux restés dans le camp ; néanmoins on ne voit pas très bien comment faire entrer dans cette équation les trois décès et les huit naissances signalés par Kasztner[287]. Une liste dressée après coup en Suisse semble la plus fiable. Elle reprend les noms des 1 351 personnes arrivées en décembre. Si l'on y ajoute les 318 du mois d'août, cela donne 1 669. Sans considérer ce nombre comme rigoureusement exact, je dirais que l'opération de Kasztner pour Bergen-Belsen sauva environ 1 670 vies.

Personne parmi nous ne dort beaucoup durant la nuit qui suit l'annonce de notre départ. Nous pouvons à peine imaginer que notre calvaire va se terminer, mais un immense soulagement nous submerge. Même si nous n'osons pas encore tout à fait croire à notre bonne fortune, le camp paraît déjà un souvenir presque lointain. Nous plaignons, bien sûr, ceux qui doivent rester, mais sommes trop heureux pour résister à l'envie irrépressible de fêter notre libération avant même qu'elle ne soit effective. Lorsque les dirigeants commencent à distribuer nos réserves de nourriture, nous nous jetons dessus comme si nous n'allions plus jamais manger. Tandis que nous décomptons les minutes qui nous séparent de notre libération à l'aube, toutes tentatives de garder le silence, l'ordre et la propreté sont oubliées. « Beaucoup de chants, des tonnes de déchets et une attente fiévreuse », note Kolb[288].

---

[285] Kasztner, *Bericht*, p. 133-134.

[286] Voir, par exemple, Kolb, Jenő, 10 juillet, 2-4 août. Une liste, préparée sans doute à Bergen-Belsen peu après notre arrivée, contient 1 680 noms sur 40 pages, le dernier étant celui de Tova Wullkan. En l'absence de patronymes commençant par la lettre « Z », je pense que la page sur laquelle auraient dû figurer trois noms est manquante.

[287] Kasztner, *Bericht*, p. 172, 252-253.

[288] Kolb, Jenő, 3 décembre.

Sauvés

Le matin du 4 décembre, Krumey reparaît, accompagné de Kramer et de quelques autres officiers SS. Nous les voyons discuter un moment avec Fischer et Bogyó Kasztner. Finalement, les dispositions en vue de notre départ sont annoncées officiellement. Des camions emmèneront à la gare les jeunes enfants, les vieux et les malades, ainsi que les bagages les plus lourds. Les autres marcheront, en portant leurs paquets plus légers. Lorsque six cents mains se lèvent pour demander un transport, il apparaît qu'il n'y a que cinquante places, pour la plupart immédiatement occupées par nos dirigeants. À 13 h, nous nous mettons enfin en route pour le quai de Bergen-Hohne, où nous étions arrivés cinq mois plus tôt. Vu notre état, cela nous prend deux ou trois heures – voire davantage pour les plus faibles – pour parcourir les six ou sept kilomètres de distance. Les enfants pleurent en essayant de rattraper leurs parents, dont ils ont été séparés en attendant un transport illusoire. Les parents, inquiets, récupèrent leurs enfants qui auraient dû les avoir dépassés en camion. Les semelles en bois rigides qui ont dû coûter une fortune en cigarettes à mon père me font mal aux pieds. Comme à l'aller, les gardes hurlent et les chiens aboient. Mais cela nous est égal. Nous partons pour la Suisse !

Notre euphorie sera de courte durée. Les cinq ou six heures d'attente sur le quai s'avèrent l'une de nos expériences les plus pénibles. Je me souviens très bien de cette épreuve ; cependant, dans ses notes, David Kohn a réussi à la reconstituer avec précision et avec la saveur supplémentaire d'avoir été rédigée peu de temps après les événements par un enfant de douze ans.

> « Nous sommes arrivés à 17 h. Nous nous sommes assis et avons attendu. La pluie a commencé à tomber, s'est arrêtée, puis a recommencé. Ça a continué comme ça jusqu'à la tombée de la nuit. Une alerte aérienne après l'autre. Nous étions trempés jusqu'aux os et frigorifiés. Entre-temps, nous cherchions nos bagages. Nous avons attendu jusqu'à ce que le train arrive à 23 h. C'était des wagons de passagers. Nous nous sommes retrouvés dans un compartiment de troisième classe, mais il y avait aussi des deuxièmes. Les gens foncèrent vers le train. Il y eut des bagarres. Il y eut des accidents. Certains glissèrent sous les wagons, heureusement sans gravité, ils en furent pour une grosse frayeur. Le train s'ébranla avec difficulté. Une fois en route, ils commencèrent à distribuer la nourriture. On nous donna du pain, de la confiture, du sucre et de la margarine. Nous étions comme des coqs en pâte. »[289]

[289] Kolb, Jenő, p. 6-7.

Moi aussi, je me rappelle cette attente sans fin par un temps de chien, la panique à chaque alerte aérienne, la recherche dans l'obscurité de nos bagages jetés pêle-mêle sur le quai, la bataille à l'arrivée du train pour se trouver une place. Ce que j'ignorais à l'époque, c'est que nos dirigeants s'étaient emparés du wagon le plus confortable en lieu et place de ses passagers légitimes, comme le note laconiquement Kolb : « Il n'y a pas de wagon n° 9. Le parti Klal, qui avait été placé dans la voiture n° 9, n'a pas de place, parce que la direction s'est tout simplement approprié ce wagon de première classe Pullman. »[290]

Lorsqu'enfin, après minuit, le train démarre, nous sommes « trop fatigués pour nous réjouir », comme l'écrit Miriam Buck[291]. Les Allemands ont donné à chacun d'entre nous 500 gr de pain, 30 gr de margarine, 150 gr de viande séchée, 20 gr de confiture et 500 gr de viande en conserve. En complément, nos dirigeants nous ont distribué une partie de nos propres réserves. Après être morts de faim pendant cinq mois, nous nous jetons sur la nourriture avec de fâcheuses conséquences. Béla Zsolt décrit certains épisodes de ce voyage dans la seconde partie inachevée de *Nine Suitcases* [Neuf valises]. Il exagère à peine lorsqu'il écrit : « Dans le train tout le monde s'était goinfré et tout le monde eut la diarrhée… Maintenant que nous étions en route vers la liberté, nous vomissions partout dans les couloirs de ce train express et les toilettes étaient dans un état épouvantable. »[292] Avec finesse, il décèle dans cette « coprophilie collective » non seulement un besoin physiologique mais aussi « une révolte contre la discipline de fer que nous avions été obligés de respecter dans ce domaine derrière les barbelés »[293].

Souvent stoppé par des raids aériens, ou détourné à cause de voies endommagées par les bombes ou pour donner la priorité aux transports de troupes, notre train traverse l'Allemagne lentement du nord au sud. De temps à autre, nous obliquons vers l'est, ce qui rend les gens inquiets. Pour citer à nouveau Zsolt, nous commençons à croire nos voisins du camp hollandais, « qui, à raison, nous enviaient et nous haïssaient » de partir sans eux et avaient essayé de se remonter le moral en nous assurant d'un air lugubre qu'on allait nous emmener « sur le front russe pour creuser des tranchées, construire des bunkers ou être exterminés »[294]. Lorsqu'on vire

---

[290] Kolb, Jenő, 4 décembre.

[291] Buck, p. 17.

[292] Zsolt, p. 391, 394. La seconde partie était trop incomplète pour figurer dans ma traduction anglaise de ce livre.

[293] *Ibid.*, p. 394.

[294] *Ibid.*, p. 382-383.

à nouveau vers le sud, le soulagement général est presque palpable et, dans le compartiment des jeunes pionniers, on entend rire et chanter.

Même si les voitures de voyageurs sont aux antipodes des wagons à bestiaux, à la longue le voyage est de plus en plus inconfortable. Vingt personnes voire plus sont entassées dans des compartiments prévus pour huit passagers. Durant la nuit, nous devons éteindre toutes les lumières en cas d'attaques aériennes. Le manque d'air et la chaleur des corps deviennent suffocants. Nous n'avons rien reçu à boire et, à un certain moment, je suis littéralement assoiffé. Lorsque nous nous arrêtons dans une gare plus importante, mon père sort pour essayer de trouver un peu d'eau. Alors que je regarde par la fenêtre, je vois un soldat, âgé de seize ans tout au plus, le frapper au visage, avant de lui ordonner de remonter à bord du train. Je pense que c'était à Göttingen, l'une des grandes villes universitaires allemandes. Mais plus loin, alors que le train est arrêté quelque part à proximité d'une ferme, des jeunes gens en uniforme des Jeunesses hitlériennes nous donnent des pommes. Je passe la plupart du voyage à rêvasser, tandis que de jolis villages avec des maisons rouges et blanches à colombages et des villes sinistres jonchées de ruines calcinées défilent devant la fenêtre. Les gens, emmitouflés dans des écharpes et des manteaux informes, vont et viennent à la hâte, les épaules voûtées contre le froid. Malgré l'hiver, aucune fumée ne s'élève des cheminées.

Le 6 décembre, nous nous retrouvons entourés de montagnes. La campagne est couverte de neige. En début de soirée, nous atteignons Lindau. Depuis une Allemagne plongée dans l'obscurité, nous regardons les lumières de la Suisse, de l'autre côté du lac de Constance. Quelques mois auparavant, les autorités helvétiques ont mis fin au black-out afin d'éviter tout bombardement de leur territoire par les Alliés, mais pour nous cette vision est symbolique, comme sortie d'un conte de fées. Un peu plus tard, nous nous arrêtons à la gare de Lustenau en Autriche, où Krumey et Kasztner nous rejoignent. Il y a un retard de plusieurs heures et je sais maintenant qu'il était dû à d'incessantes tentatives d'extorsion de la part des Allemands. Ensuite, nous embarquons dans un train suisse et, à une heure du matin le 7 décembre, nous arrivons à Sankt Margrethen en Suisse. Nous avons échappé aux nazis.

Là, nous sommes accueillis amicalement par des soldats helvètes, des membres du Corps volontaire auxiliaire féminin et du personnel de la Croix-Rouge. Ils distribuent du chocolat et des journaux : nous avons presque oublié à quoi tout cela ressemblait. Kolb raconte sa conversation avec le premier officier suisse qui pénétra dans son compartiment. Le côté peu ordinaire de la situation et la profonde émotion des protagonistes peuvent expliquer le caractère formel de cet échange :

– « Vous êtes en Suisse maintenant. »
– « Dieu merci. »
– « Nous savons que vous avez traversé de terribles épreuves et nous espérons que vous pourrez récupérer ici. »
– « Et nous remercions la Suisse éprise de liberté de nous avoir acceptés. »
– « C'est tout à fait normal. »
Un bon sens merveilleusement humain. Tous sont émus[295].

À l'arrêt suivant, non loin de Saint-Gall, nous descendons du train et marchons jusqu'à une caserne. Les quelques malades du groupe sont immédiatement emmenés à l'hôpital. Au milieu de la nuit, après l'obscurité de Bergen-Belsen, nous sommes émerveillés de voir des rues bien éclairées, des vitrines de magasins illuminées et des voitures élégantes circuler ou garées le long des trottoirs. Certains passants nous saluent. Miriam Buck a parfaitement saisi notre état d'esprit : « Au petit matin le 7 décembre, je marchais péniblement parmi un interminable troupeau d'individus de la gare de Saint-Gall vers la caserne… Je fus frappée par cet étrange contraste : une petite ville paisible dans un décor pittoresque et nous, au milieu, déguenillés et émaciés… Pour nous tous, cette ville demeurera la quintessence de la véritable humanité. »[296] Malheureusement, les Suisses ne traiteront pas toujours les réfugiés juifs avec autant d'hospitalité, mais nous, membres du groupe de Kasztner, nous leur devons une immense gratitude.

Arrivés à la caserne, nous voyons par les fenêtres des tables dressées, recouvertes de nappes, avec de vraies assiettes, des verres et des couverts. Alors que l'aube approche, on nous sert un repas composé de « fromage, de soupe, de pommes de terre, de pain et de pommes – les premières choses à avoir un parfum d'Europe », s'exclame Kolb[297]. On nous distribue également des cigarettes, et Kolb comprend qu'une nouvelle vie commence lorsqu'il jette son mégot au lieu de conserver les dernières miettes de tabac pour les réutiliser.

J'aimerais pouvoir dire que nous nous sommes tous attablés dans le calme pour manger poliment notre repas. Hélas, après avoir vécu cinq mois à Bergen-Belsen, nous étions, pour la plupart, tombés trop bas pour

295 Kolb, Jenő, 6 décembre.
296 Buck, p. 17-18.
297 Kolb, Jenő, 7 décembre.

respecter les finesses du savoir-vivre. Notre comportement à table, observé par Tibor Bielik, était un signe extérieur de notre déshumanisation.

> « Il y avait des bols, des bols vides avec une cuillère, un couteau et une fourchette ; dans chacun d'eux, une tranche de pain blanc. Et comme des animaux, les gens se sont rués sur ces bols, se sont emparés d'autant de tranches de pain qu'ils le pouvaient, oubliant qu'ils en privaient un autre… Je veux dire, c'était des gens normaux, intelligents, importants et, dans cette foule, maintenant que nous étions tous libérés, que nous étions libres, que nous venions à peine de descendre d'un train arrivé d'Allemagne, nous agissions de la sorte – comment pourrais-je qualifier cette attitude ?… Vous n'êtes plus un être humain… l'animalité prend le dessus. »[298]

Après ce repas, on nous amène dans un grand gymnase bien chauffé, où nous pouvons nous étendre sur des matelas confortables et sous de chaudes couvertures, sans punaises, poux ni puces. Cela faisait longtemps que je n'avais aussi bien dormi. Au matin, les prévenances continuent. Après une douche brûlante, on nous distribue des vêtements agréables et chauds, et les enfants reçoivent des jouets. Mais je pense que c'est aussi là qu'on releva nos empreintes et qu'on nous photographia avec un numéro autour du cou.

Le quatrième jour, nous montons à bord d'un autre train – pour passagers et non pour le bétail – et nous traversons la Suisse du nord-est au sud-ouest. Le voyage s'achève à Caux, 700 m au-dessus de Montreux sur le lac de Genève. Il n'y a pas de touristes à cause de la guerre et beaucoup d'hôtels servent d'abri aux réfugiés. On nous répartit dans deux d'entre eux. La minorité orthodoxe est hébergée au Regina, la majorité non religieuse à l'Esplanade. L'un et l'autre sont bondés et non chauffés, et nous n'avons pas le droit de quitter le bâtiment. Mais il n'y a ni *Zählappell*, ni mirador, ni latrines, ni SS. Les soldats qui nous gardent sont amicaux, la nourriture mangeable et le paysage à couper le souffle. Nous sommes en vie et attendons avec impatience la liberté et la réinsertion.

De nouveau, l'euphorie est de courte durée. Notre joie d'avoir survécu est bientôt submergée par le souvenir des persécutions, l'incertitude sur le sort des membres de nos familles et de nos amis restés sur place, la découverte progressive de ce qui se passe exactement à Auschwitz, la crainte de l'avenir. Il y a aussi des maladies psychosomatiques, des dépressions nerveuses et des suicides. J'ai mon lot de cauchemars, mais, pendant la journée, je mène une vie pleine d'aventures, j'explore les moindres recoins de

298 Bielik, interview.

l'Esplanade, effraie mon père en grimpant sur les tourelles du toit, observe les immondices tomber dans le vide-ordures jusqu'à ce qu'une infirmière de la Croix-Rouge y mette le holà. Lors d'une rare sortie à Montreux, je trouve sur le trottoir, véritable cadeau du ciel, une petite bourse contenant un franc, le prix exact de l'inaccessible objet de mes rêves : une banane. Cela suffit à un enfant qui s'efforce d'en rester un après cinq mois passés à Bergen-Belsen. En ce qui concerne les adultes, les mots de Miriam Buck expriment avec éloquence le traumatisme, la déception et le désenchantement qui assombrirent une issue heureuse :

> « Ces récits d'un camp privilégié ne contiennent rien d'horrible, pas de wagons scellés, de chambres à gaz, de cadavres d'enfants. Malgré cela, "l'expérience du camp" pèse très lourd sur mes épaules… Je ne sais pas pourquoi nous, 1 800 parmi six millions, avons mérité l'immense faveur du destin d'être envoyés dans un "camp privilégié" et, plus important encore, d'en réchapper… Ce que nous avons traversé, mais aussi ce à quoi nous avons échappé nous glacent jusqu'aux os… La vie, la liberté, l'espoir, tout ce qui nous a été donné a un goût amer, parce que nous n'avons personne avec qui nous en réjouir… C'est pourquoi notre joie est gâchée, notre liberté sans valeur, notre espoir sans élan. »[299]

Peu après la fin de la guerre, les autorités américaines et suisses décident de nous transférer dans un camp de l'Agence de secours et de réhabilitation des Nations unies à Philippeville en Algérie. Nous protestons bruyamment. Desző Hermann, devenu le dirigeant de notre groupe après que József Fischer a été autorisé à quitter Caux avant nous, écrit à Churchill, au nouveau président des États-Unis, Harry Truman, ainsi qu'à d'autres personnalités influentes. Je ne pense pas qu'il ait reçu beaucoup de réponses. L'autre destination envisagée était la Tunisie, et des rumeurs se répandent que les autorités ont l'intention d'utiliser la force. Plusieurs réunions houleuses se tiennent dans la grande salle à manger de l'Esplanade, avec des discours enflammés, des applaudissements et des huées, et moi tirant avec mon pistolet à bouchon aux moments propices. Pour autant que je sache, il n'y aura plus d'autre tentative de nous déplacer contre notre gré. En août 1945, un groupe de 700 personnes, avec Fischer à leur tête, partira pour la Palestine *via* l'Italie. Cent quatre-vingts environ retourneront en Hongrie. Certains émigreront aux États-Unis et dans d'autres pays. D'autres enfin s'installeront en Suisse.

[299] Buck, citée dans Rahe, « Kasztner-Gruppe », p. 22.

J'aurais pu partir en Palestine avec les premiers convois, mais mon père ne réussit pas à obtenir un permis d'immigration des autorités britanniques et nous étions terrifiés à l'idée d'être séparés après les épreuves que nous avions partagées. Il consulta Teitelbaum et Szondi, et tous les deux, pour des raisons différentes, lui conseillèrent de ne pas me laisser partir. Il persuada une organisation humanitaire de débourser la modeste somme nécessaire pour m'envoyer à l'École d'Humanité, un internat fondé sur des idées exceptionnellement progressistes et situé dans une des plus belles régions des Alpes, où je passai deux années heureuses sans entendre la moindre remarque antisémite. Ensuite, tandis que mon père se lançait petit à petit dans les affaires, j'allai au lycée puis à l'université à Zurich. Après douze années de résidence dans le pays, ayant été interrogé par trois polices différentes et cuisiné sur la démocratie suisse par un panel de politiciens, nous recevrons la citoyenneté suisse. C'est à cette époque que mon père épousera la mère de David Kohn, qui était partie en Palestine et revenue nous rejoindre en Suisse. David étudiera la médecine à Zurich et deviendra un gériatre très respecté en Israël. Je travaillerai un temps comme enseignant et journaliste, avant de partir en Angleterre enseigner l'allemand – un comble ! – à l'université du Sussex pendant un an. C'était en 1963 et j'y suis toujours.

Chapitre 11

Sauver les camps

Travailler avec minutie

Notre libération de Bergen-Belsen semble prouver que les Allemands étaient prêts à épargner des Juifs à condition qu'on y mette le prix et Kasztner est bien décidé à poursuivre son entreprise de sauvetage, au péril de sa vie. Si délivrer 1 670 Juifs d'un camp de concentration nazi et les amener en Suisse était déjà en soi un événement extraordinaire, il tentera d'en arracher beaucoup plus à l'extermination, mais d'une manière moins spectaculaire[300]. D'après son propre récit, il mènera avec Becher plusieurs missions de sauvetage sur une très large échelle ; toutefois, dans la mesure où la plupart des documents concernés ont été détruits, il est difficile de dire à quel point des milliers de personnes devront leur survie à leurs efforts ou à d'autres facteurs.

Le 8 décembre, le lendemain du jour où nous avons franchi la frontière suisse, Kasztner rencontre une nouvelle fois Krell et Kettlitz à Bregenz, tandis que Becher attend des nouvelles à Budapest. Il les persuade de télégraphier à ce dernier que cinq millions de francs ont été déposés sur un compte en Suisse et que les 15 millions restants sont en cours de traitement. Croyant que les 5 millions sont effectivement à la banque, Becher insiste pour que le « solde » soit versé sur-le-champ. Il réclame aussi la livraison des camions promis auparavant par Kasztner en échange de la sécurité du camp de la rue Kolumbusz. Les camions – au nombre de quinze selon Kasztner, et de trente selon Biss[301] – auraient dû être fournis par Alois Steger, un homme d'affaires allemand des Sudètes vivant à Bratislava, qui

[300] Pour davantage d'informations : voir Kasztner, *Bericht*, p. 262-329 ; Biss, p. 150-214 ; Bauer, 1994, p. 222-251 ; Wenck, p. 361-382 ; Braham, 1994, p. 943-1018 ; 1143-1148 ; Breitman.

[301] Kasztner, *Bericht*, p. 266 ; Biss, p. 174.

avait accepté, contre un généreux pot-de-vin, de prétendre qu'ils étaient prêts à être livrés en Slovaquie. Lorsque Becher essayera de les récupérer, ce sera pour découvrir que la *Wehrmacht* les a confisqués.

Plus ou moins à cette époque, le bruit circule que les Croix fléchées comptent liquider le ghetto de Budapest et ses 80 000 à 100 000 habitants. Kasztner et Biss affirmeront plus tard que c'est leur intervention qui, par l'intermédiaire de Becher, empêchera a en fait empêché ce massacre. Sans surprise, celui-ci confirmera. Selon sa déposition en 1961, c'est à sa demande que Himmler ordonna à un Eichmann désapprobateur de garantir que plus aucune atrocité ne serait commise contre les Juifs. En réalité, nous ne pouvons pas savoir exactement ce qui s'est passé. Il se peut que Kasztner et Biss aient surestimé l'imminence du danger et leur rôle pour l'éviter. Quant à Becher, il est loin d'être le témoin le plus fiable. Quoi qu'il en soit, même si les déchaînements de violence de bandes de Croix fléchées continueront à coûter de nombreuses vies jusqu'à la prise finale de la ville par les Soviétiques en février 1945, la liquidation du ghetto de Budapest est l'un des crimes de guerre qui n'eut pas lieu.

Pendant que Kasztner essaie de sauver des Juifs en usant de l'influence de Becher sur Himmler, Otto Komoly, Hansi Brand et Biss, dans des conditions extrêmement difficiles et dangereuses, font tout ce qu'ils peuvent pour porter secours aux victimes des exactions des Croix fléchées. Ils fournissent de la nourriture au ghetto, achetée au marché noir avec l'argent du Joint, créent des foyers pour enfants, cachent des fugitifs. Ils collaborent souvent avec des représentants de pays neutres, des membres de la Croix-Rouge et de jeunes pionniers sionistes qui, de leurs côtés également, entreprennent d'audacieuses missions de sauvetage. Komoly sauvera probablement entre cinq et six mille enfants, avant d'être arrêté par la police secrète hongroise le 1er janvier 1945 et de disparaître à jamais.

On doit les opérations les plus réussies au diplomate suédois Raoul Wallenberg, au consul suisse Charles Lutz et au chef de la délégation de la Croix-Rouge suisse, Friedrich Born. On leur attribue le sauvetage de quelque 100 000, 60 000 et 15 000 Juifs respectivement : ils leur ont évité d'être arrêtés, leur ont offert un refuge dans des « maisons protégées », au statut extraterritorial reconnu par les autorités hongroises et allemandes, ou leur ont délivré des laissez-passer les déclarant sous protection de la Suède, de la Suisse ou de la Croix-Rouge. Souvent, les sauveurs parvenaient à faire passer leurs protégés pour de futurs émigrants, grâce aux permis d'entrée en Palestine, envoyés en Hongrie par le Vaada d'Istanbul et les organisations sionistes en Suisse. Dans d'autres cas, ils émettaient de faux documents qui réussissaient à donner le change. Le chef du bureau pour la Palestine à Budapest, Miklós (ou Moshe) Krausz, réfugié dans les locaux de la légation suisse, joua un rôle important dans ces missions. Affirmer comme Kasztner que les activités du Bureau pour la Palestine et du Vaada « se complétaient » n'est vrai que jusqu'à un certain point car, la plupart du temps, la coopération entre les deux entités était entravée par l'âpre rivalité personnelle et la haine entre leurs deux dirigeants[302].

Tandis que de nombreuses personnes doivent leur vie à de telles opérations, un groupe sera moins chanceux. Après notre départ pour Bergen-Belsen, 3 500 Juifs environ trouvent refuge dans le camp de la rue Kolumbusz, qui n'est plus gardé par des SS mais placé officiellement sous la tutelle de la Croix-Rouge internationale. Les résidents organisent une force d'autodéfense et se dotent de quelques armes pour riposter en cas d'attaque. La nuit du 2 décembre, une bande de Croix fléchées tente de voler des réserves de nourriture du camp. Deux des voyous sont tués par la force de défense et les autres prennent la fuite. Alors, la police hongroise investit les lieux. En représailles contre leur « résistance », le chef du camp, József Moskowitz, le médecin, le Dr Rafael, et son fils, âgé de dix-sept ans, sont exécutés. Quelque 1 500 prisonniers sont envoyés dans le ghetto et 2 000 autres à Bergen-Belsen, où ils arrivent le 14 décembre, une semaine après le convoi venu de Strasshof. Début avril 1945, sur les ordres de Himmler, environ 2 150 membres de ces deux groupes quittent Bergen-Belsen pour Theresienstadt à bord de deux trains différents, mais ils sont libérés en route par les Soviétiques.

Le 10 décembre, Kasztner envoie un message au Vaada de Budapest pour l'avertir qu'il ne faut pas attendre d'argent de Mayer. Le lendemain, Becher exige la confirmation immédiate que les 15 millions ont été versés. À ce stade, Joseph Schwartz, le directeur européen du Joint, est sur le point de se rendre en Suisse, et Kasztner persuade Kettlitz de télégraphier à Becher qu'il fait le déplacement exprès pour déposer l'argent.

À partir du 20 décembre, Kasztner entame une série de discussions avec Schwartz, Mayer et Nathan Schwalb en Suisse. Son objectif principal est de s'assurer le concours de Schwartz pour un autre bluff. Si la réglementation américaine n'autorise pas de paiements réels, « on pouvait au moins *montrer* aux Allemands l'argent qu'ils n'auraient jamais »[303]. Avec beaucoup de difficulté, Kasztner réussit à persuader Mayer d'écrire une

[302] Kasztner, *Bericht*, p. 230.

[303] *Ibid.*, p. 256.

lettre promettant que les 20 millions seront versés avant la prochaine rencontre à la frontière.

Les choses se compliquent encore plus pour Kasztner, lorsque deux frères orthodoxes, Elias et Yitzhak Sternbuch, lancent leur propre opération de secours avec l'aide de l'ancien ministre fédéral suisse Jean-Marie Musy, qui entretient de bonnes relations avec Himmler. Le plan est soutenu par Walter Schellenberg, le chef adjoint du RSHA, et le rôle d'intermédiaire est tenu par un homme d'affaires suisse du nom de Curt Trümpy. Le 21 décembre, les deux frères demandent à Kasztner de laisser tomber Mayer et de conseiller à Becher de travailler avec eux pour libérer quelque 1 200 Juifs de Theresienstadt. Kasztner refuse. Il leur propose à la place d'unir leurs forces et de se concentrer sur des sauvetages de grande ampleur, fort de l'aide de Mayer et du prestige du Joint à leurs côtés. Il explique que le but de toute promesse faite aux SS doit être le sauvetage des Juifs « les plus menacés ». Et, pour l'instant, c'est le cas des détenus du ghetto de Budapest et des camps de concentration dans les territoires occupés par l'Allemagne. Si « un convoi de Juifs arrivant à l'étranger était un événement plus sensationnel », ce qui compte vraiment, c'est « le travail épuisant, difficile et minutieux qui consistait à empêcher l'extermination du plus grand nombre de Juifs où qu'ils puissent être. »[304]

Une telle position peut sembler bizarre de la part de Kasztner deux semaines après avoir réussi de manière spectaculaire à libérer le groupe de Bergen-Belsen et à l'envoyer en Suisse. D'un côté, ses objections au projet des frères trahissent un désir d'être seul aux commandes. De l'autre, elles concordent avec ce qu'il dit depuis le départ : que notre sauvetage est censé n'être que la première étape d'un processus qui, espère-t-il, sauvera un nombre bien plus important de vies. Les frères déclinent l'offre de Kasztner, mais lui causeront bientôt des ennuis.

Kasztner quitte Bregenz le 28 décembre. Comme les forces soviétiques ont achevé l'encerclement de Budapest la veille, il s'arrête à Vienne où il s'installe au Grand Hôtel pour trois mois. Becher et Eichmann ont quitté Budapest quelques jours plus tôt sous d'intenses bombardements. Eichmann demeurera à Berlin jusqu'à l'effondrement du Troisième Reich. Après un court séjour en Autriche, il partira se cacher en Argentine, avant d'être kidnappé et amené en Israël où il sera jugé et exécuté en 1961. Becher passera les derniers mois de la guerre entre Berlin, Vienne, Hambourg et différents camps de concentration. Après trois ans d'emprisonnement dans

[304] *Ibid.*, p. 258.

la zone américaine, il sera libéré et deviendra l'un des hommes d'affaires les plus riches d'Allemagne. Wisliceny et Krumey décampent de la capitale hongroise pour se réfugier à Vienne. Le premier sera finalement jugé et exécuté en Tchécoslovaquie, tandis que le second sera arrêté et relâché plusieurs fois avant d'être finalement condamné à la prison à vie.

Le 7 janvier, le Joint transfère 20 millions de francs à Mayer, mais Becher ignore toujours que le moindre centime ne peut être dépensé sans l'accord du gouvernement américain. Le 11 janvier, après avoir rendu visite à Himmler qui l'a promu *Standartenführer* (colonel), Becher quitte Berlin pour Vienne. Il rapporte que Himmler a été scandalisé d'apprendre les retards de paiement, étant donné l'accord très clair conclu avec McClelland. Il s'ensuit une vive discussion. Kasztner s'indigne du refus constant de Eichmann de respecter les engagements de Becher et même les ordres de Himmler. Il presse Becher de garantir qu'il n'arrivera rien au ghetto de Budapest au dernier moment avant que la ville ne tombe aux mains des Soviétiques. Becher le rassure : « Le *Reichsführer* m'a dit qu'il s'abstiendra de toute forme de représailles. »[305] Puis il se plaint que certains SS qui auparavant lui conseillaient de se garder de tenter de sauver des Juifs essaient maintenant de le discréditer et de s'immiscer dans ses projets. Quinze jours plus tard, il se fait même plus explicite, lorsqu'il donne par l'entremise de Kasztner l'autorisation aux représentants de la Croix-Rouge de visiter des camps de travail et d'y apporter des vivres et des vêtements, en l'avertissant : « Vous devez veiller à ne pas attirer l'attention. Vous savez combien Kaltenbrunner aimerait me compromettre d'une manière ou d'une autre. »[306] À ce moment-là, Becher traite Kasztner de plus en plus comme son égal. Quant à Eichmann, il est évident dcpuis longtemps qu'il fait tout son possible pour miner les efforts de Becher et contourner les ordres de Himmler, mû en partie par une jalousie professionnelle et en partie par sa détermination farouche à ne pas laisser un seul Juif vivant en Hongrie.

Pendant ce temps, les frères Sternbuch ont poursuivi leur opération. Comme Becher le rapporte avec inquiétude le 29 janvier, ses ennemis au RSHA ont dit à Himmler que, contrairement au Joint et à McClelland qui bluffaient, Musy pourra livrer des marchandises, donner de l'argent et alimenter la propagande en échange d'autres convois de Juifs vers la Suisse. Pour rassurer Himmler, Becher ordonne à Kasztner de se rendre à la fron-

---

305 *Ibid.*, p. 279-280.
306 *Ibid.*, p. 290.

tière suisse pour rencontrer une nouvelle fois Mayer. Krell et Kettlitz l'accompagneront. Après la réunion, Krell devra faire clairement savoir par télégramme à Becher si Mayer possède des reçus pour les dépôts de cinq et de quinze millions de francs, si ces sommes sont entièrement à la disposition de Becher et, enfin, si Mayer est prêt à lui obtenir un visa pour qu'il puisse continuer les négociations en Suisse.

Lors de la réunion suivante, Mayer promet de présenter une copie de la lettre indiquant que vingt millions de francs suisses, destinés aux négociations avec Becher, ont été déposés dans une banque helvète, et mis à sa disposition ainsi qu'à celle de McClelland. Krell demande que le bénéficiaire soit expressément Becher. Un nouveau rendez-vous est fixé au 2 février après-midi. Un message arrive le matin : « Saly Mayer est retenu pour des raisons familiales. »[307] Après trois jours d'impasse, Krell reçoit un coup de téléphone officiel de Berlin lui ordonnant de rompre les négociations. Il est suivi d'un appel de Becher en personne, annonçant, au départ du quartier général de Himmler, que 1 000 Juifs ont été envoyés en Suisse en signe de bonne volonté. Il s'agit en fait des 1 200 Juifs libérés de Theresienstadt au terme de l'accord passé entre Musy et Himmler pour le compte des frères Sternbuch.

Le 11 février, un autre rendez-vous a lieu entre Kasztner, Becher, Krell et Mayer, cette fois dans le bureau des douanes de Sankt Margrethen, et non sur le pont enjambant le Rhin. Mayer montre à Becher la lettre promise concernant le dépôt des vingt millions de francs, mais explique que la neutralité suisse ne permet pas de mettre cet argent à la disposition d'un Allemand. Becher exige de rencontrer McClelland. Mayer le lui promet et Becher retourne à Vienne. Mais il ne sera pas possible d'organiser l'entrevue, vraisemblablement parce que les lignes téléphoniques ont été détruites au cours d'opérations militaires.

Deux lettres de Kasztner à Bogyó, écrites à Vienne à cette époque, nous éclairent sur son état d'esprit[308]. Dans la première, datée du 1er février, il se plaint de « solitude et d'isolement » et avoue qu'il aimerait « se reposer un peu ». Toutefois il tente de lui remonter le moral – et le sien : « Chère Bogyó, ne t'inquiète pas pour moi, je crois toujours à ma chance et je ne fléchis que lorsque je pense à toi. » Dans la seconde, écrite le 11 février, il est plus calme et plus détaché : « Les coups d'éclat sont derrière nous et j'essaie de faire les choses avec plus de sérénité et de sang-froid. » Cette

307 *Ibid.*, p. 292.
308 Lettres communiquées par Zsuzsi Kasztner.

façon de dépassionner la situation est une réaction prévisible après une mission aussi éprouvante pour les nerfs, mais le recours à la métaphore du jeu de bridge révèle son caractère de joueur et d'aventurier : « Désormais mon travail est presque devenu monotone et banal. C'est comme si les enchères étaient terminées et que mon partenaire n'avait plus qu'à conclure la partie. » Cependant, en dépit de sa lassitude, il sait très bien qu'il a encore une tâche à remplir : « Malheureusement, alors que jouer consiste seulement à engranger des points… le grand chelem est synonyme de survie. » C'est pourquoi il n'a pas l'intention d'abandonner son objectif et il est d'autant plus déterminé à persévérer qu'on lui a promis une « meilleure protection » que « dans le passé ». C'est une allusion voilée au fait que Becher, devant l'inévitable défaite de l'Allemagne, s'efforcerait, en le protégeant, de se garantir un son alibi.

En mars, Kasztner lance des opérations de sauvetage tous azimuts. Becher refuse de l'aider à libérer de Mauthausen un certain nombre d'antifascistes hongrois de premier plan, aussi bien juifs que chrétiens. Mais, en échange de la promesse de recevoir du textile et de l'huile alimentaire, Becher autorise Kasztner à présenter une liste de cinquante Juifs slovaques, cachés à Bratislava, à évacuer vers la Suisse. C'est dans une rue de Bratislava que Kasztner aura la malchance de tomber sur Ferenczy, le chef de la gendarmerie hongroise. Alors qu'il arrive à son hôtel, deux Hongrois armés, en uniforme SS, se jettent sur lui. Ils le poussent dans le hall où Ferenczy attend. Celui-ci hurle : « Suis-moi. » « Où ? », demande Kasztner. « Je t'emmène en voiture, tu verras bien où. » « Lieutenant-colonel, vous n'avez aucun droit de faire cela », dit Kasztner en élevant la voix. « La ferme. Je sais qui tu es », gronde Ferenczy. Kasztner appelle à l'aide aussi fort qu'il peut. Une poignée de personnes se sont rassemblées dans le hall, dont deux officiers allemands. « Je le connais bien. Cet homme est un espion juif-américain », leur explique Ferenczy. Lorsque Kasztner montre son passeport aux officiers allemands, Ferenczy laisse tomber et s'en va. Kasztner monte ensuite dans sa chambre, cache l'argent suisse qu'il a amené pour acheter des marchandises et détruit quelques papiers importants. À peine a-t-il fini que cinq agents de l'équipe de l'*Hauptsturmführer* Alois Brunner, l'officier SS chargé de l'extermination des derniers Juifs de Slovaquie, font irruption dans la pièce :

– « Êtes-vous le Dr Kasztner ? »
– « Oui. »
– « Sous quel nom séjournez-vous ici ? »

– « Quelle drôle de question ! Sous mon propre nom, évidemment. »
– « Êtes-vous juif ? »
– « Je ne suis pas considéré comme juif. »
– « Êtes-vous circoncis ? »
– « Oui, mais je ne suis toujours pas considéré comme juif. »
– « Eh bien – selon nos lois vous êtes juif. Venez avec nous. »[309]

Kasztner est emmené au quartier général de la SS, où l'adjoint de Brunner examine ses papiers avant de le conduire auprès de Josef Witiska, le chef de la Gestapo. Witiska est au courant de ses relations avec Becher, et Kasztner est libéré dans l'heure. C'est Ferenczy qui l'avait dénoncé au bureau de Brunner.

Cet incident se conclut par le transfert en camion jusqu'à Vienne de 28 Juifs, cachés à Bratislava. En outre, Becher autorise plusieurs Juifs hongrois travaillant à Vienne à se joindre à eux ; et le 19 avril, 68 personnes arrivent en Suisse. Parmi elles figure Dov Weissmandel qui, à l'automne précédent, avait réussi à sauter d'un train en direction d'Auschwitz et à vivre dans la clandestinité. Mais pas Gizi Fleischmann, sa partenaire dans les négociations du « Plan Europe » avec Wisliceny. Elle aussi a été embarquée dans un train pour Auschwitz et spécialement désignée pour être assassinée dès son arrivée.

Le grand moment

À l'approche de la défaite du Troisième Reich, Himmler subit de plus en plus de pression pour faire cesser les tueries. Le 29 mars, Becher a des nouvelles capitales à communiquer à Kasztner. Lors d'une récente conversation, Himmler lui a assuré que plus aucun Juif ne serait assassiné et que tous les camps seraient confiés avec leurs détenus aux Alliés. L'opération Sternbuch-Musy avait provoqué une violente dispute entre Hitler et Himmler. Hitler avait exigé l'arrêt immédiat des négociations, mais Himmler a tenu bon. Le changement d'attitude de Himmler sera aussi confirmé par Krumey à Kasztner par Krumey. Lors d'une visite d'inspection des lignes de défense contre l'Armée rouge à Vienne, le chef de la Gestapo locale demandera à Himmler que faire des Juifs de la région. Selon Krumey, il aurait répondu : « Il ne faut y toucher sous aucun prétexte. »[310]

---

[309] Kasztner, *Bericht*, p. 304-305.
[310] *Ibid.*, p. 309-310.

Une semaine plus tard, le 6 avril, la retraite allemande devant les troupes soviétiques bat son plein. Becher et Krumey reçoivent Kasztner dans leur cantonnement dans un château médiéval, près de la petite ville de Spitz sur le Danube. Becher lui déclare sur un ton grandiloquent :

> « Votre “grand moment” est arrivé. Je viens juste de voir Himmler. Conformément à nos discussions précédentes, je lui ai soumis une proposition complète pour améliorer le traitement des prisonniers juifs et des prisonniers politiques en général. Himmler l'a acceptée et m'a nommé commissaire spécial du Reich en charge des prisonniers juifs et des prisonniers politiques. Maintenant, j'aimerais visiter les principaux camps de concentration avec vous et Krumey, et prendre les dispositions nécessaires sur place. Après le premier voyage, nous irons à la frontière suisse pour discuter des détails avec McClelland. »

Becher montre à Kasztner un document signé de la main de Himmler : « Au SS *Standartenführer* Kurt Becher. Étant donné la situation difficile sur le plan sanitaire et de l'hébergement, je vous nomme commissaire spécial du Reich pour tous les camps de concentration. » Becher explique que Himmler a accepté de réorganiser le système concentrationnaire « dans un esprit plus humain » et est prêt à renoncer à toute compensation financière aussi bien de la part des Juifs que des Alliés. Le ministre des Affaires économiques remboursera le Vaada pour tous les paiements antérieurs ou utilisera les fonds pour améliorer les conditions dans les camps[311].

Ce sera le début de la dernière action majeure de Kasztner. Becher et lui soutiendront que c'est Becher qui persuada Himmler d'ordonner la reddition pacifique des camps de concentration aux Alliés, et ils s'attribueront aussi le mérite d'avoir fait en sorte que la consigne soit appliquée dans plusieurs camps. En fait, Himmler a donné cette instruction suite à l'intercession de nombreux intervenants : le vice-président de la Croix-Rouge suédoise, le comte Folke Bernadotte, le représentant du Congrès juif mondial, Norbert Masur, le propre médecin de Himmler, Felix Kersten, et bien d'autres lui ont recommandé d'épargner les derniers survivants. Quant à l'exécution de l'ordre, Kasztner et Becher visiteront effectivement plusieurs camps de concentration dans le chaos des dernières semaines de la guerre. Cependant, il est très difficile d'évaluer dans quelle mesure la reddition des camps aux Alliés est due ou non à leurs efforts.

Ils vont d'abord à Bergen-Belsen. Le 10 avril, dans son appartement de Berlin, Becher répète à Kasztner qu'il a une nouvelle fois conseillé à

[311] *Ibid.*, p. 313.

Himmler de livrer les camps de concentration sans combat. Tandis que Kasztner attend dans la Mercedes de Becher, celui-ci et Krumey rendent visite à Eichmann dans son bureau pour s'assurer qu'il ne sabote pas les ordres. Deux heures plus tard, lorsque Eichmann sort du bâtiment, il feint de ne pas voir Kasztner. Becher et Kasztner quittent immédiatement Berlin et arrivent à Bergen-Belsen à 17 h 30. Le commandant Kramer les informe « avec une froide indifférence » des conditions épouvantables qui sévissent dans le camp. Au début du mois de février, il y avait 89 000 prisonniers. À présent, ils sont 53 000. La plupart des décès ont été causés par la famine ou le typhus, mais ce « n'est pas de sa faute »[312]. Kasztner suggère que livrer le camp aux forces britanniques qui approchent est le seul moyen de mettre fin à cette abomination.

Le 11 avril, Becher téléphone à Himmler qui l'autorise à organiser une reddition immédiate. Cette fois, Kramer emmène Kasztner et Becher faire le tour d'une partie du camp. Ils voient des milliers de « squelettes vivants », bien qu'ils soient tenus à l'écart des zones où se trouvent les cadavres. Au départ, le commandant de la *Wehrmacht*, le colonel Karl Harries, refuse de capituler, mais Becher, après une visite au haut commandement du Groupe des Armées du Nord, annonce qu'il l'a emporté et que la proposition est en route vers les Britanniques. Le 12, alors qu'il inspecte le camp d'Hambourg-Obergamme, un message l'avertit qu'un officier d'état-major britannique est arrivé à Bergen-Belsen pour la reddition du camp. Lorsqu'il dit à Himmler au téléphone qu'il est sur le point de s'y rendre, son chef lui tape sur les doigts : « Ce ne sont pas vos affaires, Becher. Veuillez laisser la *Wehrmacht* s'occuper de la capitulation. »[313] Le camp sera finalement cédé aux Britanniques le 15 avril.

La plupart de ces récits figurent dans le rapport rétrospectif écrit par Kasztner et les preuves tangibles manquent pour les étayer. Cependant, dans certains cas, il a pris des notes quasiment au moment où les événements se sont déroulés. Alors que le rapport est écrit plus tard pour justifier ses propres actes, ces notes spontanées renforcent sa crédibilité. Un exemple instructif est la lettre qu'il écrit le 11 avril dans la soirée à Hambourg, où il loge la nuit entre ses visites à Bergen-Belsen. Un bref passage semble confirmer que Becher – dont le prénom sert aussi de nom de code dans la correspondance de Kasztner – joue un rôle important en empêchant les détenus survivants d'être victimes de combats au dernier moment :

312 *Ibid.*, p. 316.
313 *Ibid.*, p. 319.

> « Les propositions de Kurt ont été reçues avec peu d'enthousiasme. Mais il a obtenu l'accord du commandant du groupe d'armées et, à 20 h, la décision était prise : l'ensemble du camp est déclaré zone neutre et sera livré aux Alliés sans combat. Un colonel a été mandaté pour aller annoncer cette décision aux Alliés. »[314]

Ailleurs, dans la même lettre, il écrit que Becher s'est arrangé pour que Buchenwald avec ses 30 000 à 40 000 détenus soit cédé dans les mêmes termes.

Le 13 avril, alors qu'ils rentrent à Berlin, Becher tente de manière flagrante de construire son alibi. « Si nous devions finalement perdre cette satanée guerre, j'espère que les Alliés seront suffisamment lucides pour apprécier mes efforts et mes réalisations », dit-il à Kasztner. Avec plus d'audace encore, il glisse un petit mot en faveur de Himmler, qui se trouve dans une position « délicate » « à cause des mesures qu'il avait prises en faveur des Juifs et des prisonniers politiques ». En revanche, il a des mots très durs pour Mayer, ce qui prouve qu'il était conscient des subterfuges utilisés du côté juif, même si l'on ignore à partir de quel moment il commença à avoir des soupçons : « Si M. Saly Mayer avait eu une autre attitude, si au moins il n'avait pas été aussi avare de promesses, nous aurions pu accomplir plus de choses. »[315] Il est vrai que Mayer n'était pas un aussi bon bluffeur et tricheur que Kasztner ne l'aurait souhaité, mais il n'est pas du tout certain qu'une approche plus retorse aurait permis d'arracher de plus grandes concessions aux criminels nazis.

Lorsque Becher et Kasztner arrivent à Berlin, ils découvrent que, en dépit des ordres de Himmler, un nombre substantiel de détenus ont été emmenés de force vers d'autres camps pour empêcher leur libération par les Alliés. Par exemple, quelques jours avant la reddition de Buchenwald, le commandant en a envoyé 22 000 à Flossenbürg et à Dachau. Becher dira à Kasztner qu'à sa demande Himmler s'est engagé à télégraphier aux commandants de tous les camps pour leur interdire d'évacuer ou de liquider les prisonniers.

Pour s'assurer que les camps se rendent pacifiquement, Becher décide d'aller à Mauthausen et Flossenbürg. Kasztner, avec Krumey et Hunsche, parvient à rallier Theresienstadt le 16 avril, malgré les raids à basse altitude de la Royal Air Force. Le rabbin Benjamin Murmelstein, le *Judenältester* nommé par les Allemands, est désigné pour leur faire visiter le

[314] Cité dans Dinur, p. 92.
[315] Kasztner, *Bericht*, p. 320.

« ghetto modèle » aseptisé, qui avait déjà trompé la Croix-Rouge en juin 1944. Rencontrant certains détenus, Kasztner leur assure qu'ils seront bientôt libres. Krumey transmet les instructions de Himmler de placer le commandement du camp et ses 32 000 détenus sous la tutelle de la Croix-Rouge. Ce sera fait le 5 mai, trois jours avant l'arrivée des troupes soviétiques.

Becher va à Mauthausen le 27 avril. Apparemment, il annule les ordres du commandant de faire exploser les 22 000 travailleurs forcés dans une fabrique de munitions souterraine. Cependant, on ne sait pas exactement dans quelle mesure ses efforts ont joué dans le transfert ultime du camp aux Américains le 5 mai. Quoi qu'il en soit, il a une autre mission plus personnelle à remplir. L'un des plus proches partenaires de Kasztner, Moshe Schweiger, avait été arrêté par la Gestapo et interné dans ce camp peu après l'invasion de la Hongrie par les Allemands. La veille de la libération du camp par l'armée américaine, Becher le libère. Comme nous le verrons, ses raisons ne sont pas seulement humanitaires.

Kasztner, de son côté, part une fois encore pour la Suisse. Le 20 avril, à Genève, il tente de convaincre McClelland, Mayer et Schwalb de rencontrer à nouveau Becher à la frontière. Ils lui font savoir que l'avancée des Alliés rend désormais cette entrevue inutile.

La veille, Kasztner est venu rendre visite à notre groupe dans notre refuge de Caux, où il reçut un accueil très chaleureux. Au nom de la minorité orthodoxe à l'hôtel Regina et de la majorité non religieuse à l'Esplanade, il reçoit un certificat créé pour l'occasion sur lequel figurent des dessins retraçant les différentes étapes de notre voyage de Kolozsvár, *via* Budapest, Mosonmagyaróvár, Linz et Bergen-Belsen, jusqu'à Saint-Gall et Caux. Le texte écrit en hébreu – y compris le prénom de Kasztner – proclame : « 1 685 Juifs rescapés » prient Dieu de bénir notre « noble sauveur et protecteur, le Dr Israel Kasztner » qui a mené « une bataille miraculeuse et héroïque pour nous délivrer de l'ennemi sanguinaire au péril de sa vie et avec une véritable abnégation »[316]. Ce sera l'un des moments les plus heureux de Kasztner. Beaucoup d'autres moins heureux allaient suivre.

---

[316] Reçu de Zsuzsi Kasztner.

Chapitre 12

PROJETS D'APRÈS-GUERRE

LUTTER POUR ÊTRE RECONNU

La fin de la guerre signifie bien entendu la fin des opérations de sauvetage, mais nullement la fin de l'histoire de Kasztner. Dans les derniers jours d'avril 1945, peu avant la capitulation de l'Allemagne, Kasztner s'installe avec sa femme Bogyó dans la pension Sergy à Genève, qui sera sa résidence jusqu'à son émigration en Palestine, en décembre 1947. Entre 1945 et 1948, il se rend plusieurs fois à Londres et à Nuremberg, où il livre des informations au Tribunal militaire, mène des entretiens et rédige des articles. Ses frais de subsistance sont pris en charge par le Bureau pour la Palestine, l'Agence juive et les tribunaux pour crimes de guerre. Sa fille unique, Zsuzsi, naît le 26 décembre 1945. Dans une lettre à un parent vivant en Palestine, il parle d'elle comme « de l'unique point de clarté et de pureté » dans son malaise intérieur[317]. Il confie à son ami Dezső Hermann qu'« être père n'est pas un rôle mais un état d'esprit, une sensation étrange et agréable » et il décrit « la petite fille aux yeux bridés telle une Japonaise », comme « une œuvre solide et durable, la plus réussie de toutes mes créations »[318].

Mais la paternité ne suffit pas à lui remonter le moral. Pour reprendre les mots de Yechiam Weitz, l'observateur le mieux informé sur sa vie après la guerre, « tant sur le plan mental que physique, Kasztner n'était plus que l'ombre de lui-même »[319]. Pour Joël Brand, qui le rencontre à Genève en mai 1946, « ses traits mais aussi ses pensées paraissaient graves »[320].

[317] Lettre d'octobre 1946, communiquée par Zsuzsi Kasztner.

[318] Lettre d'avril 1946, transmise par Zsuzsi Kasztner.

[319] Weitz, 1995, p. 45. Ma présentation de la vie de Kasztner après la guerre s'appuie en grande partie sur l'ouvrage du professeur Weitz.

[320] Cité dans Weitz, 1995, p. 75.

Après l'effervescence de ses confrontations avec les SS, ses nouvelles activités lui semblent banales et ennuyeuses. Ses disputes avec Bogyó, qui, on le comprend, lui reproche sa liaison passée avec Hansi Brand, le dépriment. Il s'attendait à être remercié et félicité et, au lieu de cela, il est en butte aux sous-entendus, rumeurs et autres accusations publiques de graves malversations durant la Shoah. Il se sent frustré, déçu et amer.

Ses détracteurs forment un ensemble hétéroclite comprenant ses ennemis idéologiques ou personnels, des survivants qui ont perdu des parents ou ont eux-mêmes souffert dans les camps, et même quelques membres de notre groupe de Bergen-Belsen. Les campagnes de haine sont souvent anonymes, ce qui l'exaspère particulièrement. En colère, il écrit à Eliahu Dobkin qu'il réprouve les gens « qui jouent en coulisses » et demande que tout « malentendu... soit clarifié », toute « suspicion exprimée à haute voix » et toute « plainte exposée avec précision »[321]. Dobkin ment et nie catégoriquement l'existence de récriminations ou de soupçons, et les médisances continueront.

Kasztner se sent profondément lésé. Comme il l'écrit à Hermann, il croyait avoir été « éreinté » par les dirigeants du Yichouv (la communauté juive de Palestine), parce qu'ils « ne se rendaient pas compte aussi bien que nous, qui connaissons les faits, des résultats que nous avions obtenus »[322]. De même, dans un courrier à son ami Walter Eliezer, il attribue l'hostilité dont il est l'objet à « un décalage de perception » entre Juifs d'Europe et de Palestine, dû à « des vécus différents » durant la Shoah[323]. Ben Gourion et Sharett avaient été trop occupés à créer l'État d'Israël pour songer à sauver les Juifs européens, tandis que les autres membres de l'Agence juive, comme Dobkin ou Yitzhak Gruenbaum, avaient commencé par ignorer les survivants avant de les utiliser sciemment comme des pions dans leurs affaires politiques internes. Même avant la fondation de l'État juif – et une douzaine d'années avant sa mort –, Kasztner a perçu la dichotomie qui allait devenir l'une des fractures majeures dans la société israélienne et un élément crucial dans sa propre tragédie. Mais ce n'est pas tout. Outre ses griefs contre les dirigeants du Yichouv, Kasztner prétend que Saly Mayer, le Joint, les frères Sternbuch et le mouvement orthodoxe Agoudat Israel tentent de s'approprier le mérite de son travail. C'est peut-être légèrement paranoïaque, mais il n'en reste pas moins qu'il sera vraiment victime d'allégations trompeuses et malveillantes.

321 22 décembre 1945, cité dans Barri, p. 148.
322 3 avril 1946, lettre communiquée par Zsuzsi Kasztner.
323 17 avril 1946, lettre communiquée par Zsuzsi Kasztner.

Pour se défendre, Kasztner publie une série de communiqués dans lesquels il vante ses activités durant la guerre, réclame avec vigueur une reconnaissance et répond avec excès à la moindre critique réelle ou imaginaire. L'un des premiers documents rétrospectifs de cette nature est une lettre de quatre pages, écrite en août 1945 et adressée à l'Agence juive[324]. Se penchant sur « la justification morale et la pertinence politique » du travail du Vaada, Kasztner affirme que le but ultime était « la Hatzalah, c'est-à-dire le sauvetage des vies humaines ». Il dresse ensuite l'inventaire des « succès qui doivent être attribués avant tout à nos efforts » : la libération du groupe de Bergen-Belsen ; la survie de celui de Strasshof ; la mise en échec des déportations depuis Budapest ; l'exemption des marches forcées jusqu'en Autriche pour les enfants et les vieillards ; la protection du ghetto de Budapest contre les Croix fléchées ; l'ordre de Himmler de faire cesser toutes les exterminations ; la libération des Juifs cachés à Bratislava et la reddition pacifique des camps de Bergen-Belsen et Theresienstadt aux Alliés.

Dans les années qui suivent, Kasztner répétera cette liste de nombreuses fois. Les versions divergent sur quelques détails, mais le fond reste le même. Comme il l'écrit à juste titre avec fierté dans une lettre à Walter Eliezer : « Ce que nous avons fait à Budapest et depuis Budapest est unique dans l'histoire de la catastrophe. »[325] Peut-être exagère-t-il son rôle dans des événements aux ramifications plus vastes, mais il paraît clair qu'il a essayé d'accomplir une mission de grande envergure, dont la libération de notre groupe de 1 670 personnes n'a été qu'une petite partie. Quoiqu'il n'ait pu réaliser tous ses rêves, ses intentions ambitieuses sont confirmées, par exemple, dans sa lettre à Aryeh Tartakower du Congrès juif mondial, dans laquelle il souligne qu'« en 1944, l'année où plus d'un million de Juifs furent gazés, il existait des opportunités pour organiser un sauvetage à grande échelle »[326].

À l'automne 1946, Kasztner est mêlé à une violente polémique. Le 4 octobre, le Joint publie un communiqué de presse qui rend un hommage appuyé à Saly Mayer pour son sauvetage des Juifs de Hongrie, sans même citer une seule fois Kasztner. Celui-ci est furieux. Dans une lettre à Mayer, il réfute tous les arguments contenus dans le texte, et revendique la totalité du mérite pour le Vaada, ou plutôt, pour lui-même. Il fait le même genre de déclaration dans divers journaux. Il presse le Congrès juif mondial,

---

[324] Yad Vashem, Archives.

[325] 17 avril 1946, lettre communiquée par Zsuzsi Kasztner.

[326] Février 1946, lettre communiquée par Zsuzsi Kasztner.

l'Agence juive et le Joint de rétablir la vérité. En décembre, le secrétaire exécutif du Joint, Moses A. Leavitt, et son vice-président, J. C. Hyman, lui adressent de timides excuses et imputent les erreurs à un rapport du délégué du War Refugee Board, Roswell McClelland. Il est probable que Kasztner ait été blessé par une critique sans équivoque, bien qu'elle recèle une vérité indéniable : « Aucune organisation ne peut prétendre avoir accompli le travail à elle seule. »[327] À peu près au même moment, il chante à nouveau ses propres louanges dans un « Mémorandum », probablement destiné à l'Agence juive, où il réitère les résultats de ses accords avec Becher : libération du groupe de Bergen-Belsen, déroutement du groupe de Strasshof, sauvetage du ghetto de Budapest, reddition des camps de Bergen-Belsen, Mauthausen, Neuengamme et Theresienstadt[328].

L'attaque la plus préjudiciable durant cette période vient de son vieux rival, Moshe Krausz. À l'été 1945, Krausz a été remplacé à la tête du Bureau pour la Palestine de Budapest après une enquête de l'Agence juive sur ses méthodes de travail brouillonnes et conflictuelles. Il est acquitté faute de preuves, mais il contre-attaque en rédigeant un rapport pour la commission d'enquête, où il vante ses propres opérations de sauvetage et dénigre celles de Kasztner. Il prétend que non seulement Kasztner a laissé passer des occasions de sauver beaucoup plus de Juifs parce qu'il s'est focalisé sur la libération du groupe de Bergen-Belsen, mais aussi qu'il a détourné des fonds destinés aux missions de secours, sacrifié la communauté juive de Hongrie à sa sécurité personnelle et entravé les opérations de grande envergure de Krausz. À la demande de Kasztner, un tribunal d'honneur est mis sur pied en marge du XXIIe Congrès sioniste à Bâle en 1946, pour examiner les accusations de Krausz. Deux réunions se concluent sans qu'une décision soit prise, par manque de temps pour rassembler les preuves. Un second tribunal, également réclamé par Kasztner, ne verra jamais le jour[329]. Plus tard, après l'introduction en Israël, en 1950, d'une loi sur les nazis et les collaborateurs nazis en Israël, Kasztner sera interrogé par la police, mais aucune charge ne sera retenue. C'est principalement pour réfuter les rumeurs et obtenir une reconnaissance tant désirée qu'il rédige son *Bericht* et le présente au XXIIe Congrès sioniste. Ce texte a été critiqué pour sa tendance à « l'autojustification » et à « l'autoglorification »[330]. Et cela ne suffira pas à faire taire ses ennemis. Pourtant, pris

[327] 7 décembre 1946, lettre communiquée par Zsuzsi Kasztner.
[328] 7 décembre 1946, mémorandum communiqué par Zsuzsi Kasztner.
[329] Cf. Weitz, 1995, p. 65-68 ; Bilsky, p. 119 ; Segev, p. 258 ; Szita, p. 206.
[330] Szita, p. 206.

avec précaution, ce texte est un compte rendu inestimable d'une entreprise extraordinaire.

Les calomnies seront multiples et variées, mais leur message ultime est que Kasztner a collaboré avec les assassins nazis par intérêt personnel. C'est une accusation épouvantable, et Kasztner fera tout ce qu'il peut pour se défendre. Naturellement, il n'est pas un témoin objectif, mais il existe au moins un récit, rédigé par un observateur qui a pu juger de près le travail de Kasztner et qui n'agissait pas par intérêt. Il s'agit d'une partie du rapport remis par Roswell McClelland à ses supérieurs du War Refugee Board en août 1945, peu après les événements. Son bilan reflète sur beaucoup de points celui de Kasztner lui-même. Cependant, il a l'avantage d'être clair, concis et bienveillant, quoique sans parti pris manifeste. Pour McClelland, les plus grands succès de Kasztner sont d'avoir :

1) ramené en Suisse deux groupes de Juifs de Hongrie, à partir du camp de concentration de Bergen-Belsen, le 21 août 1944 (318 personnes) et le 6 décembre 1944 (1 355 personnes);
2) empêché la déportation de plus de 200 000 Juifs encore à Budapest le 25 août 1944;
3) évité... aux vieux, aux malades et aux enfants les marches forcées au départ de Budapest, en novembre 1944;
4) détourné vers l'Autriche des convois d'environ 17 000 Juifs hongrois en route pour Auschwitz, en juin 1944;
5) obtenu l'accord tacite des SS pour que le Comité international de la Croix-Rouge soit autorisé à héberger 3 000 enfants juifs, dans des maisons placées sous sa protection, à Budapest et dans ses environs (d'août à décembre 1944);
6) fourni des installations pour l'approvisionnement et la distribution de vêtements à environ 7 000 Juifs dans les camps de travail de la région de Vienne (janvier 1945);
7) libéré et amené en Suisse 69 personnalités juives de Slovaquie et de Hongrie, le 18 avril 1945[331].

Cette liste contient quelques erreurs et il est permis de douter que Kasztner ait eu autant d'influence que le laisse supposer McClelland. Cependant, celui-ci est suffisamment prudent pour ne pas faire référence à la reddition des camps de concentration, où le rôle de Kasztner est le plus

[331] McClelland, « Report », p. 46-47.

sujet à caution. Il prend soin également de souligner que « les résultats mentionnés plus haut » ne sont pas dus « seulement et exclusivement » aux négociations de Kasztner avec Mayer et Becher, avant de conclure qu'elles ont « indiscutablement contribué en grande partie à obtenir ces succès »[332].

Plus tard dans l'année, McClelland intervient dans la querelle sur les mérites respectifs de Kasztner et de Mayer. Dans une lettre adressée à Kasztner, il fait référence « au rôle indispensable et essentiel » que Kasztner a joué « avec Saly Mayer, Kurt Becher… et quelques autres » dans les « longues et difficiles négociations » qui se sont déroulées à la frontière suisse. C'est à Kasztner qu'il fait le plus d'éloge :

> « Sans votre initiative initiale pour établir les contacts nécessaires et décrocher "un accord de coopération" à Budapest et sans votre médiation constante tout au long du processus (en territoire occupé par l'ennemi, faudrait-il ajouter), il est difficile d'imaginer que ces négociations auraient pu avoir lieu ou du moins produire autant de résultats positifs. »[333]

Certaines des pires accusations seront lancées contre Kasztner et notre groupe conjointement. On nous reprochera – et c'est compréhensible sans pour autant être juste – d'avoir survécu alors que des millions sont morts. McClelland, pour sa part, se range résolument du côté des vivants. Il écrit à un destinataire anonyme que ni « ceux qui ont organisé le départ » ni « les passagers de ces convois » ne peuvent être « tenus pour responsables d'avoir été sauvés alors que d'autres ne le furent pas ». Plutôt que de reprocher à Kasztner d'avoir échoué à réussir l'impossible, il rend hommage à ce qu'il a accompli à Bergen-Belsen en août et décembre 1944 : « À la lumière des terribles circonstances qui existaient à l'époque et de la mentalité des dirigeants nazis impliqués, avoir ramené ces deux groupes sains et saufs en Suisse doit être considéré comme une réussite très importante. »[334]

Malheureusement, beaucoup voient les choses différemment et bientôt les voix qui s'élèveront en faveur de Kasztner seront couvertes par les vociférations des diffamateurs.

---

[332] *Ibid.*, p. 47-48.
[333] Lettre du 18 juillet 1946, copie au musée de la communauté juive hongroise, Zefat.
[334] Lettre du 6 février 1946, copie communiquée par Zsuzsi Kasztner.

DÉCLARATIONS SOUS SERMENT

Les éloges bruyants que fait Kasztner de ses propres succès vont de pair avec trois projets qui occupent une grande partie de son temps et de son énergie, et nécessiteront de nombreux voyages à Nuremberg entre 1945 et 1948. Il entend récupérer les biens volés aux Juifs de Hongrie par les SS, traquer Eichmann et traduire en justice le grand mufti de Jérusalem, Mohammed Amin al-Husseini, pour avoir collaboré avec les nazis en échange de leur engagement à ne pas autoriser les Juifs à émigrer en Palestine. C'est en lien avec ces projets qu'il livrera à différents tribunaux pour crimes de guerre plusieurs déclarations sous serment relatives à quatre officiers SS stationnés en Hongrie : Dieter Wisliceny, Hans Jüttner, Hermann Krumey et Kurt Becher. On décèle, au fil de ses déclarations, un changement d'attitude spectaculaire, les dernières étant étonnamment favorables à des nazis notoires.

Wisliceny apparaît d'abord sous un jour totalement négatif. En 1945, Kasztner attribue à un pur intérêt personnel tout ce qu'il a pu faire de bien : « [Il] croyait qu'en me gardant en vie et en faisant certaines concessions dans les campagnes anti-juives, il pourrait disposer d'un témoin à décharge lorsqu'il aurait, avec son organisation, des comptes à rendre pour les atrocités commises. »[335] En 1948, il devient « le premier officier SS à avoir obtenu des concessions, quoique mineures, qui ouvraient une brèche dans la politique d'extermination totale alors en vigueur »[336]. Kasztner ne paraît pas réaliser que la suspension temporaire des déportations en Slovaquie n'avait rien à voir avec Wisliceny ni avec les pots-de-vin qu'il avait reçus de Weissmandel et Fleischmann en échange de son intervention supposée.

En 1948, Kasztner fait une brève mais positive allusion à Jüttner. Il le crédite de s'être insurgé contre les traitements criminels infligés à des dizaines de milliers de Juifs contraints de marcher de Budapest jusqu'en Autriche, à l'automne 1944. En conclusion, Kasztner observe que « "les marches de la mort" furent arrêtées », en dépit des protestations d'Eichmann, « à la suite de l'intervention de Becher et Jüttner auprès de Himmler »[337].

La déclaration sous serment en faveur de Krumey fut précédée d'un certain nombre de lettres. En décembre 1945, la femme de Krumey demande à Kasztner d'aider son mari, détenu par les Anglais dans un camp de prisonniers de guerre. Kasztner commence par refuser, avant finale-

[335] Kasztner, Déclaration, 13 septembre 1945, p. 3-4.
[336] 5 mai 1948, cité dans Weitz, 1995, p. 87.
[337] 9 avril 1948, grâce à l'amabilité du professeur Victor Harnik.

ment de lui répondre : « Je suis prêt à tout moment à indiquer par écrit à quel point votre mari nous a soutenus dans notre entreprise de sauvetage, parfois en prenant d'énormes risques. »[338] Il promet à Krumey lui-même de l'aider à essayer de recouvrer la liberté pour « commencer une nouvelle vie sur de nouvelles bases »[339]. Dans la déclaration qui suit, en mai 1948, il atteste que Krumey a aidé à sauver 29 Juifs de Bratislava et « neutralisé… des ordres qui visaient à exterminer quelque 30 000 détenus » à Theresienstadt. Faisant référence aux 15 000 Juifs hongrois de Strasshof, il salue la « remarquable bonne volonté de Krumey à l'égard de ceux dont la vie ou la mort dépendait en grande partie de la manière dont il comprenait et appliquait ses ordres ». N'oubliant pas son propre rôle, Kasztner ajoute que « les propositions qu'il fit à Krumey dans le but d'alléger les souffrances de ce groupe particulier » furent toujours reçues avec « énormément de compréhension et de sympathie de sa part »[340].

Becher figure dans deux déclarations, en plus de celle où il apparaît avec Jüttner. Dans la première, faite en septembre 1945, il est essentiellement question de la persécution et de l'extermination de la communauté juive de Hongrie, et le rôle de Becher y est relativement réduit. Comme pour Wisliceny, Kasztner voit des motivations égoïstes derrière son apparente bienveillance : « Le *SS Standartenführer* Becher m'a pris sous son aile, afin de se constituer un éventuel alibi personnel. Après l'automne 1944, il tenait beaucoup à démontrer qu'il désapprouvait les déportations et les exterminations, et cherchait en permanence à me fournir des preuves qu'il essayait de sauver les Juifs. »[341]

La seconde déclaration, datée du 17 août 1947, pourrait presque avoir été rédigée par quelqu'un d'autre. Elle est entièrement consacrée à Becher et ne contient que des éloges. Une fois de plus, Kasztner – à quelques différences près dans les chiffres – dresse la liste des missions de sauvetage qu'il a menées avec l'aide de Becher : la libération des « 1 685 » de Bergen-Belsen ; la décision de Himmler de suspendre les exterminations à l'automne 1944 ; l'empêchement du massacre des 85 000 résidents du ghetto de Budapest par les Croix fléchées ; la survie de 55 000 détenus à Bergen-Belsen, de 12 000 à Neuengamme et de 30 000 à Theresienstadt. Ensuite, il décrit l'attitude de Becher dans les termes les plus flatteurs :

338 6 octobre 1946, lettre transmise par Zsuzsi Kasztner.
339 5 février 1947, lettre reçue de Zsuzsi Kasztner.
340 5 mai 1948, cité dans Weitz, 1995, p. 86.
341 Kasztner, Déclaration, 13 septembre 1945, p. 3-4.

> « Il ne fait aucun doute que Becher est l'un des très rares dirigeants SS à avoir eu le courage de s'opposer au programme d'extermination des Juifs et à avoir essayé de sauver des vies… Becher fit tout ce qu'il put, étant donné sa position, pour sauver des vies innocentes de l'aveugle frénésie meurtrière des dirigeants nazis. Par conséquent, je n'ai jamais douté un seul instant des bonnes intentions de Kurt Becher, même si la forme et la base de nos négociations peuvent paraître hautement contestables. Selon moi, lorsque son cas sera examiné par les autorités alliées ou allemandes, Kurt Becher méritera la plus grande considération possible. »

Il conclut son impressionnant panégyrique en faisant la liste tout aussi impressionnante de ses propres titres :

> « Je fais cette déclaration non seulement en mon nom, mais aussi au nom de l'Agence juive et du Congrès juif mondial. Signé : Dr Rudolf Kasztner, délégué de l'Agence juive à Genève. Ancien président de l'Organisation sioniste en Hongrie (1943-1945). Représentant du Joint Distribution Committee à Budapest. »[342]

Dix ans plus tard, cette déclaration scellera le destin tragique de Kasztner.

Becher

Il ne fait aucun doute que Becher a aidé Kasztner à sauver des milliers de Juifs. Mais c'était aussi un nazi au passé suspect.

Kurt Alexander Becher naît à Hambourg en 1909. Après avoir travaillé comme employé dans une société d'import-export de maïs, il rejoint la SS en 1934 et le parti national-socialiste en 1937. À partir de 1940, il sert dans la Waffen SS en Pologne et en Ukraine, d'abord comme *Unterführer* (caporal) avant de grimper rapidement les échelons jusqu'au grade de *Standartenführer* (colonel). En 1944, il est nommé représentant spécial de Himmler à Budapest et, en 1945, commissaire spécial pour tous les camps de concentration. De 1945 à 1948, il est prisonnier des Américains et suspecté d'être un criminel de guerre, sans être inculpé. En 1948, il est reconnu non coupable par une cour allemande de dénazification. En 1949, il se relance dans le commerce du maïs à Brême et, en 1960, il est multimillionnaire. Il meurt à Hambourg en 1995.

---

[342] Cité dans Hecht, p. 78 ; amendé en référence à Segev, p. 269-270 et à la traduction allemande (http://www.kokhavivpublications.com/kuckuck/feature/biss_bericht/).

D'après la plupart des témoignages, Becher était un bel homme, une élégante fripouille, un opérateur sans scrupules, un être fourbe et fuyant, un cavalier passionné et un arriviste non moins passionné. Son témoin de moralité le plus bienveillant est la fille de Kasztner, Zsuzsi. Elle l'a rencontré lorsqu'il avait 86 ans et a été charmée par « ce beau séducteur, séduisant et charismatique ». Soulignant qu'il n'existe aucune preuve de sa participation à la « solution finale », elle dit : « Becher voulait vraiment aider mon père à sauver le plus de Juifs possible. »[343] Endre Biss émet un jugement similaire. Rejetant l'éventualité de tout acte répréhensible, il prétend que Becher sauva « plusieurs dizaines de milliers de personnes » de la mort, afin « d'expier en partie les crimes commis au nom de tous ses concitoyens »[344].

La plupart des autres observateurs brossent de lui un tableau très sombre. En 1961-1962, le journaliste suisse Kurt Emmenegger publie une série d'articles destinés à montrer que Becher n'était pas seulement un « voleur et un extorqueur », mais un « criminel nazi qui, par des mensonges éhontés, la déformation des faits et un mélange subtil de demi-vérités, réussit comme nul autre à éviter son châtiment et même à se présenter comme un bienfaiteur ». Ses actions apparemment humanitaires étaient motivées par la recherche de « marchandises en échange de vies et d'un excellent alibi pour lui-même et son *Reichsführer* »[345]. En ayant recours aux techniques de « terreur et de chantage » de la SS, il a commis des actes « d'escroquerie, de vol, d'extorsion » et des « faux témoignages ». Mais son pire crime – duquel il a essayé de détourner l'attention en se présentant comme un grand « sauveur de Juifs » – a été « sa participation au génocide »[346].

Les juges du « procès Kasztner » devanceront l'analyse de Emmenegger. Ils qualifieront Becher de criminel de guerre qui a utilisé les déportations d'Eichmann pour dépouiller les Juifs de tous leurs biens. Le juge du tribunal de Jérusalem, Benjamin Halévi, estimera que « la machine à extorsion de Becher n'aurait pu fonctionner sans la machine de mort de Eichmann ». De même, les cinq juges de la Cour suprême considéreront que « l'extermination rendit l'extorsion plus efficace »[347]. Kasztner lui-même note laconiquement : « l'interaction entre les différentes branches de la SS était

[343] Kasztner, Zsuzsi, p. 10-11.
[344] Biss, p. 202.
[345] Emmenegger, art. 13.
[346] Emmeneger, art. 18.
[347] Emmenegger, art. 5.

exemplaire : le *Judenkommando* assassinait, la section économique récupérait l'argent »[348].

Parmi les historiens qui ont écrit sur Becher, Yehuda Bauer est probablement le plus perspicace. Il traite Becher de « nazi opportuniste » qui a peut-être pris part au génocide, mais a aussi sauvé un très grand nombre de gens : « Becher était probablement un tueur, probablement un assassin, très certainement un voleur et un maître chanteur – et un sauveur de quelque centaines de milliers de Juifs. » Néanmoins, le texte de Bauer se termine sur une condamnation sans équivoque : « Il sauva ces vies dans son propre intérêt à long terme. »[349]

Les activités de Becher durant la guerre se divisent en deux parties. En Pologne et en Ukraine, son unité est déployée aux côtés des troupes d'extermination. En Hongrie, il se livre à de l'extorsion à grande échelle mais aussi à d'importantes actions de sauvetage. N'étant pas homme à laisser passer une occasion de s'enrichir ou de garantir sa propre survie, il utilise à chaque instant la méthode la plus appropriée.

Entre 1940 et 1943, il sert dans différentes unités de cavalerie de la Waffen-SS, connues également sous le nom d'unités *Totenkopf*. Elles étaient destinées à renforcer les opérations de police derrière la ligne de front dans les territoires occupés. Elles lançaient des « expéditions punitives » et des « opérations de nettoyage », tuant des partisans, des civils innocents et, surtout, des Juifs. Leurs chefs menaient une vie de luxe et de débauche, grâce à la corruption, au racket et au vol, gagnant au passage l'admiration de Himmler. Hermann Fegelein, le supérieur de Becher, qui devint plus tard le beau-frère de Hitler, fut l'un des principaux auteurs de ces crimes.

En juillet 1941, l'unité de Becher opère dans les marais de Pinsk en Ukraine, où, sur ordre de Himmler, elle extermine les habitants de la région « racialement et humainement inférieurs ». Fegelein ajoute que les fonctionnaires communistes doivent être pendus en public, les civils suspects abattus, et les Juifs mis dans des ghettos, fusillés ou noyés dans les marécages. Environ 14 000 Juifs meurent. Au mois d'août, Becher est nommé aide de camp de Fegelein. Il prétendra plus tard n'avoir jamais participé à des campagnes d'assassinats – ni même en avoir entendu parler. C'est difficile à croire parce que, peu avant qu'il ne prenne ses fonctions, il était sergent dans un régiment de cavalerie qui « nettoyait » les marais et, après

348 Kasztner, *Bericht*, p. 132.
349 Bauer, 1994, p. 211.

sa nomination, l'une de ses missions était de transmettre les ordres opérationnels et d'en rapporter les résultats. Il est tout aussi difficile de concilier ses déclarations selon lesquelles il aurait saboté les ordres de Himmler, avec la lettre de janvier 1943 où le *Reichsführer* le félicite pour « sa lutte intrépide contre la sous-humanité ». Emmenegger, par exemple, suspecte Becher de « n'avoir pas été juste un complice, mais bien un participant actif à l'extermination de dizaines de milliers d'hommes, femmes et enfants juifs »[350].

Becher arrive en Hongrie peu après son occupation, le 19 mars 1944, en tant que chef de « la section économique » de la SS, avec pour subordonnés Max Grüson, Herbert Kettlitz et Karl Grabau. Officiellement il est censé acheter de l'équipement militaire et des chevaux pour la SS mais Himmler lui a conféré des pouvoirs spéciaux secrets. En réalité son activité principale consiste à exproprier les Juifs au bénéfice des SS, opportunité qu'il met aussi à profit pour se remplir les poches. Il est en relation directe avec Himmler et il cherche souvent à s'assurer son soutien contre Eichmann, avec lequel tantôt il coopère, tantôt est en rivalité, selon ses intérêts du moment. Il s'attire la plus haute estime de Himmler en acquérant l'empire industriel Manfred Weiss pour le compte des SS.

Cette société était le plus vaste complexe industriel de Hongrie, détenu par une famille étendue, comprenant des Juifs, des convertis et des gentils. À coups d'intimidation, de coercition, de chantage et de fausses promesses, Becher manipule les propriétaires pour qu'ils remettent la majorité de leurs actions entre les mains des SS et le nomment directeur. Il s'installe avec sa maîtresse, la comtesse Hermine von Platen, dans l'une des villas les plus luxueuses des Weiss. En échange, au mois de juin 1944, neuf membres du clan Weiss peuvent s'envoler pour la Suisse et trente-deux, pour le Portugal. Cinq seront détenus à Vienne comme otages pour s'assurer que l'affaire demeure secrète. Le Dr Ferenc Chorin, le président de la société, et le Dr Vilmos (Wilhelm) Billitz, l'un des directeurs généraux, par la suite impliqué dans le marché qui sauvera nos vies, feront les frais de la manœuvre. Becher affirmera plus tard que son premier objectif avait été de sauvegarder l'entreprise pour ses propriétaires, ce qui ne l'a pas empêché d'en transférer tous les biens mobiliers vers l'Allemagne au moment où l'Armée rouge s'approchait de Budapest.

S'étant approprié la société Manfred Weiss, Becher imagine d'autres méthodes d'extorsion. Avec ses adjoints, il ouvre des ateliers dans lesquels

350 Emmenegger, art. 18.

les plus célèbres artisans de Budapest fabriquent des objets de luxe pour les SS contre de sauf-conduits, mais sans recevoir le moindre salaire. En outre, il inclura dans le groupe de Bergen-Belsen une cinquantaine d'hommes riches qui lui payeront un confortable pot-de-vin, en plus des 1 000 dollars par tête déjà versés par le Vaada pour les SS.

En octobre 1944, Becher est nommé à la tête de l'unité d'évacuation germano-hongroise, dont la tâche est de mettre à l'abri de l'avancée soviétique toutes les marchandises d'importance stratégique. Sous son commandement, quelque 1 200 trains, 370 navires et 63 000 automobiles et camions, chargés d'acier, de matières premières, de machines et autres chargements, partent vers l'Autriche et l'Allemagne. Une partie de ces marchandises seront intégrées dans l'industrie de guerre allemande, mais il existe des preuves que Becher a envisagé d'utiliser le reste pour fonder ses propres installations industrielles après la guerre. De surcroît, il s'est emparé de l'argent et de l'or détenus dans les banques hongroises et a dépouillé plusieurs musées de leurs œuvres d'art.

À l'approche de la fin du Reich, Becher doit résoudre deux problèmes connexes : comment dissimuler son implication dans les crimes nazis et que faire de la rançon versée par le Vaada pour le groupe de Bergen-Belsen, encore en sa possession ? C'est là que Moshe Schweiger entre en scène. En 1944, Schweiger avait été déporté de Hongrie à Mauthausen. En 1945, mourant de faim et épuisé, il est proche de l'agonie. Le 27 avril, il est convoqué dans le bureau du commandant du camp, où un civil qu'il ne connaît pas lui murmure qu'il va « faire quelque chose pour lui ». Il est déplacé dans un logement plus confortable, reçoit à manger et des vêtements civils à la place de son uniforme de prisonnier. Le 4 mai, une voiture l'emmène à Waldsce, une petite ville sur le Danube. Là, il retrouve le même civil, qui s'avère être Becher. Celui-ci lui explique qu'il l'a fait libérer de Mauthausen en guise « de cadeau personnel au Dr Kasztner ». Ils se rendent dans un pavillon de chasse près de Weissenbach dans la région de Salzkammergut, où Becher et son équipe se sont installés. Sur la route, Becher fait l'éloge de Himmler : « Lorsque vous rencontrerez le *Reichsführer*, vous verrez à quel point c'est une personne merveilleuse. »[351]

Le 8 mai – jour de la victoire et aussi de mon douzième anniversaire –, Schweiger écrit une lettre détaillée à « toutes les autorités militaires et civiles des puissances d'occupation alliées ». Se présentant comme un membre du « Conseil de l'Agence juive pour la Palestine » et du « Comité

[351] Emmenegger, art. 3.

central de l'association mondiale des sionistes socialistes Ichud », il explique que Becher « s'est employé pendant longtemps à protéger et sauver beaucoup de personnes, et tout particulièrement des Juifs. » Pour faire bonne mesure, il ajoute que Becher et son équipe – dont il précise chaque nom – ont « initié et mené à bien de véritables opérations de sauvetage avec un engagement personnel de tous les instants »[352]. La lettre est clairement écrite à l'instigation de Becher.

Quelques jours plus tard, Becher apporte deux valises à Schweiger et les ouvre. À l'intérieur, il y a six boîtes en acier contenant 28 sacs remplis d'objets de valeur. Il explique qu'il s'agit de la totalité de la rançon reçue pour le groupe de Bergen-Belsen qu'il a promis de restituer à Kasztner. Il jette ensuite les six boîtes et remet les sacs dans les valises. Il demande à Schweiger d'emmener les valises en Suisse, mais, le 24 mai, Schweiger, craignant d'être accusé de pillage, les confie à un capitaine juif d'une unité américaine de contre-espionnage, le CIC 215, qui lui-même les transmettra à ses supérieurs.

En octobre, Schweiger rejoint Kasztner à Genève. Ensemble, ils informent l'Agence juive que des biens, d'une valeur estimée à 8 millions de francs suisses, ou deux millions de dollars, ont été récupérés. Ils demandent aux autorités américaines de les restituer à l'Agence juive. Dans une lettre au CIC 215, ils en font la description suivante : « or, cartouches de cigarettes, montres, bijoux, des napoléons en or et platine » et « des pengős », ainsi que des « dollars et des pièces d'or qui nous avaient été envoyés par le Waad d'Istanbul »[353]. Cette fois, ils évaluent l'ensemble à 8,7 millions de francs suisses. Leavitt, le secrétaire général du Joint, pour sa part, insiste auprès du secrétaire d'État américain pour que ces avoirs soient rendus, mais en vain.

Le 24 mai, dans le pavillon de chasse à Weissenbach, le CIC trouve, sous un lit, un butin encore plus important, contenant de l'or, du platine, des bijoux, de l'argent et des dents en or, provenant sans doute d'un camp de concentration. À la fin du mois de juin, cinq Juifs hongrois, amenés par Becher à Salzkammergut, livrent un lot supplémentaire au CIC. Les autorités américaines considéreront ces deux trouvailles et les valises apportées par Schweiger comme des « biens abandonnés ». Becher ne sera jamais interrogé à ce sujet. À un certain moment, en 1946, le tout sera déposé dans deux banques à Salzbourg.

---

352 *Ibid.*

353 Cité dans Mayer, « Whose Booty Did German Plunder Become ? », p. 11.

Sous la pression du Joint, le département d'État américain décide finalement de rendre à l'Agence juive les biens reçus de Schweiger. En mars 1947, deux représentants de l'Agence, Dagobert Arian et Meir Benzion Meiry, retirent 28 sacs des banques autrichiennes et les emmènent en Suisse. Lorsque le contenu arrive enfin en Palestine, il s'avère qu'il ne vaut plus que 65 000 dollars et non deux millions comme il aurait dû selon les estimations initiales du Vaada. Becher prétend avoir rendu la totalité de la rançon à Schweiger. Kasztner soutient Becher. Arian maintient que Becher doit en avoir dérobé l'essentiel et trompé Schweiger sur la valeur de ce qu'il lui a laissé. L'historien Ronald Zweig avance deux hypothèses pour expliquer cette perte : – « l'inflation et la réforme monétaire hongroise » et l'inévitable « diminution de la valeur des biens précieux personnels amassés pour constituer un butin » – mais il ajoute que cela n'éclaircit qu'une partie de l'écart[354]. Pour le reste, nous ne saurons sans doute jamais avec certitude ce qui s'est passé.

Le 12 mai, peu après avoir laissé les valises à Schweiger, Becher est capturé par des partisans autrichiens et livré aux forces américaines. Il passera les six mois suivants dans les camps d'internement de Natternberg et Oberursel. Quand il est envoyé à Budapest pour témoigner au procès des fascistes hongrois, il est terrifié à l'idée de tomber aux mains des Soviétiques, mais, en fin de compte, il sera rendu aux autorités américaines. En janvier 1946, il est interrogé durant deux semaines par le capitaine Richard A. Gutman du CIC, qui le soupçonne d'être un criminel de guerre mais ne possède pas de preuves suffisantes pour entamer une procédure. La même année, Becher est « recherché par les États-Unis pour meurtre » et l'année suivante par les Alliés pour « actes de torture commis à Budapest et Mauthausen ». Les Américains rejettent une demande d'extradition hongroise, car ils prévoient de le poursuivre en justice pour des faits qui se sont déroulés à Mauthausen. Cependant, au moment où le procès s'ouvre, en 1948, ils ne s'intéressent plus à lui. Durant son interrogatoire, on néglige tous les indices qui auraient pu révéler son implication dans des atrocités commises avant sa mutation en Hongrie. En 1952, la police suisse refuse sa demande de visa d'entrée et, en 1961, le procureur général de l'État d'Israël décrète que, s'il foule le sol israélien, il sera envoyé sur le banc des accusés. Dans les années 1960, un tribunal munichois inculpe Becher pour sa participation au massacre de Juifs dans les marais de Pinsk et, en 1982, il est encore accusé de meurtre par un tribunal à Brême. Les deux procès seront interrompus faute de preuves.

---

354 Zweig, p. 231.

Pour ce qui concerne Kasztner, l'enquête la plus importante sur Becher a lieu devant la quatrième section du tribunal de dénazification à Nuremberg. La police criminelle de Hambourg estime que Becher est « un nazi convaincu, vaniteux et ambitieux, prêt à trahir ses promesses dès le moment où il pouvait en tirer avantage », mais elle ne dispose d'aucune preuve « d'activités criminelles »[355]. Avec l'aide de sa maîtresse et de son avocat, Becher rassemble à la hâte une cinquantaine de témoignages écrits de partenaires commerciaux et d'anciens collègues SS décidés à le blanchir. Ces documents, inventés de toutes pièces, le présentent comme un homme honnête, toujours prêt à aider les gens dans le besoin sans tenir compte de leur nationalité ni leur race, qui a risqué sa vie pour protéger des Juifs et n'a reçu aucune récompense matérielle pour ses actes humanitaires. Le témoignage décisif sera celui soumis par Kasztner, le 14 août 1947.

Peu avant d'écrire sa déclaration sous serment, Kasztner rend visite à Becher en prison et participe activement à un interrogatoire mené par l'officier de renseignement américain Curt Ponger. Le compte rendu de Ponger montre qu'à certains moments, Kasztner met littéralement les mots dans la bouche de Becher. En particulier, à coups de lourdes allusions, il pousse Becher à « se rappeler » qu'en décembre 1944, il a sauvé le ghetto de Budapest qui comptait jusqu'à 100 000 détenus. Selon ce souvenir douteux, le commandant de la garnison allemande, Karl Pfeffer-Wildenbruch, aurait envoyé un télégramme à Himmler pour lui demander des instructions eu égard à la décision des Croix fléchées de liquider le ghetto et à la politique des nazis de ne laisser aucun Juif vivant lorsqu'ils se retireraient. Himmler aurait consulté Becher qui lui aurait répondu : « Bien entendu, rien ne doit arriver aux Juifs. »[356] Himmler aurait alors donné l'ordre de sauver le ghetto.

Becher est relâché au début de l'année 1948. D'après le chef du département d'enquête américain, Walter H. Rapp, les Américains renoncent à leur intention de poursuivre Becher « uniquement à la suite du plaidoyer de Kasztner », et « sa déclaration sous serment est la principale sinon la seule raison » de leur « décision de le libérer »[357]. En juillet 1948, Kasztner lui-même, dans une lettre à Eliezer Kaplan, le trésorier de l'Agence juive, décrit ainsi les résultats de ses efforts : « Kurt Becher était un ancien colonel SS, en fonction durant l'opération de sauvetage en tant qu'officier de liaison entre Himmler et moi-même. Il fut relâché de la prison de

355 Cité dans Emmenegger, art. 2.

356 Cité dans Mendelsohn et Detwiler, p. 22.

357 Cité dans Hecht, p. 81.

Nuremberg par les forces d'occupation alliées grâce à mon intervention personnelle. »[358] Cette vantardise va lui coûter très cher.

Après la guerre, Becher saisit toutes les occasions de se présenter comme un sauveur de Juifs. De 1945 à 1948, alors qu'il est prisonnier des Américains, il s'attribue, tant dans des conversations privées que dans des déclarations officielles, le mérite d'avoir persuadé Himmler de donner une série d'instructions qui sauvèrent la vie de plusieurs milliers de personnes. Certaines de ses déclarations les plus hautes en couleur figurent dans son témoignage au procès d'Eichmann en 1961. Comme les autorités israéliennes refusent de lui donner un sauf-conduit, il décline l'invitation de se rendre à Jérusalem. À la place, il répond à des questions écrites devant un juge à Brême. Faute de preuves, il est difficile de faire la part des choses entre vérité, exagérations, déformations des faits et mensonges, dont il se sert pour se disculper aux dépens d'Eichmann. Il prétend que les avoirs extorqués au Vaada lui ont permis « de faire entendre raison à Himmler au vu de ce que les Juifs rapportaient ». Les négociations bidon pour « des camions contre des vies » lui ont donné l'occasion d'intervenir en faveur des Juifs, même après avoir « vu très clairement qu'il ne s'agissait pas d'une proposition sérieuse ». Il atteint le comble de l'hypocrisie lorsqu'il explique pourquoi il a trompé Himmler, alors qu'il savait que le Vaada bluffait : « Mes efforts pour protéger les Juifs et les personnes persécutées politiquement furent la raison pour laquelle j'ai fait semblant de vouloir mener ces négociations, parce que j'y voyais la seule chance d'obtenir des concessions de Himmler pour ces gens. »[359]

Le compte rendu de ces opérations par Becher est le pur reflet de celui de Kasztner, mais sa tendance à l'autoglorification lui est propre. Il est probable qu'il dise la vérité lorsqu'il déclare que le groupe de Bergen-Belsen a été libéré parce qu'il a « insisté encore et encore auprès de Himmler pour que le convoi poursuive sa route ». Mais il vaut mieux prendre le reste avec prudence. Voici ce qu'il écrit sur le résultat de ses conversations avec Saly Mayer, le 21 août 1944 : « Immédiatement après avoir rédigé mon rapport, Himmler ordonna l'arrêt des déportations des Juifs de Hongrie. » Il prétend qu'au mois d'octobre ou de novembre, il a « réussi à obtenir de Himmler qu'il donne » la consigne de mettre un terme à la Shoah : « J'interdis, avec effet immédiat, toute extermination des Juifs et, au contraire, j'exige que l'on prenne soin des personnes malades et

[358] Lettre du 28 juillet 1948, transmise par Zsuzsi Kasztner.

[359] Becher, témoignage, part 4.

affaiblies. » Il affirme que « l'arrêt des marches forcées vers l'Autriche » en novembre « est une autre conséquence de [s]es efforts auprès de Himmler » et qu'il a persuadé Himmler de réitérer en décembre, auprès d'un Eichmann réticent, son interdiction des déportations. « Si jusqu'à présent vous avez exterminé les Juifs, à partir de maintenant, si je vous l'ordonne, comme je le fais maintenant, vous devez les protéger. » Pour finir, il range parmi ses autres manipulations réussies de Himmler, la reddition pacifique de plusieurs camps de concentration avec 250 000 détenus aux Alliés, au printemps 1945. « Les mesures que j'ai prises dans les dernières semaines de la guerre pour protéger la vie des détenus des camps de concentration doivent également être considérées comme le résultat du changement d'attitude de Himmler que j'ai réussi à provoquer. » Il est probable que l'influence de Becher sur Himmler ait joué un rôle dans tous ces événements, mais, comme je l'ai dit auparavant, il ne fut sans doute qu'un acteur parmi beaucoup d'autres.

L'aspect le plus écœurant de son témoignage reste son insistance sur le fait que ses négociations avec les Juifs hongrois n'étaient motivées que par des raisons humanitaires. Sans même tenir compte de ce qu'il a pu faire ou pas derrière les lignes sur le front de l'Est, ses extorsions en Hongrie dépassèrent de loin ce dont il avait besoin pour camoufler les opérations de sauvetage. Kasztner a donné de nombreux exemples des menaces et intimidations de Becher. Quoique Eichmann soit tout sauf un témoin fiable, il pourrait bien avoir dit la vérité, lorsqu'il affirma que Becher l'exhortait à accélérer les déportations afin de créer un « climat de nervosité » qui faciliterait le vol « habile et rapide » des Juifs[360]. Becher a sauvé un grand nombre de Juifs, mais en aucun cas pour les nobles raisons qu'il inventera afin de justifier ses actes, qui sont tout sauf nobles.

---

360 Emmeneger, part 5.

Chapitre 13

Le procès

Préparer le terrain

Ce n'est qu'en décembre 1947 que Kasztner émigre finalement en Palestine avec sa femme et sa fille. Il avait constaté que l'Europe était une base plus adéquate pour tenter de récupérer les biens volés aux Juifs par les Allemands et poursuivre Eichmann. Et il voulait laver son nom de toute accusation, avant d'arriver en héros dans son nouveau pays. Au début, les choses se présentent bien. La presse « l'accueille chaleureusement ». La direction du Mapaï, le parti travailliste, songe à lui pour un poste important. Il a une conversation « très amicale » avec Ben Gourion et l'Agence juive soutient plus qu'il ne l'espérait sa participation au procès de Nuremberg[361]. Il est sans le sou et doit emprunter de l'argent à son beau-frère, Pesach Rudik, pour louer un deux-pièces à Tel-Aviv, mais, grâce à une collecte organisée par quelques amis, il peut emménager dans un appartement plus confortable, rue d'Amsterdam d'abord, puis au n° 6 de la rue Emanuel, qui sera sa dernière adresse.

Sans jamais devenir riche, Kasztner gravit toutefois rapidement les échelons dans l'administration du Mapaï. À partir de 1949, il est d'abord directeur des relations publiques au ministère du Ravitaillement, puis au ministère des Transports, et enfin au ministère du Commerce et de l'Industrie, toujours dans le sillage du ministre multi-cartes Dov Joseph. Il est aussi éditeur du journal en langue hongroise *Új Kelet* et directeur des émissions en hongrois sur la radio d'État Kol Yisrael. Par deux fois, il manque de peu son élection au Parlement israélien (la Knesset). En 1949, le Mapaï gagne les élections avec 56 sièges, mais il occupe la 59e place sur la liste. Et en 1951, quand le Mapaï remporte 45 sièges, il figure en 53e position.

[361] Lettre à Chaim Posner du 11 janvier 1948, communiquée par Zsuzi Kasztner.

C'est alors qu'une insulte en apparence ridicule dégénère en une bataille devant les tribunaux, qui non seulement détruira Kasztner lui-même, mais ira jusqu'à faire trembler l'État d'Israël sur ses fondations. En fait « le procès Kasztner », comme on l'appelle improprement, sera le plus sensationnel et le plus controversé à avoir jamais eu lieu en Israël, sans même exclure celui d'Adolf Eichmann.

L'affaire tire toute son importance du fait d'avoir forcé les Israéliens à affronter, publiquement et pour la première fois, la Shoah et son impact sur eux-mêmes. Ce faisant, l'une des fractures implicites les plus profondes de la société israélienne s'est transformée en conflit ouvert. Succinctement, les Juifs installés en Palestine avant la guerre, qui ont observé la Shoah de loin et en toute sécurité, sont agacés par les Juifs d'Europe qui ont laissé les nazis « les conduire à l'abattoir comme des agneaux », tandis que, de leur côté, les survivants ont du mal à se remettre de la perte de leurs proches et de leurs propres souffrances. Il y a aussi la culpabilité des uns, pour n'avoir pas apporté d'aide quand c'était nécessaire ; des autres, d'avoir survécu quand tant de gens étaient morts. Lorsque le traumatisme remonte à la surface, les partis politiques, les groupes de pression et les individus qui y ont intérêt – relayés avec jubilation par la presse – se mettent à l'attiser avec une ardeur redoublée. Avec pour conséquence, selon les mots de Yechiam Weitz, un mélange explosif « d'authentique culpabilité couplée à une exploitation cynique et manipulatrice de ces émotions à des fins politiques et de profit personnel »[362].

Un certain Malkiel Gruenwald, un Juif hongrois âgé de 72 ans et un membre actif du mouvement orthodoxe Mizrahi, qui avait quitté Vienne pour émigrer en Palestine deux ans avant la guerre, est à l'origine de cet enchaînement d'événements malheureux. Ancien journaliste, il possède à présent un petit hôtel à Jérusalem. Son fils est mort en 1948, au cours de la guerre d'indépendance. Sa fille, membre du Lehi, ou Groupe Stern, s'est ensuite suicidée. Il a perdu le reste de sa famille dans le génocide. Son passe-temps favori consiste à écrire, ronéotyper et distribuer des pamphlets appelés « Lettres à des amis du parti Mizrahi », dans lesquels il tire à boulets rouges sur de nombreuses personnalités publiques et décisions politiques, dénonçant la corruption et les crimes réels ou imaginaires, en particulier du Mapaï, Tom Segev qualifie ses écrits de « commentaire poli-

[362] Weitz, 1995, p. 349. L'étude la plus complète sur le destin de Kasztner après la guerre. On trouvera d'autres commentaires sur le procès dans : Weitz, « Changing conceptions » ; Weitz, « Herut Movement » ; Maoz ; Bilsky ; Barri ; Segev, chapitre V ; le livre de Hecht, *Perfidy*, est une polémique ouverte contre Kasztner et le Mapaï.

tique, plein de colère, qui exhumait des conflits oubliés, des vieilles rancunes et toutes sortes de scandales poussiéreux »[363]. Peu de gens l'apprécient à cause de son caractère acariâtre et, en règle générale, il n'est pas pris au sérieux. Kasztner est la cible de sa 51e lettre d'information, publiée à l'été 1952.

Gruenwald ne fait pas dans la demi-mesure. Il attaque de front.

> « Mes chers amis, la puanteur d'une carcasse me remplit les narines ! Ce sera un enterrement de première classe ! Le Dr Rudolph Kasztner doit être liquidé ! J'attends depuis trois ans le moment de démasquer ce carriériste qui s'est engraissé grâce aux pillages et aux meurtres commis par Hitler. Du fait de ses machinations criminelles et de sa collaboration avec les nazis, j'estime qu'il est impliqué dans l'assassinat de nos frères bien-aimés. »[364]

Il poursuit en affirmant que Kasztner « ne sauva pas moins de 52 membres de sa famille » ; tandis que « des centaines d'autres Juifs – pour la plupart convertis au christianisme – lui payèrent des millions pour acheter leur salut ! » Abandonnant à la mort des milliers de sionistes de la première heure, Kasztner « secourut les membres du Mapaï » ainsi que « les gens avec des relations », et se fit « une fortune dans l'opération ». Il aida Becher à échapper à la justice afin de s'assurer que son complice ne « révélerait pas au tribunal international leurs manigances et les vols qu'ils avaient commis ensemble »[365].

Au départ, personne ne prête vraiment attention aux diatribes de Gruenwald. Mais diffamer un haut fonctionnaire du gouvernement revient à diffamer l'État, d'autant plus que des élections se profilent à l'horizon. Haïm Cohen, procureur général et ministre de la Justice dans le gouvernement dirigé par le Mapaï, décide de poursuivre Gruenwald en diffamation. Au procès, Kasztner sera le principal témoin de l'accusation. Cohen s'attend à une victoire facile. S'il avait pu prévoir le résultat à venir, il aurait peut-être écouté ceux qui lui conseillaient de ne pas réveiller le chien qui dort.

Kasztner lui-même hésite. Il demande à Cohen de ne pas donner suite à l'affaire. Dix ans après sa mort, sa veuve Bogyó expliquera dans une interview : « Rezső ne voulait pas de procès, mais il était dans une situation impossible… On lui a dit qu'il devait accepter que le gouvernement intente un procès en diffamation en son nom ou bien démissionner de son

---

363 Tom Segev, *Le Septième Million*, p. 308.

364 Cité dans Yablonka, p. 13.

365 Segev, p. 310.

poste… Je lui ai dit "démissionne !", mais il m'a répondu qu'il n'avait pas le choix »[366] En même temps, une partie de lui désire se battre. Poussé par son ami Dezső Hermann, il a trop envie de cette « opportunité d'entrer dans l'histoire »[367]. Le cousin de Bogyó, Rivka Bar-Yozef, pense qu'il voyait le procès comme un moyen de « rétablir son statut de héros et de saint »[368]. Selon son beau-frère, Pesach Rudick, il comptait sortir du tribunal en héros national. Weitz croit que, malgré toutes ses appréhensions, « son esprit aventureux et son désir d'être sous les projecteurs prirent le dessus. Il voyait dans le procès une occasion d'échapper au confort et à la monotonie de son travail de porte-parole ministériel et d'atteindre le statut qu'il méritait. »[369] L'acte d'accusation est enregistré le 25 mai 1953, sous la référence : « Affaire criminelle n° 124/53 ». Le procès s'ouvre devant le tribunal régional de Jérusalem le 1er janvier 1954.

Le juge est Benjamin Halévi, un Israélien quadragénaire d'origine allemande. Quelques mois auparavant, dans un tribunal militaire, il a infligé des peines extrêmement sévères à quinze jeunes militants accusés de terrorisme. Le verdict a soulevé un tollé dans les rangs de la droite, qui a accusé Halévi de chercher à s'attirer les bonnes grâces de la direction du Mapaï. En décembre 1953, sa nomination à la Cour suprême lui échappe. Contre tous les usages, il s'adresse au Premier ministre Ben Gourion et menace de quitter son poste de juge régional, mais on le convainc de n'en rien faire. En 1954, on lui préfère à nouveau un autre candidat. En 1961, il siège, avec deux autres juges, au procès d'Adolf Eichmann et, deux ans plus tard, il sera enfin nommé à la Cour suprême. En 1969, il fait son entrée à la Knesset sous les couleurs d'un parti de droite, le Likoud, qu'il quittera en 1977. Il meurt en 1996.

Le procureur représentant l'État contre Gruenwald est Amnon Tel, l'assistant du procureur général du district de Jérusalem. Il manque d'expérience et de préparation pour ce qui allait suivre. Le 1er juin, il est rejoint par le procureur général Haïm Cohen en personne, mais ni l'un ni l'autre ne réussiront à rivaliser avec l'avocat de la défense, Shmuel Tamir.

Né en Israël, Tamir, âgé d'une petite trentaine d'années, est un extrémiste de droite. C'est aussi un brillant avocat que les scrupules n'étouffent pas. Issu d'une famille de sionistes révisionnistes, il a été membre de l'Irgoun, une organisation armée violente, avant de participer à la fonda-

---

[366] Interview donnée en mars 1967, citée dans Segev, p. 316.
[367] Cité dans Weitz, 1995, p. 117.
[368] *Ibid.*, p. 118.
[369] *Ibid.*, p. 120.

tion du Hérout, qui, à son tour, deviendra une composante du Likoud sous la direction de Menahem Begin. Tamir est farouchement opposé au Mapaï, et son chef, Ben Gourion, est l'une de ses bêtes noires. Au moment du procès, c'est un avocat politique de premier plan, après avoir défendu la droite dans diverses affaires. « C'était un politicien habile et un avocat perspicace, à la langue acérée, assoiffé d'intrigues et de notoriété médiatique », écrit Tom Segev[370]. Mû par une féroce ambition politique, Tamir espérait faire tomber le gouvernement Mapaï et prendre la tête d'un Grand Israël de droite dans un futur pas trop lointain. Il ne réalisera pas son objectif, mais sa performance au procès contribuera pour une large part à la chute du gouvernement. Cela l'aidera aussi à être élu à la Knesset en 1969 et à devenir ministre de la Justice sous Menahem Begin en 1977. Il meurt en 1987.

Lorsque Gruenwald demande à Tamir de le défendre, celui-ci n'est intéressé ni par l'affaire ni par la collection de timbres que son client démuni lui offre en guise d'honoraires. Toutefois, il comprend immédiatement qu'il pourra utiliser ce procès à des fins politiques personnelles. Il accepte à deux conditions : avoir carte blanche pour mener la défense et être autorisé à étendre les débats à une enquête sur le comportement des dirigeants du Yichouv durant la Shoah.

Le réquisitoire

Après deux reports, le procès s'ouvre le 18 février 1954. Pendant trois jours, Kasztner, calme, confiant et fier, fait une fois de plus le récit détaillé de ses succès, du sauvetage du groupe de Bergen-Belsen jusqu'au transfert pacifique des camps de concentration aux Alliés. Il dresse la liste des privilèges que les Allemands lui ont accordés et qui ont rendu ses missions possibles – exemption du port de l'étoile jaune, permission d'utiliser un téléphone, droit de voyager. Il apprécie manifestement d'être sous les feux de la rampe. La presse n'a de cesse de louer ses actes héroïques. Le juge est si impressionné qu'il demande à Gruenwald s'il souhaite retirer ses accusations. Mais le contre-interrogatoire de Tamir renverse la situation.

D'emblée, Tamir traite Kasztner en accusé, alors qu'en tant que témoin, celui-ci ne dispose d'aucun des outils juridiques normalement dévolus à la défense. Repérant son point faible, Tamir commence par l'attaquer sur son

[370] Segev, p. 320.

témoignage en faveur de Becher. Kasztner rejette ces accusations et explique qu'entre 1945 et 1948, il a travaillé à Londres et à Nuremberg pour fournir des preuves – ou, comme il l'indique avec une certaine grandiloquence, en tant que « conseiller sur les questions liées à l'extermination des Juifs » – lors des procès pour crimes de guerre.

> « Je n'ai fait aucun témoignage en faveur de Becher à Nuremberg. Ni devant le Tribunal international ni devant aucun de ses représentants officiels ou de ses institutions. Dire que je suis allé à Nuremberg pour sauver Becher, comme l'affirme Gruenwald dans son pamphlet, est un pur mensonge. Le tribunal allemand de dénazification m'a invité à témoigner au procès de Becher pendant que j'étais à Nuremberg. J'ai refusé. Je ne voulais paraître devant aucun Allemand. J'avais eu assez affaire aux Allemands durant la guerre. J'ai toutefois accepté de leur remettre une déclaration sous serment que je leur ai envoyée. Prétendre que j'ai aidé Becher à échapper à son châtiment à Nuremberg est totalement faux. Je n'ai fourni aucun témoignage ni déclaration en sa faveur. »[371]

Le deuxième jour du contre-interrogatoire, Tamir lui demande si « la déclaration sous serment » était « favorable ou défavorable à Becher ». « Ni l'un ni l'autre. J'ai juste essayé de dire la vérité », répond Kasztner. Lorsqu'il soutient que son témoignage « n'a nullement été décisif » dans l'obtention de la libération de Becher, Tamir lui rétorque : « Moi je vous dis que c'est grâce à votre intervention personnelle que Kurt Becher a été libéré de prison à Nuremberg. » « C'est un mensonge abject », s'écrie Kasztner[372]. Tamir produit alors la lettre de juillet 1948 envoyée par Kasztner à Eliezer Kaplan, dans laquelle il présente la libération de Becher comme « le résultat de mon intervention personnelle » auprès des forces d'occupation[373]. Après quelques tergiversations, Kasztner admet s'être « quelque peu vanté dans la lettre », parce qu'à l'époque Becher avait proposé « de restituer des avoirs juifs à l'État d'Israël », et il voulait que Kaplan prenne cette offre au sérieux. Tout en acceptant sa responsabilité dans « la formulation imprudente de la lettre », il continue à nier toute intention d'aider Becher[374].

Techniquement parlant, Kastner dit la vérité, comme le prouvera un autre procès. En juillet 1955, Tamir déposera une plainte contre lui pour faux témoignage. Lors de ce procès, qui se tient devant le tribunal d'ins-

371 Cité dans Hecht, p. 64.
372 *Ibid.*, p. 71-72.
373 28 juillet 1948.
374 Cité dans Hecht, p. 74.

tance de Jérusalem, Kasztner sera représenté par Micha Caspi, un avocat plus compétent. Caspi fera valoir que Kasztner n'a pas menti devant le tribunal régional, car la déclaration sous serment rédigée pour Becher avait été adressée au tribunal allemand de dénazification et non au Tribunal militaire international. Le 16 mars 1956, le juge Moshe Perez acquittera Kasztner. Malheureusement, entre-temps, le juge Halévi, du tribunal régional, aura déjà rendu son verdict mal inspiré.

Au cours du procès principal, la lettre de Kasztner à Kaplan avait été communiquée à la cour et à la défense, mais, dans l'effervescence des débats, Tamir s'arrange pour la présenter comme une nouvelle pièce d'importance capitale. Quant à Kasztner, l'impression laissée par sa vaine tentative de cacher ce qu'il avait auparavant revendiqué comme un grand succès personnel est dévastatrice : un haut fonctionnaire israélien avait sauvé un criminel de guerre allemand d'un juste châtiment et menti sous serment. Ce sera le tournant du procès. À partir de là, le juge Halévi ne croira plus un mot de ce que dira Kasztner. S'il a menti sur l'aide apportée à Becher, Halévi en conclut qu'il peut le faire sur bien d'autres accusations, plus graves encore.

À mesure que Tamir poursuit son implacable contre-interrogatoire, Kasztner perd toute confiance en lui. Le stress le rend malade et le juge interrompt les débats à plusieurs reprises pour lui laisser le temps de se remettre. À l'extérieur, la presse de droite s'en donne à cœur joie. Le plus grand allié de Tamir, Uri Avneri, l'éditeur de l'hebdomadaire *HaOlam Hazeh*, spécialisé dans les campagnes de dénonciation des abus réels ou prétendus commis par l'establishment, fera le plus de tapage. Tamir lui-même ne cache plus que son véritable objectif n'est pas de faire acquitter Gruenwald, mais de traduire Kasztner, et avec lui l'Agence juive et le Mapaï, en justice. D'ailleurs, à présent, il appelle littéralement Kasztner « l'accusé ». De son côté, Kasztner a un comportement qui ne l'aide pas. Il avait commencé son plaidoyer plein d'assurance, s'attendant à recevoir enfin la reconnaissance qu'il pensait mériter. Maintenant que les choses ne se déroulent pas comme il le souhaite, « il perd son sang-froid, crie et se trouble », écrit Tom Segev[375].

L'une des plus graves erreurs de l'accusation sera d'appeler à la barre des témoins à charge d'éminentes personnalités très peu au fait des missions de Kasztner, au lieu de convoquer des personnes qui ont effectivement aidé Kasztner à sauver des vies. Avec de tels amis à la barre des témoins,

375 Segev, p. 325.

Kasztner n'a pas besoin d'ennemis. Le plus célèbre est Joël Palgi, le seul des trois parachutistes à avoir survécu à la guerre. Il est considéré comme un héros national, mais n'a cessé de se sentir coupable de son échec en Hongrie. Son attitude vis-à-vis de Kasztner est particulièrement ambivalente. Selon Tamir, Kasztner a livré Palgi et Goldstein à la Gestapo pour sauver sa propre peau, et Palgi a collaboré avec la Gestapo sous l'influence de Kasztner. Palgi fait de son mieux pour réfuter ces accusations, mais Tamir l'embrouille dans un tissu de contradictions qui s'avèrent extrêmement préjudiciables à Kasztner.

Le destin des parachutistes touche une corde particulièrement sensible en Israël. Les trois jeunes Juifs qui s'étaient envolés pour l'Europe occupée afin de défier les nazis ont rejoint le panthéon des héros mythiques, au même titre que les rebelles de Massada qui ont préféré le suicide collectif à l'asservissement aux Romains, les prisonniers du ghetto de Varsovie qui sont morts en résistant aux Allemands, ou encore les groupes de militants qui ont combattu les Britanniques en Palestine. Tous ces Juifs qui ont résisté sont perçus comme l'antithèse de ces millions de soumis, entrés docilement dans les chambres à gaz, mais aussi de ces magouilleurs présumés qui ont tenté de faire des compromis avec les nazis. Aujourd'hui encore, Hanna Szenes est vénérée comme l'une des plus grandes martyres juives, alors que Goldstein est quasi oublié et que l'image de Palgi s'est quelque peu ternie. Quoi qu'il en soit, le témoignage confus de Palgi ne réussit pas à prouver que Kasztner ne les a pas trahis.

L'autre témoin-clé qui s'avère tout sauf utile à l'accusation est Joël Brand. Même s'il a l'intention de contester les accusations de Gruenwald, il affaiblit Kasztner tout au long de sa déposition. C'est probablement une réaction à ses propres malheurs plutôt qu'une volonté délibérée de nuire à Kasztner. Brand est amer et désillusionné. La vie en Israël n'a comblé aucune de ses espérances. Il est hanté par le fiasco de sa mission à Istanbul. Alors qu'il a échoué, Kasztner a enregistré des succès retentissants. Pendant qu'il était emprisonné au Proche-Orient, Kasztner avait une liaison avec sa femme en Hongrie. Au lieu de livrer un témoignage objectif pour confirmer les mérites de Kasztner, il attaque ses propres ennemis supposés. Il affirme en particulier que les dirigeants de l'Agence juive ont délibérément organisé son arrestation par les Britanniques en Syrie, afin de se faire bien voir par la puissance coloniale. La paranoïa de Brand n'aide pas plus la cause de Kasztner que les hésitations de Palgi.

La meilleure défense, c'est l'attaque ?

Après une suspension, le procès reprend le 1er juin 1954. Kasztner a beaucoup changé depuis ses premières déclarations pleines de confiance. Comme l'écrit un journal : « il était pâle et avait l'air de sortir de son lit après une longue maladie. Il parlait bas, d'une voix faible. »[376] Mais Tamir est sans pitié. Sans lâcher la piste Becher, il charge Kasztner : « Non seulement vous avez sauvé Becher du Tribunal international de Nuremberg, mais… vous avez aussi fourni au tribunal allemand de dénazification une déclaration sous serment qui lui a épargné tout châtiment. » « Non ! C'est faux ! », répond Kasztner. Tamir ensuite lui tend un piège : « Dr Kasztner, estimez-vous comme moi qu'intervenir en faveur d'un officier supérieur nazi et être à l'origine de sa libération est, de notre point de vue national, un acte criminel ? » Kasztner en convient : « Ma réponse est positive. C'est un crime d'un point de vue national. »[377] Pendant la suspension du procès, Tamir a déterré la déclaration sous serment de Kasztner du 14 août 1947. Après l'avoir amené à se condamner lui-même par avance, il se met à lire le document compromettant devant la cour. Avant même que Kasztner n'ait le temps de se remettre de ce coup de massue, Tamir poursuit sans relâche son offensive : « Vous venez de reconnaître avec moi que toute intervention d'un officiel juif en faveur d'un officier SS de haut rang, comme Becher, est un crime national. Maintenant qu'il a été montré que c'est exactement ce que vous avez fait, êtes-vous d'accord avec moi pour dire que vous êtes un criminel national ? » « C'est votre version des faits »[378], répond Kasztner sans grande conviction. Il a perdu la bataille.

Avoir aidé un criminel de guerre nazi est déjà en soi une accusation très grave. S'il n'était entendu comme témoin, Kasztner aurait même pu être inculpé, voire condamné à mort en vertu de loi sur les nazis et les collaborateurs nazis, adoptée en Israël en 1950. Mais il y a plus. Il a commis un délit supplémentaire en signant la déclaration en tant que représentant des plus hautes organisations juives. On ne sait pas très bien pourquoi il a fait cela. Weitz, par exemple, croit qu'il « s'était attribué différents titres, y compris certains auxquels il ne pouvait prétendre, afin de se donner de l'importance »[379]. Kasztner explique à la cour qu'avec le recul, il n'utilise-

376 Cité dans Weitz, 1995, p. 196.
377 Cité dans Hecht, p. 74-75.
378 *Ibid.*, p. 79.
379 Weitz, 1995, p. 201.

rait plus ces titres, mais prétend aussi qu'il a agi avec l'accord des dirigeants concernés qui étaient au courant :

> « Avant de partir pour Nuremberg, j'ai rencontré des gens de l'Agence juive et du Congrès pour discuter de ce qu'il fallait faire pour amener les nazis, en particulier ceux qui avaient participé à l'extermination des Juifs, devant la justice. Il a aussi été question de la manière de traiter les quelques cas où nous avions reçu de l'aide des nazis. J'ai tout spécialement mentionné Becher, et la cour connaît mon opinion sur lui. J'ai demandé, au cas où l'on souhaiterait avoir mon avis sur ce sujet, si je pouvais dire, non seulement à titre personnel mais également au nom de l'Agence juive ou du Congrès, qu'il méritait notre considération pour son aide dans le sauvetage des Juifs. J'ai reçu une réponse positive. »[380]

Les « gens » en question étaient Chaim Barlas et Eliahu Dobkin de l'Agence juive, ainsi que Maurice Perlzweig et Gerhart Riegner du Congrès juif mondial. Dobkin comparaîtra d'ailleurs devant la cour, mais niera tout entretien relatif à Becher.

Au moment où le procureur général commence son contre-interrogatoire au nom de l'accusation, Kasztner est totalement démoralisé. « Il avait réussi à tenir bon » jusqu'à ce qu'il soit confronté à sa déclaration en faveur de Becher ; à partir de ce moment-là, « il perdit toute confiance en lui », se souvient Hansi Brand[381]. Il tente tout à la fois de faire marche arrière et de camper sur ses positions : « Je ne crois pas m'être exprimé de manière très exacte lors de mon témoignage. Si, sous la pression d'un contre-interrogatoire démagogique, j'ai dit çà et là des choses que je regrette sincèrement – cela ne change rien à mon attitude fondamentale sur la question. »[382] Mais, aux yeux de Halévi, il n'est déjà plus qu'un fieffé menteur, voire pire. Et Tamir, qui l'a acculé, lance l'assaut final.

Il affirme que, lorsque Kasztner visita Kolozsvár le 3 mai 1944, il connaissait toute la vérité sur Auschwitz, mais la cacha délibérément à la communauté juive en échange de la libération, promise par Eichmann, de quelques VIP. Le silence de Kasztner a induit chez les Juifs de là-bas et d'ailleurs un faux sentiment de sécurité qui les a poussés à monter de plein gré dans les trains pour Auschwitz au lieu de résister ou d'essayer de fuir. Tamir appelle de nombreux témoins à la barre, originaires pour beaucoup de Kolozsvár, qui ont perdu leurs familles – et presque leur propre vie –

---

380 Cité dans Orr, p. 103.
381 Cité dans Weitz, 1995, p. 241.
382 Cité dans Hecht, p. 82.

dans les camps de la mort. Tous accusent Kasztner de les avoir maintenus dans l'ignorance ou de les avoir volontairement induits en erreur sur le véritable but des déportations. Jacob Freifeld, par exemple, assure que les dirigeants juifs « avaient en connaissance de cause envoyé sa famille à la mort » pour sauver leurs propres têtes. Yechiel Shmueli soutient que les Juifs ne s'étaient pas opposés à monter dans les trains « parce qu'on leur avait dit qu'on les envoyait à Kenyérmező pour travailler ». David Rozner déclare que si, après la guerre, Kasztner « s'était montré dans la rue, il aurait été tué », parce que « c'était l'homme qui avait trompé les Juifs en leur faisant croire aux bonnes intentions allemandes »[383]. Pour reprendre Weitz, tous ces témoignages présentent Kasztner comme « un être cynique et opportuniste, un personnage de premier plan dans la communauté juive qui, au lieu de protéger la vie de son "troupeau", l'avait abandonné à son sort funeste au profit de sa famille et d'une poignée d'amis privilégiés »[384].

Moshe Krausz, l'un des témoins clés de Tamir, utilise son témoignage pour régler ses comptes avec Kasztner, le Mapaï et l'Agence juive. Il affirme qu'au départ Kasztner avait peut-être de bonnes intentions, mais que son ambition de devenir le chef suprême de la communauté juive l'a transformé en collaborateur des nazis. La libération du groupe de Bergen-Belsen était un stratagème particulièrement sournois des Allemands pour cacher à la population juive la vérité sur Auschwitz et semer la discorde parmi les dirigeants juifs. Kasztner souffrait de « mégalomanie » et n'avait « pas de conscience ni de considération pour les autres » quand il s'agissait de parvenir à ses fins[385]. Pour sa part, Krausz indique qu'il a trouvé de meilleurs moyens de sauver des Juifs, et il a effectivement joué un rôle important dans les opérations de sauvetage de grande envergure organisées par Lutz, Wallenberg et d'autres diplomates de pays neutres. Cependant, il faut se souvenir que Krausz et Kasztner étaient d'implacables rivaux et que Krausz lui-même avait été très critiqué pour ses méthodes de travail irrégulières.

Le témoin-vedette de Tamir est la mère de Hanna Szenes, Kató, qui a émigré en Israël après la guerre. Elle explique à la barre que toutes les fois où elle a tenté de rencontrer Kasztner pour le supplier de l'aider à libérer Hanna, sa secrétaire l'a éconduite. Tamir exploite au maximum le statut de légende de Hanna pour noircir Kasztner. Il exalte en elle la véritable Israélienne, prête à se battre et mourir, au contraire du Juif soumis de la

---

383 *Ibid.*, p. 106-108.
384 Weitz, 1995, p. 220.
385 Cité dans Weitz, 1995, p. 227.

diaspora, qui a essayé, souvent en vain, de survivre grâce à des compromis et des concessions. Pour reprendre les mots de Weitz, il se sert grossièrement mais efficacement « de Hanna Szenes, symbole de dévouement, de sacrifice de soi et d'héroïsme » contre « Kasztner, symbole de servilité et de collaboration »[386].

À l'instar de son pamphlet, le témoignage de Gruenwald est chargé de haine et de rancœur. Le sens général de son intervention s'inscrit exactement dans la stratégie de Tamir, mais le mélange affligeant de douleur authentique et de propos ronflants porte bien sa marque. Tandis que son chagrin pour les 52 membres de sa famille gazés à Maïdanek et Auschwitz semble sincère, le fatras d'absurdités et le verbiage pédant dans lequel il noie ses accusations contre Kasztner est typique de sa rhétorique habituelle : « Mon enquête montre – et j'en suis désormais convaincu – que l'homme utilisé par les nazis pour accomplir le crime le plus abominable de l'histoire était Rudolf Kasztner. »[387] Bref, le témoignage de Gruenwald est aussi confus que l'on pouvait s'y attendre, mais il sera très utile à Tamir.

Après l'audition des témoins, Tamir se lance dans une longue synthèse. Il commence par souligner « comment un jeune sioniste idéaliste tel que Kasztner, ayant certes quelques défauts mais aussi beaucoup de talent, a fini par devenir un ami intime des dirigeants nazis ». Il insiste en particulier sur le groupe du ghetto de Kolozsvár, sélectionné par Kasztner en mai 1944 pour être sauvé, alors que tous les autres furent déportés. Kasztner a sacrifié « une communauté de vingt mille Juifs... afin de préserver la vie de 380 parents et amis ». La libération de ce groupe – et par conséquent « de tout le train de VIP » de Bergen-Belsen – a été le prix payé par Eichmann pour que Kasztner continue à cacher à la masse des Juifs leur vraie destination, afin qu'ils ne tentent pas de fuir avant que tous soient « enfermés et conduits dans les chambres à gaz ». Voilà comment « la collaboration de Kasztner s'est soldée par l'extermination totale des gens »[388].

Tel un psychologue, Tamir évoque « l'ambition maladive de Kasztner d'être considéré comme quelqu'un d'important, un leader pour les Juifs », ambition qui est à l'origine de « son aveuglement, de ses mensonges et de ses terribles crimes ». Il admet que, jusqu'en mai 1944, Kasztner a eu dans l'ensemble de bonnes intentions : « C'était un arriviste, un type fuyant, mais fondamentalement son dessein était de sauver des Juifs. » Lorsque

386 Weitz, 1995, p. 215.
387 Cité dans Weitz, 1995, p. 208.
388 Cité dans Hecht, p. 168-173.

Eichmann lui a offert la possibilité de sauver la vie de « personnalités de premier plan », le « petit journaliste de Cluj » a laissé son ambition « altérer ses valeurs ». Il a accepté la proposition, bien qu'Eichmann l'ait conditionnée à son aide dans l'extermination de centaines de milliers de personnes. Les déportations ont commencé à la mi-mai et, à partir de cette date, « l'implication de Kasztner s'est accrue et ses crimes se sont aggravés ». Finalement, « dans les derniers mois de la guerre, Kasztner est devenu l'agent de toute la clique des nazis – l'agent juif le plus efficace dans leurs rangs… leur allié de confiance et leur défenseur »[389].

Tamir intensifie ensuite ses accusations dévastatrices, bien qu'inexactes, en se focalisant une nouvelle fois sur les relations de Kasztner avec Becher. Il tire parti des équivoques malheureuses entretenues par Kasztner lui-même pour affirmer qu'« en évitant à Becher, l'un des plus grands criminels, d'être jugé à Nuremberg », il a « impudemment tenté de couvrir ses propres crimes ». Il demande au juge de noter que Kasztner « a volontairement livré un faux témoignage » et que « lui et ses collègues » ont « conspiré pour cacher à ce tribunal et au monde entier la vérité historique ». Évoquant « l'énormité de sa collaboration avec les assassins nazis », il réclame que Kasztner « soit traduit en justice par le gouvernement israélien en vertu de loi sur les nazis et les collaborateurs nazis » – loi qui prévoit la peine de mort[390].

En réalité, Tamir cherche à faire de plus grosses prises que Gruenwald ou Kasztner. Il n'en fait pas mystère : « Quoique je sois ici pour prouver la culpabilité de Kasztner, j'affirme que sa responsabilité est moindre que celle des dirigeants de notre monde juif libre. »[391] Utilisant tous les ressorts tactiques à sa disposition, il transforme la défense de son modeste client en une attaque sensationnelle contre l'establishment israélien. Par des analogies douteuses, il étend la portée des accusations de Gruenwald pour y inclure la direction juive en Palestine durant la période de guerre. Il assure que Kasztner n'a pas agi seul : « Il a participé à un système destructeur, mis sur pied à l'époque par d'autres institutions juives, dont l'Agence juive et le Joint, qui dissimulèrent les informations sur la Shoah, empêchèrent les révoltes et aidèrent directement les Allemands. » « Le résultat inévitable de ce système » fut « d'entraîner Kasztner dans la collaboration, d'en faire un agent nazi »[392].

389 *Ibid.*, p. 172-174.
390 *Ibid.*, p. 176.
391 *Ibid.*, p. 148.
392 Cité dans Weitz, « Herut Movement », p. 354-355.

Bien entendu, « le système », comme l'appelle Tamir, cherche de son côté plus que simplement blanchir le nom de Kasztner. Voici comment le juriste Hasher Maoz résume la situation : « De même que Tamir voulait utiliser Kasztner pour atteindre les dirigeants du Yichouv… le ministère public était motivé par autre chose que le simple désir de condamner Gruenwald. En acquittant Kasztner, il aurait lavé également la direction du Yichouv des accusations portées contre elle. »[393] Dès lors, les deux parties utilisent Kasztner pour servir leurs propres intérêts, mais Tamir sera plus efficace.

Pendant la Shoah, les membres de la communauté juive de Palestine ont suivi les événements qui se déroulaient en Europe avec des sentiments partagés. À mesure que les vagues rumeurs laissaient place à une connaissance précise sur le génocide, ils étaient frappés d'horreur et remplis de pitié ; mais ils éprouvaient également du mépris pour leurs coreligionnaires de la diaspora, qui avaient tenté – souvent en vain – de survivre en se cachant ou étaient partis à Auschwitz « comme des agneaux à l'abattoir ». Vers la fin des années cinquante encore, ils considèrent que résister les armes à la main jusqu'à la mort était la seule solution acceptable. Ils admirent particulièrement les prisonniers du ghetto de Varsovie, qui sont morts mais ont sauvé leur honneur en menant un combat désespéré contre des forces allemandes bien supérieures. Il faudra longtemps – et les répercussions du procès n'y seront pas pour rien – pour que les Israéliens réalisent qu'il y avait une troisième voie valable.

À l'époque de la Shoah, la Palestine était administrée par la Grande-Bretagne en vertu d'un mandat de la Société des Nations. En gros, la communauté juive était divisée entre le sionisme de centre-gauche, le courant dominant, représenté par le Mapaï et l'Agence juive, et le révisionnisme, incarné pour l'essentiel par des mouvements de droite, tels l'Irgoun Zvai Leumi (ou Etzel) et le Stern (ou Lehi). Le Mapaï et l'Agence juive comptaient en majorité de vieux immigrants venus d'Europe. Les groupes révisionnistes comprenaient davantage de jeunes nés en Palestine (les *sabras*). Durant la guerre, le Mapaï et l'Agence juive coopérèrent avec les Britanniques dans la lutte contre les nazis, dans l'espoir que, par l'allégeance et le compromis, ils obtiendraient finalement un État israélien libre dans des frontières reconnues. Les révisionnistes, au contraire, rêvaient d'un Grand Israël, arraché par la force aux Anglais et, aussi bien l'Irgoun que le Stern menaient des actions terroristes. Après la guerre, le Mapaï

[393] Maoz, p. 584.

devient le parti dominant au Parlement israélien, et les dirigeants de l'Agence juive forment le gouvernement. Le révisionnisme donne naissance au Hérout qui, plus tard, intégrera le Likoud. En attaquant Kasztner, Tamir espère renverser le gouvernement travailliste et amener le parti Hérout au pouvoir.

Pendant et après la guerre, les révisionnistes accusèrent l'Agence juive et le Mapaï d'être aussi lâches que les Juifs de la *Galout* (de la diaspora), tandis qu'ils se considéraient comme les valeureux combattants du nouvel Israël. Dans cette logique, Tamir entreprend de discréditer les dirigeants de l'Agence juive et du Mapaï en établissant un parallèle entre eux et Kasztner. La collaboration de Kasztner avec les Allemands, dit-il, est semblable à la collaboration de l'Agence juive avec les Britanniques. Les deux ont volontairement caché les informations sur Auschwitz et, de même que le silence de Kasztner a conduit les Juifs de Hongrie à la mort, l'Agence juive, par son mutisme, a manqué l'occasion de soulever les Juifs de Palestine contre l'occupation anglaise ou de forcer les Alliés à entreprendre des opérations pour sauver les Juifs d'Europe. Les représentants officiels de l'Agence juive à Istanbul et en Palestine, en particulier Sharett, ont conspiré contre Joël Brand. En l'ayant fait arrêter en Syrie, ils ont saboté sa mission qui aurait pu sauver des centaines de milliers de personnes, afin de satisfaire les Anglais qui voulaient éviter une émigration massive en Palestine. Poussé par une juste colère, une ambition pleine de calcul, Tamir fulmine contre « ce crime manifeste commis par les grands hommes de l'Agence juive »[394]. Continuant à repérer des similitudes là où il n'y en a pas, il finit par trouver un pseudo dénominateur commun : le désir du pouvoir. Kasztner a trahi les Juifs par ambition et « les institutions officielles du Yichouv se sont soumises au gouvernement britannique », et ont abandonné « les Juifs européens au moment le plus horrible » à cause de « leur refus obstiné de renoncer au pouvoir » qu'ils exerçaient en Palestine[395].

Peu importe l'histoire, Tamir est plus intéressé par le présent. Comme, pendant la guerre, beaucoup de dirigeants du Yichouv occupaient des positions importantes au sein de l'establishment dirigé par le Mapaï, il tente de déstabiliser le gouvernement travailliste des années 1950 dans le nouvel État d'Israël, dirigé par ce même Mapaï, en dénigrant leur comportement durant les années 1940. Depuis la guerre, argumente-t-il, cette même

[394] Cité dans Hecht, p. 226.
[395] *Ibid.*, p. 144.

classe politique a fait tomber « un rideau de silence et de dissimulation » sur les événements survenus durant la Shoah[396].

Destiné à couvrir les méfaits de Kasztner, ce silence a eu de bien plus vastes implications : « Toutes les grandes institutions gouvernementales », explique Tamir, ont protégé Kasztner « par crainte qu'il ne révèle tout ce qu'il sait sur cette autre collaboration – la collaboration de l'Agence juive avec les Britanniques – qui a torpillé le sauvetage des Juifs d'Europe et contribué à leur extermination »[397]. Grâce à cette dernière manœuvre, Tamir réussit à faire du gouvernement en place à son époque le complice des prétendus crimes antérieurs de l'Agence juive, à leur tour révélés par les crimes supposés de Kasztner. C'est la conclusion à laquelle Tamir voulait arriver depuis que Gruenwald lui avait demandé son aide.

Le discours de clôture de Kasztner est bref et morose. Les accusations incessantes de Tamir, ainsi que les questions et commentaires hostiles de Halévi l'ont démoli. En outre, le ministère public a géré l'affaire avec maladresse, la presse de droite l'a diabolisé et de plus en plus de gens commencent à le prendre pour un criminel. Il s'est déforcé lui-même en se montrant trop suffisant aux premiers jours du procès et trop sur la défensive quand le vent a tourné. C'est en restant ambigu sur son soutien à Becher qu'il s'est fait le plus de tort. En réponse à l'accusation majeure d'avoir tu ce qu'il savait sur Auschwitz, il admet qu'avant l'occupation allemande en mars 1944, le Vaada n'avait pas « préparé le terrain pour des opérations clandestines qui nous auraient permis de mettre en garde les Juifs de Hongrie et peut-être aussi d'organiser des actes de résistance ». Toutefois, il refuse d'assimiler cela à de la collaboration ou à de la trahison, et insiste sur ses bonnes intentions et celles de ses associés : « Nous avons fait de notre mieux, dans les limites de nos possibilités. » En revanche, abandonnant toute forfanterie, il reconnaît que « comparé à l'ampleur de la catastrophe, ce n'était pas grand-chose »[398].

À l'extérieur du tribunal, les débats tiennent le public en haleine. Alors que Sharett, Ben Gourion et leurs collègues du Mapaï se font discrets, le Hérout et la presse qui le soutient s'en prennent à Kasztner avec de plus en plus de virulence. Tamir a exploité au maximum le cliché révisionniste. Son face-à-face avec Kasztner a pris les proportions d'un combat mythique entre le jeune *Sabra*, courageux et honnête, et le Juif de la diaspora soumis, sournois et condamné d'avance. Quand le juge se retire pour réfléchir

[396] Cité dans Weitz, 1995, p. 265.
[397] Cité dans Hecht, p. 170.
[398] Cité dans Weitz, 1995, p. 251.

à son verdict, le suspense retombe peu à peu. Lorsqu'il rend sa décision quelques mois plus tard, elle fait l'effet d'une bombe.

Le jugement

Le 21 juin 1955, neuf mois après la fin des audiences, le juge Halévi sort de son isolement et revient au tribunal régional de Jérusalem. Seul dans la pension Moriah toute proche, Kasztner attend le verdict avec anxiété. De 8 h du matin à 22 h, Halévi lit à haute voix des extraits des trois cents pages de son jugement, qui s'avère aussi dévastateur qu'injuste. « L'un des jugements les plus provocateurs et controversés dans l'histoire de l'État », écrit Maoz ; « l'un des plus durs de l'histoire d'Israël, peut-être même le plus dur », écrit Segev[399].

Halévi traduit le pamphlet délirant de Gruenwald contre Kasztner en quatre accusations précises : « 1. Collaboration avec les nazis ; 2. "Assassinat indirect" ou "Préparation du terrain pour assassinat" des Juifs de Hongrie ; 3. Complicité de vol, en association avec un criminel de guerre nazi ; 4. Sauvetage de ce criminel de son châtiment après la guerre. »[400] Il reprend presque en tous points les allégations de Tamir. Il observe que « les Juifs de Hongrie, rassemblés dans les ghettos, se sont embarqués en masse et docilement dans les trains de déportés, ignorant leur véritable destination et accordant foi aux informations trompeuses selon lesquelles on les transférait dans des camps de travail en Hongrie »[401]. Ces mensonges avaient été répandus par les Conseils juifs et en particulier par Kasztner. Ces mêmes dirigeants qui avaient « propagé ou confirmé les rumeurs » de réinstallation à l'intérieur du pays et avaient « renoncé à organiser la moindre résistance ou sabotage » n'ont pas « accompagné leurs frères et sœurs à Auschwitz », mais « ont presque tous fait partie du convoi de Bergen-Belsen »[402]. Si Kasztner avait fait son devoir et alerté ses coreligionnaires, les nazis n'auraient pu les déporter aussi vite. En cachant ce qu'il savait, il a empêché les victimes de tenter de fuir en Roumanie, de passer dans la clandestinité ou de résister. Par conséquent « il a graissé les rouages de la machine de mort » et « contribué largement à son efficacité

[399] Maoz, p. 591. Segev, p. 336.

[400] Halévi, p. 1. Toutes les citations du jugement sont tirées d'un texte en allemand de 316 pages dactylographiées, qui m'a été transmis par Zsuzsi Kasztner.

[401] Halévi, p. 26.

[402] *Ibid.*, p. 28.

globale »[403]. Parce qu'il a gardé pour lui « toutes les informations en sa possession », « environ un demi-million de femmes, d'hommes et d'enfants, victimes d'une tromperie malveillante, sont montés dans les trains qui les amenaient à leur insu à Auschwitz »[404].

Dans son exposé des motifs, Halévi explique que Kasztner a sciemment « abandonné la grande majorité des Juifs de Hongrie à leur sort » afin de sauver la vie d'une poignée « d'individus privilégiés »[405]. Il a succombé à une « tentation » à laquelle il n'a pu résister. Rendu très vulnérable par le jeu du chat et de la souris orchestré par Eichmann, il s'est vu offrir « l'opportunité de sauver 600 âmes du génocide imminent et d'en augmenter éventuellement le nombre grâce à des paiements ou des négociations futurs ». Il a accepté en dépit des conditions de secret absolu imposées par Eichmann, afin que les déportations se poursuivent sans la moindre panique ou résistance. Invité par celui-ci à sélectionner « les personnes les plus importantes et dignes à ses yeux d'être sauvées », il a choisi sa famille la plus proche, d'autres parents et amis, ainsi que quelques dirigeants de la communauté juive[406]. En acceptant de sauver « ces privilégiés » au prix de son silence, Kasztner n'a pas simplement « consenti à l'extermination des gens ordinaires », mais il a, en réalité, favorisé leur déportation et donc leur anéantissement[407]. Par conséquent « la collaboration du dirigeant du Comité de secours juif avec le chef des génocidaires dans la déportation à Auschwitz de la communauté juive hongroise, en échange du sauvetage de quelques privilégiés » a été « une collaboration criminelle au plein sens du terme »[408].

Halévi prononce alors ce que l'on peut considérer comme l'un des jugements les plus scandaleux jamais rendus par une cour de justice dans le monde moderne. Il se peut, poursuit-il, que Kasztner ait espéré sauver plus de Juifs, mais il estimait que seule sa méthode avait des chances de réussir. Lorsque Eichmann lui a offert cette opportunité, « il a vu dans le sauvetage de Juifs les plus éminents un grand succès pour lui-même et pour les sionistes qui justifierait sa propre conduite ». Il n'est donc « pas étonnant » qu'il ait « accepté ce cadeau sans hésiter ». Mais c'était un cadeau grec, comme le souligne Halévi en citant la formule latine *Timeo Danaos et dona ferentes* (« Je crains les Grecs même quand ils apportent

403 *Ibid.*, p. 153.
404 *Ibid.*, p. 89
405 *Ibid.*, p. 89.
406 *Ibid.*, p. 63.
407 *Ibid.*, p. 150.
408 *Ibid.*, p. 140.

des présents »). Et il lâche sa bombe : « En acceptant ce cadeau, Kasztner a vendu son âme au diable. »[409]

Plus tard, Halévi regrettera d'avoir utilisé une expression aussi lourde de sens, mais le mal était fait, irrévocablement. Dans l'atmosphère d'agitation extrême entourant le procès, nourrie d'émotions exacerbées, poussées à leur paroxysme par le talent oratoire de Tamir à l'intérieur du tribunal et la campagne de presse anti-Mapaï à l'extérieur, il n'a pas seulement inspiré un implacable gros titre mais, dépassant toutes les bornes, il a aussi frappé Kasztner d'un stigmate qui hante encore sa mémoire aujourd'hui.

Halévi traite ensuite de la question extrêmement sensible des trois parachutistes. Il fait valoir que Kasztner les a trahis, en persuadant Goldstein de se livrer à la Gestapo, en échouant à empêcher la déportation de Goldstein et de Palgi, et en abandonnant Hanna Szenes à son calvaire. Et cela, parce que « ses intérêts les plus vitaux – l'opération de secours, le sort des personnes sauvées, le destin de ses proches et sa propre sécurité – l'obligeaient à rester loyal envers l'autorité »[410]. Certes, Kasztner devait tenir les parachutistes à distance, mais ce n'était sûrement pas par loyauté aux nazis.

Halévi poursuit son travail de démolition en se prononçant sur l'affaire Becher : « Kasztner a menti sciemment dans son témoignage devant la cour quand il a nié avoir intercédé en faveur de Becher. De plus, il a dissimulé un fait important, à savoir qu'il a agi au nom de l'Agence juive et du Congrès juif mondial. »[411] Il qualifie le commentaire fait par Kasztner dans sa déclaration sous serment sur les « bonnes intentions » de Becher, « d'affirmation délibérément fausse au profit d'un criminel de guerre pour lui éviter procès et sanctions »[412]. À la recherche du mobile le plus vil, il décide que, par son témoignage, Kasztner a acheté le silence de Becher sur ses propres méfaits : « De même que les criminels nazis savaient qu'ils auraient besoin d'un alibi et espéraient l'obtenir en sauvant quelques Juifs au tout dernier moment, Kasztner, en tant que collaborateur des nazis, désirait s'en procurer un pour lui-même. »[413]

Dans sa synthèse, Halévi répète que Kasztner a menti, quand il a prétendu avoir fait tout ce qu'il pouvait pour les parachutistes et nié son intention d'aider Becher. Que ce soit pour l'arrêt des chambres à gaz, la

409 *Ibid.*, p. 63.
410 *Ibid.*, p. 241.
411 *Ibid.*, p. 310.
412 *Ibid.*, p. 313.
413 *Ibid.*, p. 297.

reddition des camps de concentration, la protection du ghetto de Budapest et même la libération de notre groupe de Bergen-Belsen, il conclut que, dans chaque cas, les ordres de Himmler étaient indépendants de l'influence de Becher et que les fausses déclarations de Kasztner ont eu pour but de se fournir à lui-même et à Becher des alibis. Il rejette trois des accusations du ministère public : Gruenwald, estime-t-il, a prouvé que Kasztner a collaboré avec les nazis, contribué à l'assassinat de la communauté juive de Hongrie et soustrait un criminel de guerre à son châtiment. Quant aux allégations de vol des biens juifs par Kasztner et Becher, il juge Gruenwald coupable de diffamation et le condamne à verser une amende symbolique d'une livre israélienne.

La sentence est suivie de violents débats dans la presse et au Parlement israélien. Tandis que le Mapaï fait profil bas, le parti Hérout jubile, et les journalistes qui le soutiennent mettent Kasztner en pièces sous des titres accrocheurs, reprenant de courtes citations bien choisies de Halévi. Les dirigeants du Mapaï sont accusés de soutenir Kasztner, afin de cacher leurs propres forfaits et sont présentés, à la suite de Kasztner, comme des magouilleurs corrompus prêts à collaborer avec l'ennemi, qu'il soit nazi ou britannique. Les répercussions à long terme sur la politique israélienne seront encore plus significatives. Environ une semaine après le verdict, les sionistes généraux, membres de la coalition gouvernementale dirigée par le Mapaï, s'abstiennent lors du vote de deux motions de censure, ce qui réduit significativement la majorité parlementaire du Premier ministre, Moshé Sharett. Le 29 juin, il démissionne et reforme immédiatement un nouveau gouvernement. Les élections pour la troisième Knesset ont lieu le 26 juillet. Évidemment, Kasztner n'est plus candidat. Le Mapaï demeure le plus grand parti, mais perd 5 de ses 45 sièges. Le parti Hérout, mené par Menahem Begin, rafle 15 sièges contre 8 en 1951 et devient la deuxième formation politique du pays. En 1977, le Likoud qui a absorbé le parti Hérout remporte les élections pour la première fois. L'affaire Kasztner a joué un rôle crucial dans le déclin du Mapaï et l'ascension de ses rivaux.

Les effets du jugement sur Kasztner et sa famille sont dévastateurs. Kasztner apprend la nouvelle par Hansi Brand dans sa pension à Jérusalem. Même s'il se doute depuis longtemps que le procès ne lui sera pas favorable, il est profondément choqué. Lorsqu'il rentre chez lui à Tel-Aviv, il dit à Bogyó que le juge a rendu un « verdict incroyablement dur », que Tamir lui-même n'a « jamais osé espérer dans ses rêves les plus fous »[414].

[414] Cité dans Weitz, 1995, p. 314.

Son « monde s'écroulait totalement », écrit Weitz. « Pendant des années, son action à Budapest avait été pour lui une source de fierté », mais, à présent, il lui faut « des ressources quasi surhumaines pour trouver la force de simplement se lever le matin, sortir de chez lui et marcher dans les rues de la ville comme si rien ne s'était passé ». Profondément meurtri par le « sceau de la honte » dont on l'a marqué, il reste « convaincu d'être la victime d'une insupportable injustice ». Plus il se replie sur lui-même, plus « sa fierté, son arrogance et sa confiance en lui cèdent la place à la suspicion et l'anxiété »[415].

Kasztner n'est pas le seul à souffrir. Sa femme et sa fille aussi sont traquées par la foule. Les murs de leur immeuble sont couverts de graffitis tels que « Kasztner est un assassin » ou pire encore. Leur balcon est bombardé d'ordures. Les voisins traitent Bogyó de « nazi » et les commerçants refusent de la servir. Zsuzsi, âgée de neuf ans, est harcelée, rudoyée et traitée d'« assassin » à l'école et dans la rue[416]. La chasse aux sorcières se poursuivra pendant des années, causant aux deux femmes les dégâts affectifs que l'on peut imaginer.

Hansi Brand qualifie l'atmosphère entourant Kasztner « d'hostilité ouverte de la part des étrangers et de prudente réserve de la part de ses amis, ce qui n'était pas moins douloureux »[417]. Il est assailli de menaces de mort, prises suffisamment au sérieux par les autorités pour qu'elles lui assignent deux gardes du corps qui, par une ironie du sort, lui seront retirés peu de temps avant qu'il en ait vraiment besoin. D'un autre côté, il reçoit beaucoup de lettres de soutien, notamment des membres du groupe des jeunes pionniers qui ont travaillé avec lui à Budapest. On lui offre l'asile dans deux kibboutzim, mais il refuse de se cacher. On lui conseille aussi de quitter le pays jusqu'à cc que la tempête se calme, mais il n'est pas prêt à fuir. Il est déterminé à rétablir sa réputation. Il rédige un communiqué, qui est publié dans la plupart des journaux, dans lequel il écrit sur un ton de défi : « L'Histoire et tous ceux qui savent ce qui s'est vraiment passé durant ces temps maudits témoigneront pour moi. Je ferai tout ce qui est en mon pouvoir pour laver mon nom et regagner mon honneur. »[418]

Deux mois après le jugement de Halévi, le procureur général fait appel devant la Cour suprême d'Israël.

---

[415] *Ibid.*, p. 314-315.
[416] *Ibid.*, p. 315-317.
[417] *Ibid.*, p. 314.
[418] *Ibid.*, p. 320.

Une erreur judiciaire

Kasztner fut clairement victime d'une désastreuse erreur judiciaire. Au lieu de tenir le procès bien en main, Halévi a permis à Tamir d'introduire beaucoup de documents irrecevables et de s'éloigner de l'affaire examinée pour la transformer en une série de harangues à caractère politique. À l'instar de Tamir, il a posé des questions insidieuses. Comme lui, il a traité Kasztner en criminel reconnu coupable plutôt qu'en témoin de l'accusation. Dès le moment où Kasztner commença à se contredire sur son soutien à Becher, il a perdu toute objectivité et s'est rangé unilatéralement du côté de Tamir.

Si l'on reprend l'accusation de silence, il n'est pas entièrement exact d'affirmer que Kasztner cacha toutes les informations sur les déportations. Selon son propre rapport, dès le 26 décembre 1941, il participa à l'organisation d'une rencontre entre des personnalités publiques hongroises et roumaines, au cours de laquelle il les informa « avec beaucoup de détails » sur les « exécutions massives » qui avaient lieu en Europe orientale, prévoyant « la mort violente de plus d'un million de Juifs ». Son appel à constituer un groupe informel de « représentants juifs chargés d'entamer un combat politique contre la destruction de la communauté juive de Hongrie » fut rejeté par la majorité des présents[419]. La veille de l'occupation allemande de la Hongrie, le 18 mars 1944, Kasztner et le Vaada envoyèrent plusieurs pionniers sionistes pour alerter la population de province, mais on les ignora, on les fit taire, on les chassa et parfois même on les agressa en les accusant de semer la panique. Lors de sa visite à Kolozsvár le 3 mai, Kasztner prévint József Fischer et d'autres dirigeants juifs qu'il y avait un risque de « déportation, et déportation signifie extermination », mais ils ne firent rien[420]. Cette question reste débattue. Certains, comme Braham, avancent qu'à cette époque Kasztner était tout à fait au courant du génocide parce qu'il avait reçu une copie des *Protocoles d'Auschwitz* de Vrba et Wetzler lors d'une visite en Slovaquie « à la fin du mois d'avril 1944 »[421]. D'autres, dont le neveu de Kasztner, Yitzhak Katsir, pensent qu'il n'a disposé du document qu'après les premières déportations. Mais la date a moins d'importance qu'il n'y paraît. Dans les deux cas, Kasztner avait suffisamment d'informations pour lancer un nouvel avertissement s'il le souhaitait. Il choisit de ne pas le faire pour des raisons

---

419 Kasztner, *Bericht*, p. 37.
420 Cité dans Weitz, 1995, p. 243.
421 Braham, 1994, p. 827.

qui lui sont propres – et qui n'ont rien à voir avec celles que lui attribuèrent ses adversaires.

Les Juifs de Hongrie n'ignoraient pas non plus le danger, comme le prétendent les ennemis de Kasztner. Certains furent induits en erreur par des mensonges lénifiants. D'autres ne voulaient pas savoir la vérité. Ils pensaient ou tentaient de se convaincre que de telles horreurs pouvaient se passer ailleurs, mais pas en Hongrie : les Hongrois récompenseraient les Juifs pour leur loyauté et comprendraient que leur faire du mal nuirait à leur économie et à leur culture. Quoi qu'il en soit, au moment de l'occupation allemande, la majorité des Juifs de Hongrie avaient déjà une idée des massacres qui se déroulaient à l'Est grâce aux récits des réfugiés ou des militants sionistes.

Jeune enfant, je ne comprenais certes pas exactement pourquoi les gens à Budapest s'inquiétaient, s'interrogeaient, se disputaient et se tourmentaient, mais je voyais bien que c'était une question de vie ou de mort. Mes interviews avec trois membres du groupe de Bergen-Belsen reflètent la variété des réponses. Beaucoup avaient une connaissance vague, mais non négligeable, de ce qui se passait, comme en témoignent les souvenirs de Vera John-Steiner : « Dans mon école, le cousin de quelqu'un avait un parent qui savait quelque chose sur Auschwitz. Je ne peux vous dire ce que cette personne savait précisément, mais, d'une manière ou d'une autre, nous étions conscients que rien de pire ne pouvait arriver qu'être emmené à Auschwitz. »[422] La manière dont les réfugiés polonais furent traités lorsqu'ils essayèrent d'avertir les autres, telle que s'en souvient Martha Gotthard, obéit à la réaction classique de gens effrayés qui reprochent au messager ses mauvaises nouvelles : « Les gens étaient très en colère contre eux, ils disaient que ce n'était pas possible, que c'était un mensonge, que cela ne pouvait être vrai. »[423] Ben Hersch attire notre attention sur deux éléments. D'une part, les Conseils juifs ont délibérément répandu, sur ordre des Allemands, les mensonges sur la réinstallation dans des camps de travail salubres ; de l'autre, l'inertie mêlée à la peur incitait davantage à ignorer le danger qu'à essayer de fuir ou de résister : « Quand on se remémorait les histoires entendues d'anciens réfugiés, on était tenté de continuer d'avancer et de ne pas y penser, parce que ce n'était pas agréable. Et pourquoi faire autrement, puisque vos dirigeants vous assurent que tout ira bien ? »[424]

---

[422] John-Steiner, interview.
[423] Gotthard, interview.
[424] Hersch, interview.

L'accusation selon laquelle le silence de Kasztner a empêché la masse des Juifs de Hongrie de lutter ou de se réfugier en Roumanie ne résiste pas à un examen minutieux. Sans accès aux médias et avec des possibilités réduites de voyager, sous l'observation constante de la police secrète hongroise et allemande, il aurait pu difficilement donner l'alerte de manière efficace. Mais même s'il l'avait pu, les Juifs, en raison de leur nombre, n'auraient pas pu faire grand-chose. Cernés par des ennemis, dépouillés de leurs droits et de leurs biens, sans armes et sans expérience, ils étaient incapables d'organiser une résistance, et une fuite collective était également au-delà de leurs moyens et de leurs capacités. Comme le note Ann Pasternak Slater, « les dangers manifestes de la résistance » semblaient plus grands que « les risques inconnus de l'obéissance » et la soumission paraissait « préférable à une mort immédiate et à des représailles »[425]. La plupart se faisaient discrets et espéraient que la tempête passerait. Malheureusement, cet espoir s'avéra illusoire et, si Kasztner avait consacré tous ses efforts à essayer de convaincre les Juifs de fuir ou de résister, il en aurait probablement sauvé moins que ce qu'il fit effectivement.

Kasztner n'ignorait pas qu'il était dangereux de se taire. Dans son journal rudimentaire, à la date du 15 juillet 1944, il se rappelle avoir dit à Becher : « Je me suis souvent demandé s'il n'aurait pas été plus correct de mobiliser la jeunesse sioniste et d'organiser les gens pour qu'ils résistent et refusent d'entrer dans les briqueteries ou de monter dans les wagons à bestiaux. » Lorsque Becher, pragmatique, lui fit remarquer que « cela n'aurait servi à rien », Kasztner répondit : « Peut-être, mais au moins notre honneur aurait été sauf. » Il reconnaissait que son silence avait contribué à la catastrophe : « Notre peuple est monté dans les wagons comme du bétail, parce que nous étions sûrs du succès de nos négociations et nous ne leur avons pas dit quel sort terrible les attendait. » Mais cela ne confirme pas l'accusation de trahison délibérée avancée par Tamir. Pour moi, ce que Martin Gilbert, l'un des plus remarquables historiens du génocide, a écrit il y a un quart de siècle demeure encore l'explication la plus plausible de l'attitude du Vaada : « Plutôt que d'inciter leurs coreligionnaires à résister aux déportations, les dirigeants sionistes hongrois choisirent de placer leurs espoirs dans des négociations secrètes avec les SS pour éviter toute déportation. »[426] Si Kasztner était coupable de quelque chose, c'était de vanité et d'excès de confiance plutôt que de traîtrise. À tort ou à raison, il

[425] Pasternak Slater, p. 24.
[426] Gilbert, p. 205.

a tu la vérité sur Auschwitz, parce qu'il croyait pouvoir sauver plus de vies par la diplomatie secrète que par une action publique irréaliste.

Après la guerre, Rudolf Vrba deviendra l'un des critiques les plus hostiles de Kasztner. Mettant dans le même panier le Conseil juif et le Vaada, il écrit dans le *Daily Herald* en 1961 : « Ce petit groupe de collabos savaient ce qui arrivait à leurs frères dans les chambres à gaz de Hitler et achetèrent leurs propres vies au prix du silence. »[427] Mais pas seulement leurs propres vies. En effet, dans un article ultérieur – dans lequel il insinue que notre groupe très hétérogène de Bergen-Belsen était entièrement composé de VIP –, Vrba déclare que « l'autorisation d'Eichmann de libérer et de laisser partir pour la Suisse ces 1 800 Juifs plutôt riches et/ou avec des bonnes relations » fut une récompense, en échange de la dissimulation à leurs coreligionnaires des atrocités commises à Auschwitz[428].

Par une étrange coïncidence, l'article de Vrba paraît un an après la publication en feuilleton dans la revue *Life* des « Confessions d'Adolf Eichmann ». Dans ce texte, Eichmann explique qu'en Hongrie il avait veillé avant tout à ce que les déportations se déroulent sans heurts. Il était entré en négociations avec Kasztner afin d'éviter des incidents semblables à l'insurrection du ghetto de Varsovie. Sa description du marchandage reprend curieusement les pires accusations de Tamir : « Il accepta de m'aider à empêcher toute résistance des Juifs à la déportation et même à maintenir l'ordre dans les camps de rassemblement, si je fermais les yeux et laissais partir illégalement en Palestine quelques centaines ou quelques milliers de jeunes Juifs. C'était une bonne affaire. »[429]

Je n'ai pas besoin de souligner que le témoignage de quelqu'un comme Eichmann n'est pas la source la plus fiable. En fait, Kasztner avait très bien compris comment Eichmann essayait de l'utiliser, mais, jouant le tout pour le tout, il tenta, par un double coup de bluff, de l'instrumentaliser à son tour. Cet argument ressort très clairement de l'une de ses déclarations sous serment de 1945 : « Les Allemands entamèrent des discussions avec les dirigeants de la communauté juive pour des raisons d'efficacité administrative. Nous avons mené les discussions dans l'espoir de pouvoir sauver quelques vies. »[430]

Néanmoins, un observateur célèbre semble avoir ajouté foi à toute l'histoire d'Eichmann. Dans son livre *Eichmann à Jérusalem*, Hannah

---

[427] Cité dans Hecht, p. 261.
[428] Vrba, p. 93.
[429] Eichmann, p. 146.
[430] 13 septembre 1945.

Arendt lance une violente attaque contre les Conseils juifs qui, d'après elle, auraient été complices dans la destruction de leur peuple. Elle affirme que le Vaada, par ses relations avec l'étranger, était encore plus utile aux nazis et, pour cette raison, « reçut des privilèges importants ». Ses membres « pouvaient aller et venir en toute liberté ou presque, ils n'étaient pas tenus de porter l'étoile jaune, ils avaient la permission de visiter des camps de concentration », et Kasztner en particulier « put même voyager en Allemagne nazie sans papier d'identité montrant qu'il était juif »[431]. Elle avance que Kasztner paya ses privilèges en devenant le partenaire consentant d'un accord selon lequel Eichmann « laisserait partir "illégalement" quelques milliers de Juifs pour la Palestine... ; en échange "l'ordre et la tranquillité" régneraient dans les camps d'où des centaines de milliers de Juifs étaient expédiés à Auschwitz »[432]. Pour faire bonne mesure, Arendt prête à Kasztner une mentalité fasciste ; elle le soupçonne de partager le point de vue nazi selon lequel « un Juif célèbre avait davantage le droit de rester en vie qu'un Juif ordinaire »[433]. Si Arendt avait étudié les faits de plus près au lieu de se laisser guider par ses préjugés, elle ne serait peut-être pas arrivée aux mêmes conclusions qu'Eichmann.

L'accusation selon laquelle le groupe de Bergen-Belsen, formé par Kasztner, aurait été exclusivement composé des membres de sa famille et de ses amis sionistes de Kolozsvár ne tient pas la route. Sélectionner quelques centaines de personnes parmi des centaines de milliers est une tâche épouvantable face à laquelle aucun choix ne pouvait être « juste ». Même si Kasztner détenait une influence considérable, les listes furent confectionnées selon des critères approuvés par plusieurs petits comités créés à cet effet. En ce qui concerne sa famille, seuls sa mère, son frère, sa belle-sœur, sa femme, son beau-père, sa belle-mère et les deux sœurs de sa femme avec leur enfant respectif faisaient partie du groupe, soit « 10 personnes en tout pour l'ensemble de la famille élargie », selon le calcul de Ann Pasternak Slater[434]. Beaucoup d'autres – dont le frère et la sœur de sa

431 Hannah Arendt, *Eichmann à Jérusalem*, p. 357.

432 *Ibid.*, p. 106-107.

433 *Ibid.*, p. 251. La pièce de théâtre de Jim Allen, *Perdition*, épouse le même point de vue. La première représentation, prévue à Londres en 1987, fut empêchée par des manifestations juives. Depuis lors, elle a été jouée à différentes occasions dans d'obscures petites salles de théâtre. Fondée sur le procès de Kasztner, l'œuvre reprend les vieilles accusations selon lesquelles les sionistes collaborèrent avec les nazis, parce qu'ils voulaient utiliser le génocide comme monnaie d'échange pour la création de l'État d'Israël. Quelle que soit la valeur de la thèse défendue, la pièce ne contribue en rien à éclairer l'histoire authentique de Kasztner. Au prix de grossières distorsions des faits historiques, elle ne fait que donner des armes aux agitateurs antisémites.

434 Pasternak Slater, p. 16.

mère et le frère de son père avec tous leurs enfants qu'Eichmann avait proposé d'épargner contre de l'argent – furent déportés et assassinés à Auschwitz. La domination des sionistes de Kolozsvár n'est pas du tout surprenante dans la mesure où c'était la seconde ville de Hongrie qui possédait la communauté sioniste la plus importante et la plus active. De plus, toute l'entreprise de sauvetage reposait sur la délivrance de certificats d'émigration en Palestine. Cela étant, le groupe était loin de ne compter que des sionistes. Mon père et moi n'étions que deux non-sionistes parmi tant d'autres. Ce point a été longuement étudié par Peretz Revesz, un ancien dirigeant du mouvement de jeunesse qui mena lui-même de nombreuses et dangereuses missions de secours en Slovaquie et en Hongrie avec l'aide de Kasztner. Dans son autobiographie, Revesz remarque que la liste contenait « un large échantillon de représentants et de militants de toutes les composantes de la société civile : médecins, artistes, scientifiques, économistes, etc. » qui, pour la plupart, étaient sionistes, mais, il ajoute qu'« à l'autre bout du spectre, l'on trouvait un groupe de Juifs ultra-orthodoxes », dont « Joël Teitelbaum, réputé pour être l'un des opposants les plus farouches au sionisme »[435].

On ne peut nier que l'élite de la communauté juive hongroise était surreprésentée dans le groupe, mais les critères de sélection dépassaient de loin les sympathies personnelles de Kasztner. La pyramide des âges allait de 0 à 80 ans, presque tous les métiers étaient représentés, ainsi que toutes les tendances politiques et religieuses. Il n'est pas vrai non plus que le groupe ne comprenait que des gens riches. Nous avons déjà mentionné que 150 personnes fortunées avaient payé la majeure partie de la rançon exigée pour le groupe. Mon père et moi sommes à nouveau de bons exemples de ces nombreuses personnes qui n'étaient ni riches ni renommées, mais simplement chanceuses. Revesz, qui observa les événements de près, souligne les limites du rôle de Kasztner dans la sélection et la sincérité du Vaada dans ses tentatives « de faire un choix qui représente correctement la communauté juive hongroise ». Évidemment, dans une situation aussi horrible, il ne pouvait être question d'équité absolue, mais le Vaada était déterminé à continuer sa mission au-delà de notre sauvetage : « Le fait que ce convoi devait être le premier d'une série apportait un certain soulagement et une forme d'espoir à ceux qui étaient censés prendre ces décisions. »[436] Si Kasztner pensait que notre sauvetage serait suivi de beaucoup d'autres,

---

435 Revesz, p. 207.
436 *Idem.*

alors, l'accusation selon laquelle il aurait trahi le reste de la communauté juive de Hongrie uniquement pour nous sauver, nous, perd tout son poids.

Je ne pense pas que Kasztner ait délibérément collaboré avec les nazis, mais plusieurs questions difficiles restent encore sans réponse. Deux d'entre elles sont particulièrement embarrassantes : pourquoi a-t-il fait une déclaration sous serment en faveur de Becher et pourquoi a-t-il cherché à le nier devant le tribunal ?

Selon une première hypothèse, Kasztner, avec son excès de confiance habituel, pensait qu'il pourrait l'emporter sur ses adversaires en ne reconnaissant rien. Selon une autre, il avait menti parce qu'il avait mauvaise conscience. De manière plus convaincante, sa fille Zsuzsi m'a dit qu'il avait paniqué, quand il fut révélé qu'il avait violé l'interdit d'aider les nazis. Compte tenu du stress des débats devant la cour, de l'inefficacité de son avocat, de l'inutilité des témoins qui lui étaient favorables et des coups assénés par Tamir, il est compréhensible que pendant un moment il ait perdu le contrôle. Selon une autre interprétation, que m'a suggérée son neveu, Yitzhak Katsir, Kasztner et son avocat auraient reçu l'ordre de leurs supérieurs de ne rien avouer qui puisse porter préjudice au gouvernement travailliste.

Les allégations de Gruenwald selon lesquelles Kasztner voulait acheter le silence de Becher sur les crimes qu'ils avaient commis ensemble sont loin de la vérité, même si Tamir et Halévi s'y rallièrent. Trois autres explications avancées par Weitz ajoutent quelques pièces utiles au puzzle. La première est ce qu'il appelle « sa bonne éducation »[437], qui suppose que Becher avait persuadé Kasztner de lui procurer un alibi si l'Allemagne perdait la guerre et que celui-ci s'est senti le devoir d'honorer sa parole. C'est la raison invoquée par sa fille Zsuzsi, tant pour ce qui concerne Becher que ses collègues : « Pourquoi a-t-il parlé pour eux ? Parce qu'il leur avait promis. Et pour lui qui avait reçu une éducation de gentleman, une promesse est une promesse. »[438] Eva Speter, qui d'habitude ne manque jamais une occasion de relever les erreurs de Kasztner, dit en gros la même chose : « Je pense qu'il a agi correctement, car il lui avait promis – sans l'aide de Becher, il n'aurait rien pu faire de ce qu'il a fait. »[439] Même sans promesse explicite, Kasztner pourrait s'être senti obligé envers les quelques personnes parmi ses nombreux ennemis qui – pour des raisons qui leur étaient propres – l'avaient aidé dans son combat difficile. Alex Barzel loue

[437] Weitz, 1995, p. 82.
[438] Kasztner, Zsuzsi, p. 19.
[439] Speter, interview.

Kasztner pour avoir reconnu à Becher le mérite d'avoir sauvé des Juifs, indépendamment de toute autre considération : « Il a réellement fait ce qu'il a fait. Il n'aurait pas été correct de le nier uniquement parce qu'auparavant il avait été nazi. »[440] Weitz pourrait avoir raison en voyant dans le désir de justice l'une des motivations de Kasztner : « Il est possible que Kasztner ait réellement cru que Becher l'avait aidé à sauver des Juifs et qu'il méritait donc gratitude et récompense. »[441]

La deuxième explication, toujours selon Weitz, est la « mégalomanie »[442]. Pendant longtemps, Kasztner n'a pas seulement endossé une lourde responsabilité, mais il a aussi ressenti l'excitation de tenir entre ses mains la vie et la mort de milliers de personnes, de négocier, en apparence sur un pied d'égalité, avec certains des pires génocidaires du monde et d'entrer dans l'Histoire. Nous avons vu à quel point il s'était senti déprimé, lorsqu'il n'avait plus à mobiliser toute son énergie pour faire face aux nazis jour après jour. Il serait compréhensible qu'il ait cherché à surmonter ce retour à la réalité en se lançant dans une nouvelle tentative de sauvetage, même si les individus concernés étaient des chefs de la SS. C'est le point de vue de Joël Brand : « À Nuremberg, il retrouva cette impression de puissance – saisir le téléphone, trouver le bon mot, intervenir, rédiger un communiqué –, cela suffisait pour sauver des vies humaines. »[443] De même, Weitz pense que les déclarations sous serment ont peut-être fourni à Kasztner « l'occasion de retrouver un peu de ce pouvoir qu'il avait exercé durant l'occupation : il revenait sur le devant de la scène pour décider du sort des gens »[444].

La troisième explication est « d'ordre psychologique ». S'inspirant du concept de « dissonance cognitive », Weitz défend l'idée qu'après avoir travaillé en étroite collaboration avec des individus qu'il craignait et haïssait, Kasztner avait besoin de s'en faire une idée acceptable, même si cela ne correspondait pas à la réalité : « La proximité prolongée qui le rendait dépendant de gens qu'il abhorrait a poussé Kasztner à les voir sous un autre jour. » C'était de l'aveuglement pour se protéger affectivement. Sa relation avec de tels ennemis l'avait affecté de deux manières : elle le soumettait à un stress insupportable et lui donnait un sentiment de culpabilité. Pour atténuer la tension et la culpabilité, il peut s'être convaincu que ses

---

440 Barzel, Alexander, interview.
441 Weitz, 1995, p. 82.
442 *Idem.*
443 Cité dans Weitz, 1995, p. 81.
444 *Idem.*

ennemis étaient des partenaires ou même des amis. Cette démarche inconsciente avait pour but « de se justifier à ses propres yeux et de lui permettre de négocier avec eux, et, au-delà de ça, de vivre en paix avec sa conscience après la guerre »[445].

Beaucoup jugeront peut-être cette théorie trop spéculative, mais Kasztner paraît bien avoir éprouvé des sentiments d'amitié pour Becher. C'est ce que laisse penser une lettre qu'il lui a adressée en 1951. Après avoir exprimé ses condoléances pour la mort de la maîtresse de Becher et parlé brièvement de sa vie à lui en Israël, il poursuit : « Je travaille beaucoup, je suis heureux et j'espère désormais entretenir avec toi des contacts plus étroits ; ce serait plus approprié pour nous deux qui avons accompli quelque chose d'extraordinaire. »[446] Deux éléments sont particulièrement frappants. Le premier est l'emploi du « tu », la forme familière pour s'adresser à quelqu'un, ainsi que l'utilisation du prénom de Becher, Kurt, et la formule de salutation : « Avec ma vieille amitié. » Le second est l'espoir de « contacts plus étroits ». Il est possible que Kaszner songeât à de nouvelles relations d'affaires, mais le ton chaleureux employé laisse penser à quelque chose de plus personnel. Que Becher mérite ou non son amitié, la fierté de Kasztner d'avoir accompli avec lui « quelque chose d'extraordinaire » paraît sincère, et il est peu probable qu'elle camoufle de quelconques secrets coupables. Réussir ensemble à mener à bien un projet important à une époque aussi cataclysmique est susceptible de créer un lien fort, même entre un extorqueur SS et un Juif dont la mission était d'en sauver d'autres.

Néanmoins, il peut paraître surprenant que Kasztner ait soutenu une bande de voyous nazis qui l'avaient utilisé de manière aussi cynique pour leurs opérations d'extorsion, même si, pour des raisons qui leur étaient propres, ils avaient rendu ses missions de secours possibles. Je pense que l'explication la plus probante est d'ordre pragmatique. Après la guerre, Kasztner cherchait à récupérer les biens juifs, à traquer Eichmann et à traduire le mufti de Jérusalem en justice. L'aide qu'il a fournie aux officiers SS était destinée à s'assurer leur soutien dans ses projets. Il n'agissait pas simplement à titre individuel, mais à la connaissance et avec l'accord de hauts responsables juifs. Ce point de vue est défendu de manière très convaincante par Shoshana Barri sur la base de documents qui, en général, n'étaient pas connus au moment où ils auraient pu littéralement sauver la vie de Kasztner. D'après elle, la volte-face de Kasztner, qui a modifié « sa

[445] *Ibid.*, p. 84.
[446] 26 juin 1951, lettre transmise par Zsuzsi Kasztner.

description initiale de Becher, Krumey et Wisliceny comme criminels de guerre pour en faire des sauveurs de Juifs », s'est opérée « en coordination avec les efforts de l'Agence juive pour, d'une part, capturer Eichmann et le mufti et, de l'autre, récupérer les biens de la communauté juive de Hongrie »[447]. Katsir, qui a discuté de nombreuses questions importantes avec son oncle, m'a confirmé cette interprétation. Quand on la rapproche de ces objectifs, la remarque de Kasztner, citée également par Katsir, selon laquelle les déclarations sous serment étaient destinées à montrer qu'un Juif pouvait tenir ses promesses, prend tout son sens.

Kasztner voulait récupérer les biens spoliés en partie pour des raisons personnelles. Parmi les rumeurs qui circulaient sur ses fautes et manquements, il était question de détournements de fonds, et certains membres du groupe de Bergen-Belsen le pressaient de présenter des comptes précis ou même de rembourser leurs contributions à la rançon. Même dans ses meilleurs jours, Kasztner n'avait rien d'un administrateur consciencieux ou d'un comptable méticuleux. Étant donné l'urgence dans laquelle il avait fallu collecter la rançon auprès de Juifs terrifiés, menacés en permanence d'arrestation, de torture, de déportation et d'exécution, pour la remettre à des SS insatiables, derrière le dos de Hongrois suspicieux, il était absurde de s'attendre à ce qu'il ait tenu des comptes minutieux. Comme il l'explique lui-même : « Notre mission première était de sauver des vies ; à cette fin, nous avons lutté toute une année, nous avons travaillé, pris des risques… Dans ces circonstances, qui aurait pu se charger d'établir des contrats ? »[448] Malgré tout, il espérait mettre un terme aux calomnies en remboursant les requérants ou en remettant les biens spoliés récupérés à une organisation juive.

On peut dire sans grand risque de se tromper que plusieurs personnalités de premier plan de l'Agence juive étaient au courant des tentatives de Kasztner pour récupérer ces biens volés. Dans son mémorandum de décembre 1946, probablement destiné à l'Agence, Kasztner rappelle que le Vaada avait versé à Becher plus de 8,7 millions de francs suisses en devises et objets de valeur pour payer notre rançon. Il se demande comment récupérer ces biens et d'autres avoirs conséquents, avant que les Américains n'essaient de mettre la main dessus : « Pourrait-on y arriver par une simple procédure ou faut-il une intervention politique de plus haut niveau ? La question est extrêmement urgente, sinon il y a un risque que ces fonds se transforment en butin de guerre et soient perdus pour la

---

447 Barri, p. 159.
448 Cité dans Weitz, 1995, p. 95-96.

communauté juive. » Durant les deux ou trois années suivantes, ce sujet va faire l'objet de discussions entre diverses personnes et organisations. Des survivants, l'Agence juive, le Congrès juif mondial, le Joint, les autorités américaines d'occupation, les gouvernements français et hongrois, certaines banques suisses et le chef du bureau de la Palestine à Genève, Chaïm Posner, y participent. Bien entendu, Kasztner, Schweiger et Becher joueront un rôle clé. La rançon, payée à Becher pour le groupe de Bergen-Belsen, qu'il avait apparemment rendue à Schweiger, arrivera finalement à l'Agence juive en Palestine où il s'avérera qu'elle ne représente plus qu'une fraction de sa valeur présumée. Tout le reste – y compris le fameux « train d'or » qui contenait de bien plus grands trésors volés aux Juifs de Hongrie – a disparu sans laisser de traces et ne sera probablement jamais retrouvé.

Le désir de Kasztner de mettre la main sur Eichmann ne se réalisera pas non plus. En mars 1946, il informe Tartakower qu'un membre de l'Agence juive a « réussi à suivre les traces d'Eichmann et qu'il ne semblait pas impossible de retrouver le bonhomme »[449]. Un an et demi plus tard, il écrit à l'avocat Friedrich Steiner : « Je pars pour Nuremberg aujourd'hui, où je serai également consulté sur la question de E. J'espère que je parviendrai à convaincre les autorités alliées compétentes de la nécessité d'intenter un procès *in absentia* et de le condamner par contumace. »[450] À la même époque, il envoie cent ou deux cents francs suisses à Wisliceny, emprisonné en Slovaquie. Il fait ce geste inattendu dans l'espoir de recevoir en retour une piste pour trouver Eichmann. Pour les mêmes raisons, il aimerait que Wisliceny soit extradé et remis aux autorités américaines en tant que « seul membre disponible de l'équipe d'Eichmann apte à donner une idée complète et détaillée du programme d'extermination »[451]. Son souhait ne sera pas exaucé. Wisliceny sera exécuté par les Slovaques et Kasztner ne vivra pas assez longtemps pour assister à la capture et au châtiment d'Eichmann.

Sa campagne contre le mufti de Jérusalem sera également un échec. Les révélations sur la collaboration du mufti avec les nazis, qu'il fait connaître avec l'aide de Aryeh Tartakower et Nahum Goldmann du Congrès juif mondial, auront un énorme écho dans la presse américaine et suisse, mais les puissances occidentales ne feront rien.

N'en déplaise à Halévi, Kasztner avait de bonnes raisons de croire qu'il avait le droit de signer la déclaration sous serment en faveur de Becher au

---

[449] 18 mars 1946, lettre transmise par Zsuzsi Kasztner.
[450] 30 juillet 1947, lettre transmise par Zsuzsi Kasztner.
[451] Déposition du 22 juillet 1947, cité dans Barri, p. 156.

nom des plus grandes organisations juives, même si on ne lui en avait pas expressément donné l'ordre. Il est intéressant de relever une phrase de sa lettre à Krumey du 5 février 1947 : « Je n'oublie pas facilement ceux qui, à certains moments, se sont montrés compréhensifs à notre égard. » En juillet 1944, Wenia Pomeranz et Menahem Bader de l'Agence juive lui avaient conseillé de promettre aux officiers SS de les aider plus tard en échange de la libération de notre groupe de Bergen-Belsen et de leur volonté de conclure d'autres accords avec nous : « Essayez de convaincre vos clients... Nous n'oublierons jamais ceux qui nous ont aidés. »[452] En août 1944, les représentants de l'Agence juive à Istanbul envoyèrent au Vaada à Budapest le même engagement : « Nous n'oublierons pas ceux qui se tiennent à nos côtés aujourd'hui, et c'est bien plus important que l'argent. »[453] La formulation quasi identique, présente dans les trois lettres, tend à confirmer que Kasztner fit en 1947 ce que l'Agence juive avait déjà envisagé en 1944.

L'importante correspondance entre divers responsables, citée par Barri, essentiellement entre 1945 et 1948, révèle que l'Agence juive n'était pas opposée aux négociations avec des ex-nazis et faisait appel aux services de Kasztner dans ce but. L'intention n'était pas seulement de récupérer les biens juifs volés, mais aussi d'établir des relations commerciales avec l'Allemagne d'après-guerre. Ces projets qui deviendront un sujet brûlant dans la vie politique israélienne dépassent de loin l'objet de ce livre, mais je peux en donner au moins un exemple : en 1948, en Suisse, Chaïm Posner essaya d'acheter à Becher des machines allemandes pour une usine de munitions pour le compte de l'Agence juive en Palestine.

À l'époque, Kasztner a donc logiquement supposé que sa stratégie serait avalisée pas ses supérieurs. Pour citer une nouvelle fois Barri : « Qu'il ait reçu l'autorisation préalable et explicite de l'Agence juive, ou qu'une telle autorisation ait été partielle et rétroactive, Kasztner a agi à Nuremberg en tant que représentant de l'Agence juive et du Congrès juif mondial. »[454] Dans ce contexte, le comportement d'Eliahu Dobkin à la barre des témoins est très instructif. Comme nous l'avons vu, Kasztner avait inclus Dobkin parmi les officiels qui lui avaient donné le feu vert pour aider Becher au nom des deux grandes organisations. Mais Dobkin nia avoir jamais entendu parler d'un homme nommé Becher. Ce qui est contredit notamment par Joël Brand qui affirmait qu'« il avait été invité en 1944 par

452 22 juillet 1944, lettre transmise par Zsuzsi Kasztner.
453 31 août 1944, cité dans Barri, p. 162.
454 Barri, p. 164.

Dobkin à l'accompagner à Lisbonne pour rencontrer Becher »[455]. Si ce que dit Brand est vrai, Dobkin a dû mentir. Et si c'est le cas, il est possible qu'il l'ait fait parce que, pour citer une dernière fois Barri, les responsables du gouvernement israélien « ne pouvaient reconnaître ouvertement » que « des représentants de "notre nouvel État pur et idéal" avaient noué des contacts avec des officiers nazis... et autorisé des témoignages et des recours en leur faveur », même dans l'espoir de punir des criminels nazis et d'obtenir des fonds, des marchandises et de l'équipement militaire pour leur jeune pays[456]. Kasztner a été sacrifié sur l'autel de la « realpolitik » israélienne.

L'appel et ses suites

Le 21 août 1955, le procureur général fit appel du jugement d'Halévi. Il donna une liste impressionnante de motifs. Le juge avait acquitté Gruenwald sur la base de fausses preuves, voire sans preuves du tout. Il avait été influencé par l'attitude de Kasztner à la barre des témoins et par certaines contradictions contenues dans son témoignage et celui de quelques autres. Il avait ignoré l'état psychologique des Juifs sous la terreur nazie. Il n'avait pas mesuré les limites de la mémoire humaine, en particulier en des temps aussi terribles. Il n'y avait aucune raison d'accuser Kasztner de collaboration criminelle avec les nazis ni d'en conclure qu'il avait délibérément et sciemment aidé à l'extermination des Juifs. Parler de vendre son âme au diable était totalement subjectif. Affirmer que Kasztner, en n'alertant pas les Juifs de Kolozsvár de l'existence des camps de la mort, avait facilité le génocide était sans fondement, et sa prétendue loyauté envers les nazis dans l'affaire des parachutistes n'a pas été démontrée. Il n'y avait aucune preuve que la déposition sous serment en faveur de Becher avait eu pour but d'éviter à un criminel de guerre un procès et un châtiment.

Le procès en appel 232/55 s'ouvrit le 19 janvier devant la Cour suprême de Jérusalem et s'acheva le 6 février 1957. Cinq magistrats y siégèrent : Yitzhak Olshan, président de la Cour suprême, Zalman Cheshin, suppléant du président de la Cour, et les trois juges : Shimon Agranat, Moshe Silberg et David Goitein. Kasztner avait retrouvé une bonne partie de son énergie antérieure. Il était convaincu que son nom serait lavé... Il gagna

455 Cité dans Orr, p. 104.
456 Barri, p. 165.

effectivement, mais les choses ne se passèrent pas vraiment comme il l'espérait.

Un groupe d'amis de Kasztner avaient demandé aux célèbres avocats Micha Caspi et Chaïm Tzadok de le représenter. Contrairement à Tel dans le premier procès, Caspi était un adversaire à la hauteur de Tamir. Sa principale ligne d'attaque fut de démontrer que rien n'aurait pu être accompli si Kasztner avait prévenu les Juifs de Kolozsvár du sort qui les attendait. Il rassembla de nombreux témoignages en ce sens. L'un des plus impressionnants fut celui d'Israel Szabo. Il expliqua que « le Hongrois moyen, le Hongrois de la rue, était au courant d'Auschwitz », mais « une fuite en masse » était impossible, et croire que les Juifs hongrois auraient pu « organiser une quelconque résistance » aurait été « une erreur fatale ». On les avait méthodiquement épuisés par « les expropriations de leurs biens, la perte de leurs emplois, le port de l'étoile jaune, la relégation dans leur maison, dans le ghetto dans des conditions inhumaines ». Ce processus avait eu raison de leur assurance et de leur énergie. Ils ne manquaient pas d'informations, mais d'opportunités et de volonté pour se sauver. Dès lors, au lieu de faire face à une réalité trop horrible à voir, ils avaient fait comme si elle n'existait pas : « Ils connaissaient le danger, mais ne voulaient pas y croire. »[457] Les tentatives pour les secouer de leur apathie étaient en général accueillies par de l'incompréhension, de l'inertie ou de l'hostilité. Zvi Goldfarb était l'un de ces jeunes militants sionistes qui avaient fui de Slovaquie en Hongrie et avaient tenté d'alerter les communautés juives locales de ce que leurs coreligionnaires avaient subi dans leur propre pays. Selon son témoignage, voici ce qui s'était passé : « Quand nous arrivions pour les informer, ils ne nous croyaient pas, ils ne voulaient rien avoir à faire avec nous. Même plus tard ils ne voulurent rien entendre. »[458]

Il fallut près d'un an aux cinq juges pour rendre leur verdict. Le 15 janvier 1958, ils commencèrent à lire leur jugement à tour de rôle. Tous les cinq convinrent que ce dossier aurait dû faire l'objet d'une commission d'enquête plutôt que d'un procès. Tous rejetèrent l'appel dans l'affaire relative à Becher et s'accordèrent pour dire que Kasztner avait délibérément aidé un criminel de guerre nazi à échapper à la justice et avait menti à ce propos au tribunal. Quatre se déclarèrent en faveur de l'appel pour les accusations les plus graves, déclarant Kasztner non coupable de collaboration délibérée et volontaire avec les nazis, et de complicité de génocide.

[457] Cité dans Weitz, 1995, p. 371-372.
[458] *Ibid.*, p. 373.

Gruenwald fut condamné à un an de prison avec sursis pour diffamation et à payer 500 livres israéliennes. Les juges ne contestèrent pas les faits mis au jour par Halévi, mais en tirèrent des conclusions différentes. En substance, ils soulignèrent qu'étant donné les conditions uniques de l'année 1944, les actes de Kasztner ne pouvaient être jugés en des termes absolus, à l'aune des normes de temps plus ordinaires. Ce qui importait, c'était l'intention derrière les actes, et la majorité reconnut que l'intention de Kasztner était de sauver des vies. Ainsi le jugement, dans son ensemble, équivalait à une réhabilitation consentie à contrecœur.

Le premier jugement, et le plus dense, fut celui d'Agranat. Il critiqua Halévi pour n'avoir pas pris en compte le contexte général de l'époque où Kasztner et ses collègues opéraient. Au contraire de l'affirmation brutale de Halévi, selon laquelle Kasztner avait collaboré avec Eichmann sur la base d'un contrat satanique, Agranat souligna qu'Eichmann avait tout le pouvoir, tandis que Kasztner n'en avait aucun. Il ne pouvait donc être question de contrat, qui présuppose une liberté de choix et une égalité entre les parties. Quant au contenu du prétendu contrat lui-même, Agranat fit valoir que « tout dépendait des motivations »[459]. Il nia catégoriquement que Kasztner ait jamais eu l'intention de provoquer la destruction des Juifs hongrois. Loin d'avoir trahi la majorité de la communauté au profit de quelques personnalités en vue, « en permanence, le but de Kasztner avait été de sauver les Juifs de Hongrie en général et l'exécution du « projet Bergen-Belsen », prévu seulement pour un petit groupe de Juifs, n'avait toujours été qu'une partie de cet objectif et n'était jamais devenu un but en soi »[460]. Si Kasztner croyait sincèrement que ses négociations financières avec les SS offraient les meilleures chances de sauver « le plus grand nombre, compte tenu de son évaluation des circonstances de temps et de lieu », il était de son devoir moral d'agir en conséquence[461]. S'il était convaincu qu'informer les dirigeants juifs de Kolozsvár sur Auschwitz pouvait compromettre ces négociations, il avait le droit de garder le silence. Si, selon les termes du marché initial, le groupe de Bergen-Belsen devait se rendre en Palestine, la décision d'y inclure un nombre relativement important de leaders sionistes était parfaitement rationnelle. Par conséquent, conclut Agranat, « on ne peut trouver de faute morale dans ce comportement, ni aucune relation de causalité entre l'attitude de Kasztner et

[459] Cité dans Maoz, p. 595.
[460] *Ibid.*, p. 596.
[461] Cité dans Hecht, p. 275.

l'accélération des déportations et de l'extermination. Et l'on ne peut davantage retenir la qualification de collaboration avec les nazis. »[462]

Cheshin fut d'accord avec Agranat. Il considéra que, même si Kasztner savait et avait dissimulé « l'amère vérité » à Kolozsvár, cela ne prouvait pas « son souhait d'aider les Allemands dans leur entreprise génocidaire ». Il expliqua que Kasztner « n'avait pas alerté la communauté juive hongroise du danger qui la menaçait parce qu'il ne pensait pas que ce serait utile et estimait que toute réaction à une telle information causerait plus de tort que de bien ». Bien qu'il fût d'accord avec Agranat sur le fait que les Juifs de Hongrie « n'étaient pas capables tant physiquement que mentalement d'entreprendre des opérations de résistance », il ne décida pas pour autant d'absoudre Kasztner de son « mauvais leadership tant moral que public ». Néanmoins, il conclut que le silence de Kasztner, aussi « prémédité et calculé » qu'il fût, ne pouvait être assimilé à « de la collaboration volontaire ni à de l'aide au génocide parce que tout indiquait que ses efforts visaient à sauver des vies, et à le faire à grande échelle »[463]. Olshan fut, lui aussi, d'accord avec Agranat et reprocha en plus à Halévi d'avoir laissé des détails et des « on dit » hors de propos encombrer les débats. Au départ, Goitein ne prendra pas position, mais il finira par se rallier à celle d'Agranat.

Seul Silberg approuvait la plupart des décisions de Halévi. Il rejeta l'argument selon lequel Kasztner avait sauvé un grand nombre de Juifs et déclara que si les nazis avaient pu mener à bien « une extermination facile et dans le calme, sans trop d'efforts ni pertes de leurs côtés », ce fut « le résultat direct de la dissimulation de l'horrible vérité aux victimes ». Il insista sur le fait qu'« afin de mettre à exécution son plan de sauvetage au profit d'unc élite, Kasztner avait satisfait sciemment et en conscience les attentes des nazis, accélérant de la sorte le travail d'extermination de masse ». Pour souligner les tendances criminelles présumées de Kasztner, il recourut une fois de plus au cas de Becher : « Celui qui est capable de sauver ce Becher de la pendaison démontre que les atrocités de ce grand criminel de guerre n'étaient pas si horribles ni méprisables à ses yeux. »[464] Mais même Silberg désapprouva l'injure de Halévi selon laquelle Kasztner « avait vendu son âme au diable », arguant qu'il n'avait pas « volontairement aidé les nazis dans l'extermination de 600 000 Juifs »[465].

462 *Idem.*
463 *Ibid.*, p. 270-271.
464 *Ibid.*, p. 272, 275.
465 Cité dans Weitz, 1995, p. 411.

Après la décision de la Cour suprême, le pays resta polarisé. Alors que le Mapaï et ses partisans étaient satisfaits du jugement, du côté du Hérout – y compris Uri Avneri et son hebdomadaire *HaOlam Hazeh* –, on insistait sur le fait que Kasztner n'avait pas vraiment été blanchi. Tamir réclama une enquête publique et, durant le reste de sa vie, maintint que Kasztner était coupable. Malheureusement, au moment où la Cour suprême rendait son jugement, Kasztner était mort.

Une fois encore le compte rendu le plus complet des événements est donné par Weitz. Kasztner quitta les bureaux de la rédaction de *Új Kelet* à Tel-Aviv le 3 mars 1957 à 23 h 30 environ et rentra chez lui, au n° 6 de la rue Emanuel, en voiture. Quand il sortit du véhicule, un homme mince, en tenue kaki, vint à sa hauteur, lui braqua une lampe de poche sur le visage et lui demanda : « Êtes-vous le docteur Kasztner ? » Lorsque Kasztner le lui confirma, l'homme sortit un revolver, le pointa sur la tête de Kasztner et appuya sur la gâchette, mais rien ne se passa. Kasztner le repoussa et courut vers la maison. L'homme tira encore à deux reprises. Le second coup de feu atteignit Kasztner qui s'effondra sur le trottoir en criant à l'aide. Le tireur prit la fuite en jeep. Des voisins appelèrent la police et une ambulance. Bogyó glissa un coussin sous sa tête et le couvrit pour qu'il souffre moins, avant qu'il ne soit emmené en urgence à l'hôpital Hadassah. Pendant tout ce temps, leur fille Zsuzsi dormait en haut dans l'appartement.

À son arrivée à l'hôpital, on découvrit que « la balle était entrée par son côté gauche, avait déchiré sa rate, percé ses intestins et endommagé plusieurs organes autour de la poitrine ». Il put décrire les événements à la police, avant de subir une opération de trois heures. Son état s'améliora quelque peu, mais sa vie était toujours en danger. Il reçut beaucoup de messages de sympathie et de fleurs. Gruenwald envoya un télégramme : « Choqué par cet acte inhumain. Vous souhaite un complet rétablissement, malgré nos divergences profondes. » Interviewé par un journal, Tamir fait un commentaire impitoyable : « Il ne peut y avoir d'acte plus répugnant aux yeux de ceux qui jugent les activités de Kasztner en Hongrie à la lumière des révélations faites par la défense lors du procès de Jérusalem. »[466] Huit jours après l'attaque, l'état de Kasztner se détériora. Le 15 mars 1957, à 7 h 20, il mourut d'un arrêt cardiaque.

Les funérailles eurent lieu à Tel-Aviv, le 17 mars. Alors que Kasztner reposait dans son cercueil sur la place devant l'hôpital, des milliers de personnes vinrent lui rendre un dernier hommage.

466 *Ibid.*, p. 386-387.

L'assassinat fit les grands titres de tous les journaux. Il y eut rapidement un certain nombre d'arrestations, suivies de libérations. En avril 1957 s'ouvrit le procès de trois hommes devant le tribunal de Tel-Aviv : Zeev Eckstein, le tireur ; Dan Shemer, le chauffeur de la Jeep, et Joseph Menkes, le chef d'un mouvement clandestin, l'instigateur. En janvier 1958, ils furent déclarés coupables d'assassinat et condamnés à la prison à vie. Aussitôt des demandes de remise de peine furent introduites, notamment pour Menkes qui était en mauvaise santé, physique et psychologique. En 1963, le Premier ministre Ben Gourion demanda personnellement l'avis de la veuve de Kasztner et de sa fille. Bogyó demeura inflexible et amère. Zsuzsi eut pitié des enfants de Menkes. Elle dit à Ben Gourion : « Mon père ne reviendra jamais. Au moins leur père pourra leur être rendu. »[467] Plus tard dans l'année, les trois hommes seront libérés.

Les véritables circonstances de l'assassinat n'ont jamais été éclaircies. Selon une version, fondée sur la découverte par la police d'une importante cache d'armes, l'attaque était la première action symbolique d'un dangereux mouvement clandestin. Une autre accusait les mouvements d'extrême droite qui faisaient campagne contre Kasztner depuis longtemps. Une troisième encore, avancée par les cercles proches du Hérout, montrait du doigt les forces de sécurité de l'État et, derrière elles, le gouvernement qui aurait soi-disant donné l'ordre de faire taire Kasztner, parce qu'il en savait trop sur les secrets coupables des dirigeants du Mapaï. Dans ce contexte, on découvrit qu'Eckstein était un ancien membre des forces de sécurité, limogé après deux ans, en 1958. Mais, malgré les rumeurs, la vérité reste cachée.

La veuve de Kasztner et sa fille étaient dans une situation désespérée, tant sur le plan financier que moral. Des amis essayèrent de leur obtenir de l'aide et finalement Bogyó réussit à gagner modestement sa vie en gérant une petite affaire. Cinq ans après la mort de Kasztner, sa demande d'une pension sur la base de l'assurance nationale de son mari fut refusée, parce que le meurtre était sans lien avec son métier. Elle mourut seize ans plus tard, pauvre et sans avoir jamais pu surmonter son chagrin. Zsuzsi suivit une formation d'infirmière et travaille dans un hôpital à Petach Tikvah, près de Tel-Aviv. Elle a trois filles et est divorcée. Sa foi en son père n'a jamais faibli.

L'affaire cessa de faire les gros titres au bout d'un temps, mais ne fut jamais oubliée. Le débat fut relancé en 1961, dans la foulée du procès Eichmann. Lorsque Hannah Arendt ressortit les accusations de Tamir et

[467] *Ibid.*, p. 405.

Halévi sans parler de celles d'Eichmann lui-même, elle exprimait le point de vue de la majorité des Israéliens. Mais, dans les années 1980, la société israélienne avait suffisamment évolué pour adopter une attitude plus nuancée. En 1987, le livre de l'historien Dov Dinur, dont le titre hébreu peut se traduire par « Kasztner, leader ou scélérat », contribuera beaucoup à réhabiliter la réputation de Kasztner. D'autres livres et articles universitaires – cités au besoin dans cet ouvrage – feront de même. Plusieurs documentaires pour le cinéma ou la télévision, destinés eux aussi à présenter objectivement les faits, sont sortis ces dernières années : *Le Procès Kasztner* de Moti Lerner (Israël, 1994) ; *Le Dernier Train de Budapest* de Bill Treharne Jones (Grande-Bretagne, 2000) ; *Zug um Zug* de Axel Brandt (Allemagne, 2005) ; *Le Train Kasztner* de Gyula Radó (Hongrie, 2006), et *Le Juif qui négocia avec les nazis* de Gaylen Ross (États-Unis, 2008).

En 2004, une exposition à la mémoire de Kasztner s'est tenue à Yad Vashem, à qui, en juillet 2007, Zsuzsi Kasztner et certains membres de sa famille ont remis une série de documents. Bien que les tentatives de nommer une rue de Tel-Aviv ou de Haifa en hommage à Kasztner aient échoué à la suite de manœuvres politiques, une petite forêt près de Haifa porte à présent son nom et une plaque a été apposée à l'entrée de son vieil immeuble du 12, rue Váci à Budapest. Récemment, à mon arrivée en Israël, un agent de l'Immigration, jeune et féroce, me demanda les raisons de mon voyage. Lorsque je lui dis que j'avais l'intention de faire des recherches sur Kasztner, elle eut l'air déconcerté. Avant que je ne puisse dire quoi que ce soit, son collègue, tout aussi jeune, vint à sa rescousse et lui parla du procès et de l'assassinat comme si tout cela s'était produit la veille.

L'on doit à Yechiam Weitz la meilleure synthèse du changement qui s'est opéré dans la manière de percevoir les réalisations de Kasztner : « À l'époque, il était difficile de se rendre compte du courage et de l'audace qu'il lui avait fallu pour faire ce qu'il a fait », écrit-il, mais « une génération plus tard », une opinion publique « plus mature et sûre d'elle » pouvait comprendre « qu'il n'y avait pas de honte à négocier pour sauver des vies »[468].

---

[468] Weitz, 1995, p. 425.

Chapitre 14

Un héros de circonstance

Il peut sembler étrange qu'un Juif qui sauva la vie de centaines – voire de milliers – de ses coreligionnaires ait été qualifié de collaborateur des pires ennemis des Juifs par un juge juif, puis ostracisé par l'opinion publique juive, et enfin assassiné par un Juif. Pour comprendre pourquoi Kasztner a rencontré une telle hostilité en Israël, il est important de se rappeler l'état d'esprit qui régnait dans le pays une décennie après la Seconde Guerre mondiale. Pour beaucoup de Juifs encore ébranlés par la Shoah, les accusations portées contre Kasztner au tribunal semblaient confirmer toutes les sinistres rumeurs qui circulaient à son propos et rouvrir des plaies qui ne s'étaient jamais vraiment refermées. Sa relation apparemment amicale avec Becher dégoûtait les anciennes victimes des SS. Les concessions qu'il arracha à Eichmann firent naître des soupçons d'irrégularités. Son succès, combiné à son arrogance, suscitait l'envie. Le sauvetage de 1 670 femmes, hommes et enfants de Bergen-Belsen contrastait avec l'extermination de centaines de milliers d'autres à Auschwitz. Il est compréhensible qu'on l'ait haï d'avoir sauvé une infime minorité de gens, alors que l'immense majorité avait péri ; de même il est compréhensible que les membres de notre groupe aient été haïs d'avoir survécu, alors que tous les autres étaient morts. Compréhensible certes, mais pas nécessairement juste ou rationnel.

La plupart des Juifs en Israël à l'époque avaient subi des pertes irréparables. Beaucoup aussi se sentaient coupables de leur propre impuissance durant la Shoah. Un tel mélange de chagrin sans rémission et de culpabilité pouvait facilement se muer en colère, et la colère trouver un exutoire dans le reproche. Comme les vrais coupables, les nazis, étaient hors de portée, un homme en vue, qui semblait avoir prospéré au milieu du désastre grâce à des marchés suspects avec l'ennemi, était une cible toute désignée.

Un membre de notre groupe, Naomi Herskovitz, en parle avec clairvoyance : « Des gens accablés de douleur, de tourments et de chagrin ne peuvent être objectifs. Ils cherchent quelqu'un sur qui rejeter la faute et ils s'en prennent à lui… Les gens voient que nous sommes vivants et que leurs proches, eux, ne le sont pas. C'est dur, et ils doivent trouver un bouc émissaire. » Ainsi, Kasztner devint le bouc émissaire pour les malheurs accumulés par toute une société. C'était irrationnel et injuste, mais tristement logique. « Kasztner n'a tué personne, il a sauvé des vies. Mais la psychologie est une affaire compliquée », ajoute encore Herskovitz[469].

Kasztner s'attendait à être accueilli en héros en Israël, et il fut traité comme un traître. Pour les Juifs du Yichouv, un héros était quelqu'un qui résistait et se battait les armes à la main pour défendre sa cause. S'il y perdait la vie, il devenait un martyr auréolé de gloire. En aucun cas, il ne se cachait, ne rampait ou ne négociait. Kasztner venait de la diaspora où les Juifs devaient souvent ruser et user de subterfuges pour survivre. Lorsque la Shoah engloutit la Hongrie, il assuma sans hésiter et au mépris de sa propre sécurité la lourde tâche de sauver des vies. Évitant toute action d'éclat, il a élevé la magouille au rang de grand art, pour une bonne cause. Si ce n'était pas l'héroïsme guerrier admiré en Israël dans les années 1950, ce n'en restait pas moins une forme d'héroïsme tout aussi valable. Kasztner lui-même l'expliqua à Yitzhak Katsir en quelques mots, qui sont d'autant plus convaincants qu'il ne cherche ni à se vanter ni à se justifier : « Après l'occupation allemande de la Hongrie, la situation devint désespérée. Il n'y avait pas d'échappatoire et personne d'autre ne pouvait, voulait ou osait faire quelque chose. Alors je l'ai fait. Alors j'étais un héros. Tu peux dire que j'étais un héros, mais j'étais un héros à cause des circonstances. »[470]

Les circonstances étaient extraordinaires, tout comme la réaction de Kasztner. Il bluffa, mentit, tricha, mais démontra aussi une bravoure peu commune. Utilisé à tort et à travers, le mot « héros » a été galvaudé, mais deux membres de notre groupe de Bergen-Belsen l'appliquent, à mon avis, avec raison à Kasztner. Edith Goldstein pense que mourir dans le ghetto de Varsovie, quoique plus spectaculaire, n'était pas plus héroïque que de flirter avec la mort en fabriquant des faux papiers, en cachant des fugitifs ou, surtout, en affrontant des assassins tels qu'Eichmann pour sauver des vies : « Il est descendu encore et encore dans la fosse aux lions, risquant sa

[469] Herkovitz, interview, p. 22.
[470] Katsir, p. 5.

vie pour sauver celle des autres. S'il n'avait sauvé qu'une seule personne, cela aurait été magnifique, mais il en a sauvé des milliers. Cela en fait un héros à mes yeux. »[471] Pour Ervin Heilper également, Kasztner force l'admiration, car il a tenu tête à Eichmann et refusé de se dérober face à des questions de vie et de mort, mais ce qui en fait un véritable « héros », c'est sa détermination à retourner en Allemagne, parce qu'il avait « promis de sauver plus de Juifs », alors qu'il aurait pu rester confortablement en Suisse avec sa femme et sa famille. Sans nier le côté téméraire de Kasztner, Heilper rend un hommage légitime à sa volonté de se sacrifier à sa cause : « Cela dépasse dc loin le désir d'aventure. C'est un engagement, une vocation. Je ne connais personne d'autre qui aurait pu faire ça. »[472] Enfin, parmi les historiens, Yehuda Bauer résume la question avec une grande équité. Il dresse la liste des nombreux défauts de Kasztner, mais termine en le décrivant comme une « personne incroyablement héroïque » qui a accompli des choses exceptionnelles « sans arme à la main » grâce à un « courage tout à fait incompréhensible »[473].

Kasztner n'a pas agi seul. Il n'aurait pu faire ce qu'il a fait sans l'aide de gens comme Otto Komoly, Joël Brand, Endre Biss, sans le soutien indéfectible de Hansi Brand et la prudence agaçante mais salutaire de Saly Mayer. Tous avaient leurs défauts, et leurs relations furent difficiles, mais, ensemble, ils ont réalisé de grandes choses, en dépit des circonstances écrasantes. Pour citer une nouvelle fois Bauer :

> « Les Juifs qui ont ouvert la porte aux négociations ont pris des risques énormes, pour eux-mêmes et pour leur communauté. À la fin, nous devons en conclure qu'ils ont fait le bon choix, emprunté la seule voie possible pour sauver des vies. Contre toute logique, certaines vies furent sauvées... Étant donné les circonstances, ils n'ont pu entièrement réussir. Qu'ils aient réussi en partie est merveilleux. »[474]

Néanmoins, ce n'était qu'une goutte dans l'océan. La faible lueur qu'ils ont répandue était entourée d'une épaisse obscurité incommensurable. Raul Hilberg trouve le juste équilibre, lorsqu'il rend au Vaada tout le mérite qui lui est dû, mais conclut sur une note plus triste en nous rappelant le peu de choses qu'il pouvait faire contre un mal aussi grand : « Vu l'impuissance de la communauté juive de Hongrie et le manque de soutien

---

471 Goldstein, p. 28-29.
472 Heilper, p. 24.
473 Bauer, interview, p. 11.
474 Bauer, 1994, p. 259-260.

extérieur, son succès fut remarquable, mais comparé à l'ampleur du désastre, ses réalisations furent très limitées. »[475]

Je ne crois pas que Rezső Kasztner fut un collaborateur. Je ne crois pas qu'il a trahi les parachutistes. Je ne crois pas qu'il a bradé la communauté juive de Hongrie en échange du sauvetage de quelques centaines de prétendues VIP. Je ne crois pas qu'il a gardé le silence sur Auschwitz dans l'intention d'aider Eichmann à mener à bien les déportations sans heurts. Il a certes essayé de tromper la Cour sur son soutien à Becher, mais aider des officiers SS nous semble peut-être un crime moins odieux aujourd'hui qu'aux Israéliens à l'époque. En outre, il a agi de la sorte, au moins en partie, avec l'accord de ses chefs politiques. L'accusation selon laquelle il « se prenait pour Dieu », en sélectionnant quelques centaines d'hommes, de femmes et d'enfants à sauver parmi des centaines de milliers, omet de prendre en compte sa méthode qui consistait à confier la composition des listes à de petits comités travaillant à partir de critères convenus, plutôt qu'à imposer sa propre volonté dans la procédure. Quant à l'accusation de népotisme, ce qui est frappant, ce n'est pas le nombre de membres de sa famille qu'il a inclus dans le groupe, mais à quel point ils furent peu nombreux.

L'on pourrait soutenir que, dans la situation monstrueuse créée par les nazis, aucune sélection n'aurait pu être satisfaisante, de sorte que, au lieu de sauver ceux qui l'ont été, la seule alternative logique aurait été de ne sauver personne. Cela aurait peut-être été logique, mais pas humain, et cela n'aurait pas ressemblé à Kasztner. Comme l'a dit Arthur Stern, un membre de notre groupe de Bergen-Belsen, dans une interview, Kasztner « a fait ce qu'il fallait étant donné les circonstances », parce que « la survie de quelques-uns vaut mieux que celle de personne »[476].

La dure vérité est qu'alors que des millions de gens – dont la plupart des membres de ma famille – furent assassinés, je suis encore vivant plus d'un demi-siècle après. Sur le plan métaphysique, j'ignore pourquoi j'ai été épargné, quand tant d'autres sont morts, et, pour ma propre santé mentale, je ne tiens pas à spéculer là-dessus. Sur le plan pratique et humain, la réponse est simple : je suis encore là parce que Rezső Kasztner m'a sauvé la vie. Peut-être devrais-je me sentir coupable de n'être pas mort comme les autres. Je peux comprendre que certains de ceux qui ont souffert plus que nous nous haïssent, mais je suis réconforté par le fait que, lorsque mon

[475] Hilberg, p. 906.
[476] Stern, interview.

père et moi-même avons intégré le groupe, nous ne savions ni ne voulions priver qui que ce soit de la place. À une plus grande échelle, il en va de même pour Kasztner. Le nombre de personnes qu'il a sauvées est infinitésimal comparé au nombre de morts, mais lui non plus n'a pas délibérément condamné les autres afin de nous sauver. Par moments, sa frustration et son angoisse devaient être insupportables, lorsqu'il voyait Eichmann expédier des trains à Auschwitz jour après jour, mais plutôt que de sombrer dans le désespoir, il sauva ceux qu'il put.

Ceux qui placent les valeurs morales au-dessus de tout se demanderont peut-être s'il est possible de faire des compromis avec le mal sans compromettre sa propre intégrité irrémédiablement. Ceux qui sont à la recherche des règles absolues se demanderont peut-être s'il vaut mieux laisser le désastre suivre son cours, ou intervenir et éventuellement se salir les mains. Pour moi, on ne peut répondre à de telles questions en théorie, chacun doit les expérimenter dans la pratique. Je ne pense pas que Kasztner ait passé beaucoup de temps à se les poser. Alors que ses coreligionnaires laissaient passivement leur sort s'accomplir, il a agi pour eux. Alors que d'autres tremblaient devant Eichmann, il réprima sa peur et, grâce à sa détermination et sa ruse, arracha au maître d'œuvre de la Shoah des concessions sans équivalent. Entre deux maux, il choisit le moindre à ses yeux et fut cruellement puni pour cela. Il n'a peut-être pas sauvé autant de Juifs qu'on le dit parfois, mais il ne fait aucun doute qu'il sauva 1 670 d'entre nous et presque certainement des milliers d'autres. Il méritait mieux qu'un déni de justice et une balle dans la peau.

GLOSSAIRE

Abwehr : Servicc de renseignements de la *Wehrmacht*.

Agence juive : organe représentatif de la communauté juive en Palestine mandataire, précurseur du gouvernement israélien.

Aliyah : émigration en Palestine ou en Israël, littéralement « montée » ou « ascension » en hébreu.

Aviva-Barisia : mouvement de jeunes sionistes.

Bar mitzvah : cérémonie par laquelle les jeunes Juifs de treize ans accèdent à la majorité religieuse.

Betar : mouvement de jeunesse du parti sioniste révisionniste.

Bureau pour la Palestine : agence sioniste créée pour aider l'immigration en Palestine.

Casher : se dit d'un aliment conforme aux règles alimentaires du judaïsme.

Chalutz : pionnier juif immigrant en Palestine.

Chassid/Hassid : membre d'une secte juive strictement orthodoxe.

Cholent : ragoût de viande, de pommes de terre et de haricots, servi habituellement le jour de shabbat.

Chutzpah : culot, toupet.

Conférence de Wannsee : réunion interministérielle sur les modalités de mise en œuvre de la « Solution finale de la question juive » qu'Eichmann est chargé d'organiser le 20 janvier 1942 dans la banlieue de Berlin et dont il rédige le procès-verbal.

Congrès juif mondial : fédération sioniste internationale des organisations juives.

Croix fléchées : parti ultra-fasciste hongrois.

Déclaration Balfour : déclaration faite en 1917 par le ministre britannique des Affaires étrangères Arthur Balfour, promettant l'établissement d'un « foyer national pour le peuple juif » en Palestine.

Département IVB4 : bureau responsable des affaires juives au sein du RSHA.

Etzel : groupe terroriste sioniste révisionniste, connu aussi sous le nom d'Irgoun Zvai Leumi.

Galout : exil de la patrie juive.
Gestapo : police secrète nazie, abréviation de *Geheime Staatspolizei.*
Ghetto de Varsovie : l'un des rares endroits où les Juifs résistèrent par les armes aux nazis.
Gordonia : mouvement de travailleurs sioniste non marxiste.
Gymnasium : école secondaire supérieure en Europe centrale.

Haganah : organisation militaire sioniste, précurseur de l'armée israélienne.
Hashomer Hatzaïr : mouvement de jeunesse sioniste socialiste.
Heder : école élémentaire religieuse juive.
Hérout : parti politique de droite israélien.

Ihoud : alliance de partis sionistes socialistes.
Irgoun Zvai Leumi : groupe terroriste sioniste révisionniste, connu aussi sous le nom de Etzel.

Joint : *American Jewish Joint Distribution Committee*, organisation internationale d'assistance aux Juifs dans le besoin.
Judenrat : Conseil juif, organe composé de représentants de la communauté juive, installé sur ordre des Allemands.

Kaddish : prière pour les morts.
Kapo : détenu d'un camp de concentration chargé d'encadrer les autres prisonniers.
Kibboutz : ferme collective en Israël.
Knesset : Parlement israélien.

Lehi : groupe terroriste sioniste de droite, connu aussi sous le nom de « groupe Stern ».
Likoud : parti politique de droite en Israël.

Mapaï : parti social-démocrate israélien.
Massada : lieu du suicide collectif légendaire d'une tribu juive pour éviter la captivité romaine.
Matza : pain non levé, consommé pendant *Pessa'h*, la Pâque juive.
Mikvé : bain rituel.
Mizrahi : organisation religieuse sioniste.
Musulman : détenu d'un camp de concentration à bout de forces suite aux épreuves subies.

Néologue : adepte de règles religieuses modernisées et assimilé à la culture hongroise.

Orthodoxe : croyant respectant strictement les règles religieuses.

Pengő : monnaie hongroise.

Reichssicherheitshauptamt : office central de la sécurité du Reich, organisation SS responsable de la lutte contre les ennemis de l'État nazi ; abrégé en RSHA.
Révisioniste : membre d'un mouvement sioniste de droite, y compris de groupes terroristes.
Rosh Hashana : Nouvel An juif.

Sabra : juif né en Palestine mandataire, avant 1948.
Shofar : corne de bélier que l'on sonne dans la synagogue à Rosh Hashana et Yom Kippour.
Sicherheitsdienst : service de renseignements de la SS, abrégé en SD.
Shtetl : petite ville juive d'Europe centrale.
Sim'hat Torah : fête annuelle célébrant la Torah.
Sondereinsatzkommando : unité opérationnelle spéciale, chargée de la déportation des Juifs, connue aussi sous le nom de *Judenkommando*.
SS : unité d'élite de l'armée, conçue pour exécuter les actes criminels au nom du parti nazi.
Starkosan : poudre nutritive au goût chocolaté.
Stern : groupe terroriste de droite, connu aussi sous le nom de Lehi.

Talmud : recueil d'anciens écrits rabbiniques, fondement de la loi juive.
Tiyul : excursion, nom de code des opérations destinées à organiser la fuite des pays fascistes.

Torah : corpus de lois et d'enseignements religieux juifs, écrit sur des rouleaux.
Tribunal militaire international : cour militaire installée en 1945-1946 à Nuremberg par les Alliés pour juger les criminels de guerre.

Vaada : abréviation de l'hébreu Vaadat Ezra ve'Hazalah, Comité de secours et de sauvetage.
Völkischer Beobachter : journal quotidien publié par le parti nazi.

War Refugee Board : agence américaine mise sur pied par le président F. D. Roosevelt en 1944 pour sauver les victimes du nazisme.
Wehrmacht : forces armées unifiées allemandes durant la Seconde Guerre mondiale.

Yeshiva : école rabbinique.
Yichouv : communauté juive dans la Palestine mandataire avant la création de l'État d'Israël, le 14 mai 1948.
Yom Kippour : Jour du Grand Pardon.

Zählappell : appel nominal.

Chronologie

1920

4 juin	Traité de Trianon : la Hongrie perd deux tiers de son territoire et un tiers de sa population.

1938-1941

Trois lois antijuives excluent les Juifs de toutes les professions et interdisent les relations sexuelles entre Juifs et non-Juifs dans et en dehors du mariage.

1939

Mars	Introduction du Service du travail forcé pour les Juifs.

1940

Août	Le nord de la Transylvanie repasse sous souveraineté hongroise.
Novembre	La Hongrie rejoint l'Axe et devient un allié de l'Allemagne durant la Seconde Guerre mondiale.

1941

Août	Massacre de Kamenets-Podolski.

1942

Janvier	Massacre de Délvidék.

1943

Janvier	Le groupe clandestin de bénévoles qui aident les réfugiés devient le Comité de sauvetage et de secours (Vaada), dirigé *de facto* par Rezső Kasztner.

1944

19 mars	L'armée de Hitler envahit la Hongrie, suivie d'Adolf Eichmann et de son *Judenkommando*.
5 avril	Les Juifs sont obligés de porter l'étoile jaune en vertu de la nouvelle loi qui les prive de leurs derniers droits et biens. Kasztner et Joël Brand, représentant le Vaada, interrogent l'adjoint d'Eichmann, Dieter Wisliceny, sur les possibilités de sauver les Juifs hongrois de la déportation.
16 avril-3 juin	Tous les Juifs de province sont enfermés dans des ghettos.
25 avril	Brand est convoqué à la première de ses nombreuses rencontres avec Eichmann, qui lui offre d'épargner un million de Juifs en échange de 10 000 camions (« des marchandises contre du sang »).
15 mai-8 juillet	Tous les Juifs de province sont déportés.
17 mai	Brand prend l'avion pour Istanbul, mais ne réussit pas à obtenir une réponse positive à l'offre d'Eichmann. La femme de Brand, Hansi, présente Kasztner à Eichmann. Lors de nombreuses rencontres, Kasztner essaie de persuader Eichmann qu'un marché est encore possible s'il montre de la bonne volonté. L'officier Kurt Becher, le collègue d'Eichmann, est de plus en plus impliqué dans les négociations.
10 juin	388 juifs du ghetto de Kolozsvár arrivent au camp de la rue Kolumbusz, à Budapest.
25-28 juin	18 000 Juifs sont envoyés à Strasshof en Autriche pour travailler, et non à Auschwitz, en partie grâce à un pot-de-vin versé par Kasztner à Eichmann
30 juin	Le « train Kasztner » quitte Budapest avec presque 1 700 prisonniers à son bord qui s'attendent à être libé-

	rés en Palestine contre une rançon de 1 000 dollars par personne. Panique à Mosonmagyaróvár et Linz.
9 juillet	Le « train Kasztner » débarque ses prisonniers à Bergen-Belsen.
18 août	318 membres du « groupe Kasztner » quittent Bergen-Belsen pour la Suisse. Ils sont emmenés à Montreux, en passant par Bâle.
21 août	Première rencontre de Kasztner et Becher avec le représentant du Joint Saly Mayer à la frontière suisse. Elle sera suivie de plusieurs autres jusqu'en décembre. Échec des tentatives de Kasztner d'acheter des milliers de vies supplémentaires aux nazis en leur promettant des paiements importants.
15 octobre	La tentative du régent Miklós Horthy de désengager la Hongrie de la guerre déclenche un coup d'État du parti ultra-fasciste des Croix fléchées, et Ferenc Szálasi devient chef de l'État. Le régime de terreur qui s'ensuit durera jusqu'à la prise de Budapest par les Soviétiques.
4 décembre	Les 1 350 membres restants du « groupe Kasztner » quittent Bergen-Belsen en train.
7 décembre	Ils passent la frontière suisse à Sankt Margrethen. Après une courte halte à Saint-Gall, ils trouvent refuge à Caux.

1945

Avril	Kasztner et Becher visitent plusieurs camps de concentration pour communiquer les ordres de Heinrich Himmler demandant la reddition des camps aux Alliés avec leurs détenus. Kasztner s'installe à Genève, mais se rend fréquemment à Nuremberg pour assister aux procès contre les criminels de guerre.

1947

14 août	Kasztner fait sa très controversée déclaration sous serment en faveur de Becher.
Décembre	Kasztner émigre en Palestine avec sa femme Bogyó et sa fille de deux ans, Zsuzsi. Il gravit rapidement les échelons au sein de l'administration du Mapaï.

1952	
Août	Malkiel Gruenwald fait circuler un pamphlet accusant Kasztner de collaboration.
1953	
25 mai	L'État d'Israël attaque Gruenwald en diffamation, avec Kasztner comme principal témoin. Gruenwald est défendu par Shmuel Tamir, un avocat et homme politique révisionniste, qui espère faire tomber le gouvernement Mapaï en discréditant Kasztner.
1954	
1er janvier	Ouverture devant le tribunal de district de Jérusalem du premier procès politique en Israël.
1955	
22 juin	Le juge Benjamin Halévi annonce son verdict : le silence de Kasztner sur Auschwitz a ouvert la voie à la déportation de 440 000 Juifs hongrois. En acceptant d'agir de la sorte en échange de la libération par Eichmann de 1 700 privilégiés, Kasztner « a vendu son âme au diable ». L'État fait appel.
1957	
3 mars	Kasztner est abattu à Tel-Aviv par Zeev Eckstein.
15 mars	Kasztner meurt des suites de ses blessures.
1958	
17 janvier	La Cour Suprême israélienne innocente Kasztner de l'accusation de collaboration, mais pas d'avoir aidé un officier nazi à échapper à son châtiment.

Bibliographie

Livres et articles

ARENDT, Hannah, *Eichmann in Jerusalem. A Report on the Banality of Evil*, Harmondsworth, Penguin, 1964 ; traduction française : *Eichmann à Jérusalem. Rapport sur la banalité du mal,* trad. par Anne Guérin, Paris, Gallimard, « Folio Histoire », 1997.

ARONSON, Shlomo, *Hitler, the Allies, and the Jews*. Cambridge, Cambridge University Press, 2004.

BARRI (Ishoni), Shoshana, « The Question of Kastner's Testimonies on Behalf of Nazi War Criminals », *in The Journal of Israeli History,* vol. 18, n°s 2 et 3, 1997, p. 139-165.

BAUER, Yehuda, « The Negotiations between Saly Mayer and the Representatives of the SS in 1944-45 », *in* Marrus, Michael (éd.), *The Nazi Holocaust : Historical Articles on the Destruction of European Jews*, n° 9, Westport, Londres, Meckler, 1989, p 156-196.

BAUER, Yehuda, *Jews for Sale? Nazi-Jewish Negotiations, 1933-1945,* New Haven et Londres, Yale University Press, 1994 ; traduction française : *Juifs à vendre ? Les Négociations entre nazis et Juifs, 1933-1945*, Paris, Liana Levi, 1996.

BAUER, Yehuda, « The Holocaust in Hungary : Was Rescue Possible ? », *in* David Cesarani (éd.), *Genocide and Rescue : The Holocaust in Hungary 1944,* Oxford, Berg, 1997, p. 193-209.

BECHER, Kurt, « Testimony to the Trial of Adolf Eichmann », Témoignage recueilli à l'étranger, 1961, www.nizkor.org/hweb/people/e/eichmann-adolf/transcripts/Testimony-Abroad/Kurt_Becher-01.html.

BILSKY, Leora, « Judging Evil in the Trial of Kastner », *in Law and History Review,* Printemps 2001, vol. 19, n° 1, p. 117-160.

BISS, André, *A Million Jews to Save*, Londres, New English Library, 1975 ; traduction française : *Échec à la solution finale. Un million de Juifs à sauver,* Paris, Grasset, 1967.

BRAHAM, Randolph L., *The Politics of Genocide : The Holocaust in Hungary,* édition revue et augmentée, NewYork, Columbia University Press, 1994, 2 vols.

BRAHAM, Randolph L., « The Holocaust in Hungary : A Retrospective Analysis », *in* David Cesarani (éd.), *Genocide and Rescue : The Holocaust in Hungary 1944,* Oxford, Berg (1997), p. 29-46.

BRAHAM, Randolph L., « The Holocaust in Hungary », *in* Randolph L. Braham avec Scott Miller (éd.), *The Nazis' Last Victims : The Holocaust in Hungary,* Détroit, Wayne State UP, 1998, p. 27-43.

BRAND, Hansi, « Testimony to Trial of Adolf Eichmann », session 58-59. Record of Proceedings in the District Court of Jerusalem, 1961. www.nizkor.org/hweb/people/e/eichmann-adolf/transcripts/.

BRAND, Joël, « Testimony to Trial of Adolf Eichmann », session 56. Record of Proceedings in the District Court of Jerusalem, 1961. www.nizkor.org/hweb/people/e/eichmann-adolf/transcripts/.

BREITMAN, Richard, « Himmler and Bergen-Belsen », *in* Reilly, Jo *et al.* (éd.), *Belsen in History and Memory,* Londres, Frank Cass, 1997, p. 72-84.

CESARANI, David, *Eichmann. His Life and Crimes*, Londres, Vintage 2005 ; traduction française : *Adolf Eichmann*, traduit de l'anglais par Olivier Ruchet, Paris, Tallandier, 2010.

DINUR, Dov, *Kasztner : Leader or Villain,* Haifa, Gestlit, 1987 (en hébreu).

EICHMANN, Adolf, « The Confession of Adolf Eichmann », *in Life,* vol. 49, n°s 22-23, 28 novembre-5 décembre1960, p. 21-161.

EMMENEGGER, Kurt, « Reichsführers gehorsamster Becher. Vom SS-Mann zum Multimillionär – und was alles dahinter steckt » [Becher, l'homme qui obéit au *Reichsführer*. Du soldat SS au multimillionnaire – et ce qui est derrière tout ça], *in Sie + Er,* Zofingen, Ringier, articles publiés de décembre 1962 à avril 1963.

FISCHER, István, « Változatok pár ezer zsidóra » [Variations sur quelques milliers de Juifs], *in Élet és irodalom,* 48/18, www.es.hu/pd/display.asp?channel=AGORA0418.

FISCHER, István, « Legendák és történelem » [Légendes et histoire], *in Élet és irodalom,* 48/28, www.es.hu/up/printable.asp?channel=AGORA0428&article=2004-0712-0951-28BKCG.

FISCHER, István, « Ki volt a gyilkos ? » [Qui était l'assassin ?], *in Élet és irodalom,* 51/46, http://www.es.hu/pd/display.asp ?channel=AGORA0646&article=2006-1119-2021-36THEP.

GERLACH, Christian et ALY, Götz, *Das letzte Kapitel. Realpolitik, Ideologie und der Mord an den ungarischen Juden 1944/1945* [Le dernier chapitre. Realpolitik, Idéologie et l'extermination des Juifs de Hongrie 1944/1945], Stuttgart et Munich, Deutsche Verlags-Anstalt, 2002.

GILBERT, Martin, *Auschwitz and the Allies,* Londres, Michael Joseph, 1981.

GOLAN, Mose, *A Kasztner-ügy történelmi torzításainak jelentősége* [L'importance de la distorsion historique de l'affaire Kasztner], *in Magyar zsidó szemle füzetek*, 2060-5730 ; 2.

« Hatvan éve. Légitámadás Kolozsvár ellen » [Il y a soixante ans. Raid aérien contre Kolozsvár], *in Szabadság. Kolozsvári Közéleti Napilap.* http://www.hhrf.org/szabadsag/archivum/2004/06/4jun-02.htm#E13E74.

HECHT, Ben, *Perfidy,* Jérusalem, Gefen, 1999.

HEGYI, Ágnes, « Információáramlás az információkorlatozás idején a holokauszt erdélyi dokumentumai alapján » [Flux d'informations à une époque de restrictions de l'information, basé sur des documents relatifs à l'Holocauste en Transylvanie], *in Erdélyi magyar adatbank.* http ://adatbank.transindex.ro/inchtm.php ?kod=310.

HILBERG, Raul, *The Destruction of the European Jews*, New Haven et Londres, Yale UP, 3e éd., 2003, 3 vols ; traduction française : *La Destruction des Juifs d'Europe,* 3 vol., Paris, Gallimard, 2006.

KÁDÁR, Gábor et VÁGI, Zoltán, *Aranyvonat : Fejezetek a zsidó vagyon történetéből,* Budapest, Osiris, 2001. Édition anglaise : *Self-financing Genocide : The Gold Train,* Budapest, Central European University Press, 2004.

KÁDÁR, Gábor et VÁGI, Zoltán, *Hullarablás : A magyar zsidók gazdasági megsemmisítése* [Voler des cadavres : l'anéantissement économique des Juifs hongrois], Budapest, Hannah Arendt Egyesület, 2005.

KARSAI, László et MOLNÁR, Judit, « Kasztner Rezső – hős vagy áruló ? » [Rezső Kasztner – héros ou traître ?], *in Élet és irodalom,* 48/20, www.es.hu/pd/display.asp?channel=AGORA0420&article=2004- 0517-1027-41IUJY.

KASZTNER Rezső, *Der Kasztner-Bericht über Eichmanns Menschenhandel in Ungarn* [Le rapport Kasztner sur le commerce d'êtres humains conduit par Eichmann en Hongrie], Munich, Kindler, 1961.

KELLER, Rolf *et al.* (éd.), *Konzentrationslager Bergen-Belsen. Berichte und Dokumente* [Camp de concentration de Bergen-Belsen. Rapports et Documents], Göttingen, Vandenhoeck & Ruprecht, 2e édition, 2002.

KEMP, Paul, « The British Army and the Liberation of Bergen-Belsen, April 1945 », *in* Reilly, Jo *et al.* (éd.), *Belsen in History and Memory,* Londres, Frank Cass, 1997, p. 134-148.

KOLB, Eberhard, *Bergen-Belsen. Vom « Aufenthaltslager » zum « Konzentrationslager », 1943-1945.* [Bergen-Belsen. Du camp de détention au camp de concentration], Göttingen, Vandenhoeck & Ruprecht, 6e édition, 2002.

KOMOLY, Ottó, *The Diary of Ottó Komoly : August 21 – September 16, 1944, in* Randolph L. Braham (éd.), *Hungarian-Jewish Studies,* vol. III, New York, World Federation of Hungarian Jews, 1973.

Last Train from Budapest, in « Secret History Series », réalisé par Bill Treharne Jones, diffusé sur *Channel 4*, le 24 août 2000.

LÖWY, Daniel, *A Kálváriától a tragédiáig. Kolozsvár zsidó lakosságának története.* [Du calvaire à la tragédie. L'histoire de la communauté juive de Kolozsvár], Kolozsvár, Koinónia, 2005.

MAOZ, Asher, « Historical Adjudication : Courts of Law, Commissions of Inquiry, and "Historical Truth" », *in Law and History Review,* vol. 18, no 3, 2000, p. 559-606.

MAYER, Egon, *KasztnerMemorial.Com :* http ://www.kasztner-memorial.com.

McClelland, Roswell, « Report on the activities of the World Refugee Board », *in* Mendelsohn, John et Detwiler, Donald S. (éd.), *The Holocaust,* New York, Garland, 1982, vol. 16, p. 37-53.

Mendelsohn, John et Detwiler, Donald S. (éd.), *The Holocaust,* New York, Garland, 1982, vol. 16.

Müller-Tupath, Karla, *Reichsführers gehorsamster Becher. Eine deutsche Karriere* [Becher, l'homme qui obéit au *Reichsführer*. Une carrière allemande], Hamburg, Konkret, 1982.

Nagy, Sz Péter, *A Kasztner Akció 1944* [L'entreprise Kasztner], Budapest, Rejtjel, 1995.

Orr, Akiva, « The Kastner Case, Jerusalem 1955 », *in* Allen, Jim, *Perdition,* Londres, Ithaca Press, 1987, p. 81-105.

Pasternak Slater, Ann, « Kasztner's Ark », *in Areté*, n° 15, automne 2004, p. 5-40.

Philips, Raymond (éd.), *Trial of Josef Kramer and Forty-Four Others (The Belsen Trial),* Londres, William Hodge, 1949.

Porat, Dina, *The Blue and the Yellow Stars of David, The Zionist Leadership and the Holocaust, 1939-1945*, Cambridge, Mass, Harvard University Press, 1990.

Porter, Anna, *Kasztner's Train. The True Story of Rezső Kasztner. Unknown Hero of the Holocaust,* Vancouver/Toronto, Douglas & McIntyre, 2007.

Rahe, Thomas, « Kultur im KZ. Musik, Literatur und Kunst in Bergen-Belsen » [La culture au camp de concentration. Musique, littérature et art à Bergen-Belsen], *in* Füllberg-Stolberg, Claus *et al.* (éd.), *Frauen in Konzentrationslagern* [Les femmes dans les camps de concentration], Brême, Temmen, 1994, p. 193-206.

Rahe, Thomas, « Die "Kasztner-Gruppe" im Konzentrationslager Bergen-Belsen : soziale Struktur, Lebensbedingungen und Verhaltensformen » [Le « groupe Kasztner » dans le camp de concentration de Bergen-Belsen : structure sociale, conditions de vie et types de comportement], manuscrit inédit.

Reilly, Jo *et al.* (éd.), *Belsen in History and Memory,* Londres, Frank Cass, 1997.

Schiller, József, *A strasshofi mentőakció és előzményei* [La mission de secours à Strasshof et ses antécédents], Budapest, Cserépfalvi, 1996.

Segev, Tom, *The Seventh Million. The Israelis and the Holocaust*, New York, Holt, 1991 ; traduction française : *Le Septième Million. Les Israéliens et le Génocide*, traduit par Eglal Errera, Paris, Liana Levi, 1993.

Serebro, Harold avec Sellschop, Jacques, *Beyond Redemption ? How SS Colonel Kurt Becher Saved Thousands of Jews and Plundered Their Wealth,* Johannesburg, Westmoreland and Trent, 2007.

Szita, Szabolcs, *Trading in Lives ? Operations of the Jewish Relief and Rescue Committee in Budapest, 1944-1945,* Budapest et New York, Central European University Press, 2005.

Szondi-Radványi, Lili, « Ein Tag in Bergen-Belsen » [Une journée à Bergen-Belsen], *in Leopold Szondi. Zum 100. Geburtstag,* Szondiana Sonderheft 2/1993, p. 43-60.

Vrba, Rudolf, « Preparations for the Holocaust in Hungary. An Eyewitness Account », *in* Braham, Randolph L. (éd.), *The Nazis' Last Victims. The Holocaust in Hungary,* Détroit, Wayne State University Press, 1998, p 55-101.

Wasserstein, Bernard, *Britain and the Jews of Europe. 1939-1945,* 2e édition, Londres et New York, Leicester University Press, 1999.

Weissberg, Alex, *Advocate for the Dead. The Story of Joël Brand,* Londres, Deutsch, 1958 ; traduction française : *L'Histoire de Joël Brand,* traduit par Nina Gourfinkel, Paris, Le Seuil, 1957.

Weitz, Yechiam, « Changing Conceptions of the Holocaust », *in Studies in Contemporary Jewry,* 1994, p. 211-230.

Weitz, Yechiam, « The Herut Movement and the Kasztner Trial », *in Holocaust and Genocide Studies,* vol. 8, no 3, 1994, p. 349-371.

Weitz, Yechiam, *The Man Who Was Murdered Twice. The Life, Trial and Death of Dr Israel Kastner,* Jérusalem, Yad Vashem, 2012 (en hébreu) ; Jérusalem, Kettner, 1995.

Wenck, Alexandra-Eileen, *Zwischen Menschenhandel und « Endlösung » : Das Konzentrationslager Bergen-Belsen* [Entre commerce d'êtres humains et « solution finale » : le camp de concentration de Bergen-Belsen], Paderborn, Schöningh, 2000.

Wiehn, Erhard et Wiehn, Heide, « Gespräche mit Alexander Barzel » [Conversations avec Alexander Barzel], *in Dajenu. Tagebuch einer Israelreise* [Dajenu. Journal d'un voyage en Israël], Konstanz, Hartung-Gorre, 1987, p. 214-237, 284-291.

Yablonka, Hana, « The Development of Holocaust Consciousness in Israel : The Nuremberg, Kapos, Kastner and Eichmann Trials », *in Israel Studies,* vol. 8, no 3, 2003, p. 1-24.

Yizkor Books Online, *Margitta,* http://yizkor.nypl.org/index.php?id=2419.

Yizkor Books Online, *Kolozsvár,* http://yizkor.nypl.org/index.php?id=1880.

Zweig, Ronald, *The Gold Train. The Destruction of the Jews and the Second World War's Most Terrible Robbery,* Harmondsworth, Penguin, 2003.

Zsolt, Béla, *Kilenc Koffer,* Budapest, Magvető, 1980 ; traduction française : *Neuf valises*, Paris, Le Seuil, 2010.

Mémoires, interviews et témoignages inédits

Adler, Hermann, Interview avec Alexandra Wenck, 26 mars 1992, Mémorial de Bergen-Belsen.

Adler, Tiborné, Sans titre, janvier-août 1945, Mémorial du musée de la communauté juive magyarophone, Zefat et Mémorial de Bergen-Belsen.

Anonyme, « Die Deportation nach Bergen-Belsen » [La Déportation à Bergen-Belsen], Archives du YIVO Institute for Jewish Research, New York et Mémorial de Bergen-Belsen.

Barzel, Alexander, Témoignage, 1994, Mémorial de Bergen-Belsen.

Barzel, Alexander, Interview avec Bertram von Boxberg, Mémorial de Bergen-Belsen.

Barzel, Shoshana, Témoignage, 3 mars 1993, Yad Vashem et Mémorial de Bergen-Belsen.

Bauer, Yehuda, Interview avec Bertram von Boxberg, Mémorial de Bergen-Belsen.

Berger, Joseph, Interview avec Dana L. Kline, 20 août 1981, Centre d'histoire orale, Université du Connecticut et Mémorial de Bergen-Belsen.

Bielik, Tibor, Interview avec Rosemary Block, 10 mars 1995, Shoah Foundation.

Bishop, George, Interview avec Dana Schwartz, 25 octobre 2000, Shoah Foundation.

Blum, Yehuda, Interview avec Thomas Rahe, 1er juin 1997, Mémorial de Bergen-Belsen.

Blum, Yehuda, « Erinnerungen an das Konzentrationslager Bergen-Belsen » [Souvenirs du camp de concentration de Bergen-Belsen], témoignage, 22 juin 2003, Mémorial de Bergen-Belsen.

Brief, George, Interview avec Kenneth Aran, 2 novembre 1997, Shoah Foundation.

Buck, Miriam, « Aufzeichnungen » [Notes], 1945, Yad Vashem et Mémorial de Bergen-Belsen.

Cohen, Eliezer, Interview avec Hans-Jürgen Hermel, 5 décembre 2002, Mémorial de Bergen-Belsen.

Devecseri, Szidonia, « UnserSchicksal. Tagebuch » [Notre destin. Journal], Yad Vashem et Mémorial de Bergen-Belsen.

Devecseri, Emil and Szidonia, Témoignage, 25 juillet 1960, Yad Vashem et Mémorial de Bergen-Belsen.

Gador, Blanka, Manuscrit, Mémorial de Bergen-Belsen.

Goldstein, Edith, Interview avec Bertram von Boxberg, Mémorial de Bergen-Belsen.

Gotthard, Martha, Interview avec Doris Stecklow, 20 mars 1997, Shoah Foundation.

Gross, Jack, Interview avec David Brotsky, 9 novembre 1997, Shoah Foundation.

Hasson, Shoshana, Témoignage, 6 février 1966, Yad Vashem et Mémorial de Bergen-Belsen.

Heilper, Ervin, Interview avec Bertram von Boxberg, Mémorial de Bergen-Belsen.

Hendell, Ági, Interview avec Elisabeth Pozzithanner, 5 mai 1996, Shoah Foundation.

Hersch, Ben, Interview avec Margaret Holding, 8 juillet 1997, Shoah Foundation.

Herskovitz, Naomi, Interview avec Bertram von Boxberg, Mémorial de Bergen-Belsen.

Inconnu, Lettre signée Willy, 1954, Yad Vashem et Mémorial de Bergen-Belsen.

Jacobs, Judy, Interview, 1er avril 1966, Shoah Foundation.

John-Steiner, Vera, Interview avec Hilary Helstein, 18 novembre 1988, Shoah Foundation.

Jungreis, Esther, Interview avec Rachel Reis-Gruenwald, 9 janvier 1995, Shoah Foundation.

Kasztner, Rezső, Journal, Mémorial du musée de la communauté juive magyarophone, Zefat.

Kasztner, Zsuzsi, Interview avec Bertram von Boxberg, Mémorial de Bergen-Belsen.

Katsir, Yitzhak, Interview avec Bertram von Boxberg, Mémorial de Bergen-Belsen.

Kohn, David, « Életem története » [L'Histoire de ma vie], manuscrit prêté par l'auteur.

Kolb, Jenő (Eugen), « Tagebuch » [Journal], donné par Shoshana Hasson, la fille de l'auteur.

Ladány, Shaul P, *The King of the Road*, manuscrit, Mémorial de Bergen-Belsen.

Liste des détenus à leur arrivée à Bergen-Belsen, Yad Vashem et Mémorial de Bergen-Belsen.

Liste des détenus à leur arrivée en Suisse en décembre 1944, Yad Vashem et Mémorial de Bergen-Belsen

Lulay, Leo, « Nyilatkozat » [Déclaration], 1961, Yad Vashem.

Mandel, Emanuel, Interview avec Esther Funder, 20 juin 1997, Shoah Foundation.

Mayer, Egon, « Last Chance : The Tragedy of the Kasztner Rescue of Hungarian Jewry », manuscrit inachevé.

Mayer, Egon, « Whose Booty Did German Plunder Become ? », manuscrit inachevé.

Mayer, Egon, « A Tale of Two Lists. Reflections on the Ethical Dilemmas of Group Rescue », manuscrit inachevé.

Mayer, Eugene, Interview avec Judy Offen, 19 décembre 1976, Shoah Foundation.

Munk, Olga, Interview avec Judy Breuer, 31 juillet 1996, Shoah Foundation.

Revesz, George, Interview avec Len Getz, 30 décembre 1996, Shoah Foundation.

Revesz, Peretz, Fragments d'autobiographie, Mémorial de Bergen-Belsen.

Speter, Eva, Interview avec Shelly Roberts, 26 juillet 1996. Shoah Foundation.

Stern, William, Interview avec Israel Abelis, 23 juillet 1997, Shoah Foundation.

Széder Hamachane, « Táborrend » [Règlements du camp], Yad Vashem et Mémorial du musée de la communauté juive magyarophone, Zefat.

Tábori Szervezeti Szabályzat [Organisation du camp], Yad Vashem et Mémorial du musée de la communauté juive magyarophone, Zefat.

Utasitás [Instructions], Yad Vashem et Mémorial du musée de la communauté juive magyarophone, Zefat.

Index

Table des matières

Achevé
d'imprimer en avril
2013 sur les presses de
l'imprimerie Laballery –
France (UE) pour le compte
de © André Versaille éditeur,
2013 – 1, av. du Château
Jaco – 1410 Waterloo –
Belgique

www.andreversailleediteur.com

N°146